浙江省社科联省级社会科学学术著作出版资金资助出版

徐燕杭 著

从形而上的道德理念到日常化的反思活动

——审美视野中的康德与维特根斯坦哲学比较研究

ZHEJIANG UNIVERSITY PRESS
浙江大学出版社

目　录

引　　言

康德和维特根斯坦是西方思想史上两位重要的哲学家，他们的思想对整个西方哲学的发展有着深远的影响。虽然两人行文风格迥异，关注和讨论的重点也大相径庭，但是维特根斯坦直接或间接地接触康德的思想，这一点已经得到学术界的公认。对维特根斯坦的基本思想进行分析，不难发现康德对他的潜移默化的影响。同时我们也应该注意到分析哲学传统一般是比较推崇康德的，作为分析哲学的主要代表，维特根斯坦不可能忽视康德哲学。维特根斯坦早期对叔本华颇为推崇，而作为叔本华(Schopenhauer, A.)哲学核心的现象和自在之物的区分恰恰就来自康德。而且有资料表明维特根斯坦后期对康德的兴趣不断增长。[①] 虽然没有证据显示维特根斯坦直接受到康德美学思想的影响，但两人在各自的哲学中赋予审美的地位以及他们关于审美活动特征的表述仍然具有可比性。本书之所以选择审美作为切入点，主要是由于哲学所关注的一个重要问题就是如何使得真正意义上的道德落实到现实生活中，或者说如何实现生活的价值。康德和维特根斯坦的哲学正是因为始终关注着这个问题才具有吸引力。审美问题在康德的哲学体系中是作为判断力批判的第一部分出现的，判断力是沟通纯粹理性和实践理性的桥梁，由此得出了"美是德性的象征"(Judgment, p. 547)[②]这一结论。因而审美问题是将整个康德哲学贯通起来的一条重要线索。同样，维特根斯坦的前后期理论虽然经历了从构想理想语言到关注和分析日常语言这样一种巨变，但是对审美和伦理问题的重视却始终没有发生变化，在他看来，伦理学和美学是同一的(TLP,

---

① M. O'C. Drury. Conversations with Wittgenstein. Portraits of Wittgenstein. Bristol: Thoenmes Press, 1999, Vol. 3, p. 206.

② 本书标注康德和维特根斯坦的文献如未特别说明，都采用参考书目中所列的缩写，并标出页码或编号。其中引用的《判断力批判》中的内容主要参考 The Critique of Judgment, Trans. James Creed Meredith, Great Books of the Western World, 42: Kant. Chicago: Encyclopaedia Britannica, inc. 这一版本，其中标注的页码也是该书中的页码。部分译法参考了邓晓芒的中译本和 Pluhar 的英译本。

6.421)。[①] 而且如果说对伦理的探索是引起他前后期思想转变的主要原因之一，那么审美则为他提供了一种考察问题和面对生活的态度和方法，因此要探究维特根斯坦哲学，以审美作为立足点也是可行的。此外，以审美的态度对待生活是当代哲学关注的一个重要的话题，甚至是一些哲学家的基本取向。维特根斯埋的哲学在很大程度上代表了这种思潮。而以他为代表的当代思潮很大程度上从康德的审美理论中汲取了营养。因此，从审美这一切入点，笔者试图对两人的哲学体系进行比较研究，考察维特根斯坦的研究思路与方法如何保留康德对形而上的追求，但取消了形而上学的假设，为跨越康德哲学中的实践理性与理论理性的鸿沟提供可能的道路。同时，通过对这两位分别为近代和现代主要代表的哲学家思想脉络的梳理，也可以窥见整个哲学发展过程中思路的转换。

在具体展开论述之前，需要指出以下几点：首先，本书的目标并不是梳理康德和维特根斯坦的美学思想，而是通过审美问题引申出他们在哲学中表现出来的共同的追求和对生活的态度。审美问题只是进入两人哲学世界，并对其加以比较的一个切入点。之所以选择这样一个切入点，并不是出于笔者对审美问题本身的兴趣，而是由于审美问题恰好能将两人各自的哲学贯穿起来，并充分体现他们在哲学中的基本诉求；其次，选择从审美的视角切入，并不是说从康德到维特根斯坦的美学理论存在着学术思想上的传承关系，而是说这两位哲学家一致的精神气质在美学问题上有着非常集中的体现。他们都有着强烈的道德诉求，而在他们看来实现道德价值的前提就是过一种自觉的、有反思的生活。在康德那里审美判断力之所以能成为沟通纯粹理性与实践理性的桥梁，正是因为审美活动中的反省思维培养了人们对主体认识活动的自觉，使得人们易于接受自律原则，并从爱好中脱身，从而促成内心对道德的感受性。维特根斯坦虽然很少直接谈论美学问题，[②]但是审美活动中的反省思维作为一种生活态度和研究哲学问题的方式伴随着他的一生。当他提出以看待艺术的方式看待我们的日常语言的时候，他恰恰是在告诉读者以审美的，或者说反思的态度过日常的生活，对生活中的游戏规则有所意识，唯其如此才能在变动不居的世界中实现生命的价值。

---

① 本书引述的维特根斯坦《逻辑哲学论》中的内容主要参考 Ogden 的译本，而《哲学研究》中的内容则主要参考 Anscombe 的译本，部分译法参照了几个中文译本。下同。

② 除了维特根斯坦的学生根据他在 1938－1946 年间的讲演和谈话整理而成的“关于美学、心理学和宗教信仰的讲演与谈话”外，他几乎没有完整系统地论述过美学问题。关于审美与艺术的谈论散见于《1914－1916 年笔记》、《文化与价值》、《逻辑哲学论》《哲学研究》等著作中，数量有限。

国内外研究现状

国内外研究康德和维特根斯坦哲学的文献可谓是卷帙浩繁，无论从广度和深度上都达到了比较高的水平。也有学者对两人的思想进行比较，其中重要的著作包括 Hacker, P. M. S 的 Insight and Illusion : Themes in the Philosophy of Wittgenstein(New York : Oxford University Press, 1986), Meredith Williams 的 Wittgenstein, Mind, and Meaning: toward a Social Conception of Mind(Routledge, 1999)等；国内则有韩东晖、张桂权等几位学者关注这个问题。他们得出的结论主要包括：(1)无论是从传记、回忆录等资料，还是从两人的哲学文本的分析中，都显示维特根斯坦受到了康德的影响。[①] (2)维特根斯坦对语言的观点就是康德在哲学中"哥白尼式革命"的观点。康德通过分析先验感性形式和知性的先验范畴指出经验对象是由认知能力构造而成的，同样维特根斯坦借助对语言逻辑的分析指明了我们的理解的必然性的基础存在于我们表现事物的方式，也就是我们的语言之中。[②] (3)正如康德试图为认识划定界限，将其限定于可能经验的领域之内，阐述辩证的幻象产生的根源，从而为信仰留出地盘，维特根斯坦通过对语言的批判划定了可说与不可说的分界，将可说的东西限定为经验世界的事况，避免了形而上学的无意义的话语，亦即"逻辑幻象"，同时让人意识到真正的价值是在时空之外的。[③] 上述研究为我们进一步理解康德和维特根斯坦的哲学提供了丰富的资料，但是维特根斯坦和康德的共同点远不只是前者在语言论的背景下重述了"哥白尼式革命"，也就是指出语法规则规定了我们言说的事物的可能性，更重要的是他与康德一样有着对伦理和审美问题的持续的关注，以及对过一种有

---

① 韩东晖:《划界与批判——〈纯粹理性批判〉与〈逻辑哲学论〉比论》，浙江学刊 2004 年第 5 期，第 20—26 页。

② P. M. S. Hacker. Insight and Illusion: Themes in the Philosophy of Wittgenstein. Revised Edition Oxford: Oxford University Press ,1986, Hacker 在该书第一版序言中还提出了"经验的形而上学"这一概念来概括维特根斯坦哲学的主导思想，这显然是将维特根斯坦的哲学与康德的"哥白尼式革命"联系起来，认为两人都是旨在寻求经验现实的先在根据。

③ Ayer, A. J. Wittgenstein. London: Penguin Books, 1985, p. 31. Alexander Maslow. A Study in Wittgenstein's Tractatus. Los Angeles: University of California Press, 1961, p.146. M. S. Hacker. Insight and Illusion: Themes in the Philosophy of Wittgenstein. Revised Edition, p. 207. Wittgenstein. Connections and Controversies. Oxford: Oxford University Press, 2001, pp. 34-35. Meredith Williams. Wittgenstein, Mind, and Meaning: toward a Social Conception of Mind. London: Routledge, 1999, pp. 6、62、63.

反思的生活的强调，并且这还成为他前后期思想转变的一个重要因素。所以，对康德和维特根斯坦哲学的比较有必要在更广阔的背景中展开。

在康德和维特根斯坦的美学研究方面也有一些成果，但相对于对他们的哲学进行的整体研究而言，这种研究所占的比例较小。对维特根斯坦的美学的研究尤其偏少，目前专门的著作只有 Richard Allen and Malcolm Turvey 所编的 Wittgenstein, Theory and Arts(Rouledge,2001),Peter B. Lewis 所编的 Wittgenstein, Aesthetics and Philosophy(Ashgate, 2004)和 B. R. Trilghman 所著的 Wittgenstein, Ethics and Aesthetics: the View from Eternity(Macmillan, 1991)三本。对康德美学的研究基本上是将他的美学思想置入整个批判哲学的框架中指出其作用，可以说是对康德体系的一个简要的复述。而对维特根斯坦的美学的研究主要是指出他在美学中的反科学主义和反本质主义倾向，并且指出美学和伦理学是同一的。至于他的反本质主义究竟源自什么样的根基，意味着什么，如何避免陷入相对主义的陷阱，所有这些关键性的问题都付之阙如。这种就事论事的研究并不能将维特根斯坦的整个哲学思想贯穿起来，更不能发现他与康德思想的潜在的共通性。

针对上述情况，笔者试图以审美作为切入点，对康德和维特根斯坦的哲学体系进行比较，揭示以维特根斯坦哲学为代表的现代思想在吸收传统哲学形而上的追求的同时，如何扬弃形而上学的思维方式，使得伦理问题通过审美或类似于审美的反省被引向现实世界，而不再是高悬在空中的理念。

康德对维特根斯坦的影响

康德以及康德式的思维方式对维特根斯坦究竟产生了怎样的影响，只能通过对两位哲学家文本的解读来回答。在具体分析两人思想的关联之前，有必要借助维特根斯坦本人的笔记、书信，他的学生和朋友的回忆，以及其他传记作品，考察维特根斯坦是否以及在哪些方面受到康德思想的启发。

谈论康德对维特根斯坦的影响可以分为两个方面，即直接影响和间接影响。前者是指维特根斯坦对康德著作的阅读以及对批判哲学的理解和某种程度的接受，后者则是指维特根斯坦通过阅读深受康德思想影响的思想家的作品而了解并接受在一定意义上属于康德式的思维方式。

维特根斯坦在谈到自己的思想来源时提到了波尔茨曼(Botzmann)、赫兹(Hertz)、叔本华、弗雷格(Frege)、罗素(Russell)、克劳斯(Kraus)、卢斯(Loos)、魏宁格(Weininger)、斯宾格勒(Spengler)和斯拉法(Straffa)(CV, p. 19)，而并没有提到康德。但是这并不意味着他未曾受到康德式的思维方式的启发。维特根斯坦在青少年时期阅读过波尔茨曼的《通俗读本》和赫兹的《力学原理》。这两部著作关注的不是工程机械的具体问题，而是科学哲学问题。尤其是波尔茨曼的《通俗读本》展示了类似康德的科学观，他认为我们将现实的模型带入经验世界，而不是像经验论设想的那样产生于经验世界。这种思想在维特根斯坦的哲学思想中根深蒂固。他认为经验论的观点难以想象。[①] 而叔本华对维特根斯坦的影响更是得到了学界的公认。赖特提到维特根斯坦曾向他承认自己在年轻的时候读过《作为意志和表象的世界》，而他最初的哲学思想就是叔本华认识论中的观念论。[②] 基于《1914—1916 年笔记》和《逻辑哲学论》中体现出的叔本华式的概念体系和思想框架，有学者推断维特根斯坦在第一次世界大战期间重新阅读了《作为意志和表象的世界》。[③] 而叔本华的哲学承袭了康德关于现象和自在之物之分，指出现象乃是我们的表象，是我们的认知能力的先验形式的产物，而自在之物是意志。维特根斯坦通过阅读叔本华的著作间接地了解康德的哲学思想。

此外，也有一些回忆录和传记提到维特根斯坦直接阅读过康德的著作，并对其中的思想产生了兴趣。早在第一次世界大战结束之前，维特根斯坦在蒙特·卡西诺战俘营时，他就和他当时新结识的朋友汉塞尔一起阅读康德的《纯粹理性批判》。[④] 而德鲁里记录了他与维特根斯坦的一次谈话，时间大约是在 1930 年左右，也就是维特根斯坦撰写《哲学评论》和《哲学语法》期间。德鲁里认为维特根斯坦在当时的讲座中一直关心康德的问题，即：先天综合命题如何可能。维特根斯坦回答说："对，你可以这样说。我关注先天综合。有时候当你思考你自己的问题，你会发现它与过去讨论过的东西密切相关，只是你想以不同的方式呈现问题。"此后，大约在 1948 年期间，维特根斯坦评价说，康德和贝克莱在他看来是非常深刻的思想家。[⑤] 维特根斯坦确实不怎么阅读哲学史，在他看来，哲学不是一种学说，而是一种活动。但是上述材料说明他确实阅读过康德的著作，并有一定的了解。

当然从上述资料看来，康德对维特根斯坦的影响似乎主要体现在先验观

---

① Ray Monk. The Laboratory for Self—Destruction. Portraits of Wittgenstein, Vol. 1, pp. 96-97.

② Georg H. von Wright. A Biographical Sketch. Portraits of Wittgenstein, Vol. 1, p. 65.

③ David Avraham Weiner. Genius and Talent: Schopenhauer's Influence on Wittgenstein's Early Philosophy Rutherford: Fairleigh Dickinson Unsversity Press, 1992, p. 17.

④ James C. Klagge and Alfred Nordmann. Ludwig Wittgenstein: Public and Private Occasions New York: Rowman & Littlefield Publishers Inc, 2003, p. 258.

⑤ Conversations with Wittgenstein. Portraits of Wittgenstein, Vol. 3, p. 206、240.

念论的思想，但是关键问题并不在于维特根斯坦接受了这样一种理论（而且事实上他也并不认同康德的先验论，这一点在本书的第三编第十章将展开详细的论述），而在于先验观念论启发维特根斯坦意识到超乎经验世界的东西，而这些东西恰恰是真正重要和根本的。他和康德一样认为审美和道德的问题不能在经验世界中找到答案，人们必须通过对经验现实的反思探索超越现实的道路，这种形而上的追求体现了两人共同的精神气质，也是本书关注的问题。

本书的基本内容

本书的主体部分分为三编，分别论述以下几个问题：首先，康德的批判哲学和维特根斯坦早期的学说中如何赋予了审美形而上的意义，康德的思想如何通过叔本华对维特根斯坦产生影响（第一编）；其次，审美过程中的反省的思维方式在康德和维特根斯坦的体系中究竟如何可能引导我们过一种有道德的日常生活（第二编）；最后康德和维特根斯坦的思路存在着什么根本的差别，这种差别又如何预示着哲学观念的转变（第三编）。具体思路如下：

第一编考察康德的形而上学体系如何通过叔本华对维特根斯坦的早期哲学产生影响。首先在第一章中笔者借助审美判断中存在的二律背反提出审美的对象指向经验之外的理性概念。康德借助“哥白尼式革命”解决了先天综合判断如何可能的问题，也就是说知识与对象的一致并不是认识符合对象，而是相反的对象符合知性原则，是纯粹知性的先验范畴构造了一切经验对象。这些先验范畴只在可能经验的领域内才是有效的，超出了这个范围就是先验范畴的超验的使用，必将导致纯粹理性的二律背反。但是，纯粹理性的超验原理所导致的灵魂不朽、意志自由和上帝存在这些纯粹理性的理想虽然不能获得思辨的利益，却能获得实践的利益。因为如果人们要为自己的行动承担道德责任，就必须承认意志自由。这样一来，道德就必须放到现象之外的自在之物的领域去谈论，这也就意味着存在超出经验世界之外的理性的概念。而审美对象无目的的合目的性一方面不是指向任何知性的概念，另一方面它所要求的普遍有效性（虽然只是主观的普遍有效性）却要求它指向某个概念，因此它就将我们引向了超越经验的理性概念。审美由此也就获得了超越经验的品格。而叔本华在康德的基础上建构了意志哲学，他认为时空和因果性是认识的先验条件，由此构造了整个现象世界，在现象世界中一切均有其产生的原因，因而无所谓意志自由，我们的一切的行动都受到自然条件的制约。但是世界在作为现象而存在的同时还作为意志而存在，意志乃是自在之物，因而不受因果性的制约，是自由的。道德的前提是对作为自在之物的意志的意识，从而摆脱欲望。而在意志客体化的过程中，还有意志客体化的等级，也就是理念，理念由于尚未成为现象界的个体，因而对理念的静观也是超越于现象界，并且无关乎欲望的。审美活动就是对理念的静观。这样，叔本华和康德一样给予审美以形而上的意义。而维特根斯坦在《1914－1916年笔记》和《逻辑哲学论》中表述的美学和伦理学观点几乎就是叔本华的翻版，他认为思想是世界的图像，我们的语言具有意义的根据在于它与事况(states of affairs)有着共同的逻辑结构，因而只有世界中的事况是可说的，换言之，我们只能对世界是怎样的加以言说，但是这并不涉及价值的问题。伦理道德、审美都是神秘而不可言说的，但它恰恰通过改变世界的界限，而使得我们的世界成为与原来不同的。因此有学者指出《逻辑哲学论》复制了叔本华的作为表象的世界和作为意志的世界的结构。① 这种观念也使得维特根斯坦的哲学从根本上不同于罗素的逻辑原子主义。在此可以看到维特根斯坦与康德的审美观的共同点：他们都将审美置于超越经验的领域而非现实世界中，只不过康德用来划界的标准是可能经验，而维特根斯坦的标准是有意义的语言。这部分研究借助的资料主要是康德的《纯粹理性批判》和《判断力批判》，叔本华的《作为意志和表象的世界》，维特根斯坦的《1914－1916年笔记》和《逻辑哲学论》。

第二编考察康德和维特根斯坦哲学的道德诉求以及审美在其中的地位。首先考察维特根斯坦前期的逻辑原子主义何以无法满足他寻求伦理价值的目标。维特根斯坦基本承袭叔本华哲学的基本框架，在伦理问题上表现得尤为明显。而叔本华指出只有意志达到完整的自我意识，看穿个体化原理，并自我取消、自我否定，才称得上至善。也就是说只有超脱个体的立场而站在自在之物的立场上才可能实现伦理上的至善。② 但是叔本华却没有提供如何促成这种立场转变的有效途径，这一点正是维特根斯坦力求突破的，这也是造成他哲学思想转变的重要原因。其次，维特根斯坦前期的逻辑原子主义学说自身存在的困难，使他放弃了图像论的观点，转而主张语言的意义来自它的用法，而不同的语言游戏存在着对语言的不同的使用方法。如果说语言的边界规定着世界的边界，那么语言游戏的多样性使得世界的统一的边界不复存在。从世界中的个体的立场转变为世界自身的立场首先要将世界作为一个整体来把

① Desmond Lee. Wittgenstein 1929－1931. Portraits of Wittgenstein, Vol. 2, p. 195.

② Schopenhauer, A. The World as Will and Representation. New York: Dover Publication Inc., 1966, pp. 362、402-403，本书引述的叔本华的文献主要参考 Payne 的译本，注释中所标页码也是该书中的页码。

握，而对于没有统一边界的世界，从整体上把握就成为问题。在维特根斯坦后期的哲学中必须对此作出回答。随后笔者将会指出维特根斯坦在后期哲学中使用了语言游戏的概念，每一个游戏得以进行下去的前提是游戏过程遵循一定的规则，而这种规则并不是预先加以说明的，而是在游戏进行的过程中显示出来的。他经常借助音乐和其他审美活动来说明这个问题。这种类比并不是偶然和随意的。他一方面将哲学研究规定为对语言，尤其是日常语言进行分析；另一方面又认为哲学研究和美学研究之间存在着相似，认为可以将哲学当做诗歌来写（CV，p. 24）。这就意味着用审美的眼光看待日常生活和语言。审美判断没有确定的规则，对不同类型的审美对象有着各自不同的判定标准。此外，对艺术的欣赏不能离开艺术作品本身，审美反应是通过对对象的分析比较而给出的审美解释，也就是说给出美之为美的根据。这也就是说审美虽然没有可以明确给出的规则，但是在审美判断的实践中，并非是无根据的。审美教会我们对规则加以反思，从而使得我们不是盲目地作为世界中的个体，而是对世界的可能界限具有自觉的意识。虽然康德的美学思想对维特根斯坦并没有直接的影响，但是，康德关于审美是"无目的的合目的性"这一结论却在维特根斯坦的论述中得到了回应。首先，审美对象并不指向任何经验世界中的概念；其次它的合目的性又指向了某个概念，这个概念只能是经验世界之外的理性概念，于是审美判断将现象世界中的形象引向超验的理念。正是这一特征，使得审美成为沟通道德和经验世界的桥梁，并得出"美是德性的象征"的结论。借助康德的这一概念，我们可以解释维特根斯坦为什么要用审美来说明日常语言中的规则。康德强调我们的认识活动仅仅是自发的，它自然而然地使用先验范畴，而对此并无意识，因为它是对象性的，而相反审美判断却是自觉的，它的非对象性的思维方式使我们意识到先天的规则的作用。而这一点恰恰可以用来解释维特根斯坦何以将哲学当做诗歌来写。他不是像在日常生活中那样无意识地使用语言，而是对语言进行反思，意识到其中的规则和界限。而看到语言的界限，也就意味着意识到超出界限之外的东西。尤其在西方科学主义盛行的情况下，指出科学的界限也就揭示了通向伦理世界的途径。如果说康德通过审美来沟通道德与现象世界，那么维特根斯坦则是通过日常生活的审美化的反思来揭示这种沟通的可能性。这里着重分析的文本是康德的《判断力批判》，维特根斯坦的《文化与价值》、《论确实性》、《关于美学、心理学和宗教的讲演及谈话》、《哲学研究》等。

第三编要指出康德在利用判断力来沟通实践理性和理论理性的时候，不得不借助上帝存在作为最终的依据，这一形而上学的假设不仅在逻辑上是成问题的，而且在实践上也不能成为道德的真正依托。而维特根斯坦主张直接分析现象，面对语言事实而不作任何假设，这就避免了康德式的形而上学的假定。在他看来认识的先验形式或者道德的先验法则都是形而上学的假设，实践是第一性的，我们只能面对实践提供给我们的现象本身，才真正是对世界的反思，这样看到的世界才是真实的世界。他以写诗的方式来创作哲学，而哲学作为一种活动、一种生活方式和生活态度始终向我们揭示着科学的界限和另一种世界的可能性。虽然他没有一劳永逸地解决日常生活的道德化的问题，但毕竟现代哲学已经揭示，要提供康德式的解决方法也许本就是一种奢望。同时，笔者在这部分还将维特根斯坦的思想置入整个当代哲学的背景中加以考察，指出：以审美的方式对待生活是当代不少哲学家共同的主张，这在尼采、海德格尔、伽达默尔、马尔库塞、福柯等人的哲学中表现得尤为明显。

第一编 审美的形而上意义

乍看起来，我们似乎很难将康德的《判断力批判》以及整个批判哲学与维特根斯坦以《逻辑哲学论》为代表的早期作品联系起来。两人行文风格迥异，思维方式也完全不同。康德的批判哲学考察的问题是我们作出判断的先验根据是什么。他将审美问题置入批判哲学的一个环节，即审美判断力批判，而之所以需要这个部分是因为他试图为实践理性的道德世界与认知理性所构造的经验世界搭建桥梁，而判断力恰恰就是帮助我们跨越这一鸿沟的唯一方式。整个批判哲学结构严谨，环环相扣。而维特根斯坦的《逻辑哲学论》关注的似乎更多的是语言如何成为世界的图像，是逻辑和语言的问题。审美问题仅在末尾部分简单地提及了一下，似乎和他的逻辑原子主义、图像论以及真值函项学说之间并没有明显的学理上的关系，是一个体系之外的独立的部分。但维特根斯坦在给冯·费克尔的书信中谈及《逻辑哲学论》时的几句话却值得我们注意。他这样表示："该书的要点是伦理学的。我一度想要在序言中写上这一句，而事实上却没有写进去，但我在此要告诉你，因为它对你而言可能是阅读该著作的钥匙。我想要写的是：我的著作包括两个部分：呈现在此的部分和我没有写出的部分。而正是这第二部分才是重要的。"[1]在维特根斯坦看来，伦理、审美等都属于不可言说的东西，如果不可言说的东西才是真正重要的，那么他凭借说出的部分所显现的逻辑空间就应该理解为仅仅是为了划定可说的东西的界限，从而显现出不可说的东西，并帮助人们将这两者区分开来，防止以对待可言说之物的方式对待不可言说的东西。而这就类似于康德在批判哲学中所从事的工作：将认识限定于可能经验的领域，从而为信仰(faith)留下地盘。在审美问题上，康德强调审美是无目的的合目的性，也就是说审美愉悦的普遍有效性不是通过知性概念而获得的，因此，审美的问题不可能通过认知的方式来解决。而维特根斯坦同样认为审美并不是世界中的事态，不可能用语言、图像来加以表述。可见，这两位哲学家的思想存在着深层次的共通性。但同时有必要指出，维特根斯坦区分可说的东西与不可说的东西的这种思想不是直接来自康德，而是以叔本华作为过渡。

---

① 转引自 Flowers，Ⅲ. F. A. Portraits of Wittgenstein，Vol. 2，p. 59.

第一章 “哥白尼式革命”与“无目的的合目的性”

康德关于审美判断超越可能经验的领域的结论来自于对审美判断的共通性根据的探讨。而要分析审美判断共通性的根据，又必须首先对经验认识的共通性的根据加以说明，这就引出了他的理性批判。

第一节 “哥白尼式革命”与知识的共通性

康德对理性进行批判是为了考察科学的形而上学是否可能，这在很大程度上得益于休谟的启发。康德承认是休谟在多年前打破了他教条主义(dogmatic)的迷梦，为他指出了哲学研究的不同方向(Prolegomena, p. 67)。[1]而在其他地方，他又认为是纯粹理性的二律背反，尤其是关于自由与必然的二律背反最有力地把哲学从它的教条主义的迷梦中唤醒过来(Prolegomena, p. 141, Pure Reason, p. 385)。[2] 这两种说法究竟是否存在矛盾，抑或是一致的？让我们首先看看休谟和纯粹理性的二律背反分别向康德展示了什么。传统观点认为“休谟难题”就是因果性问题，休谟攻击因果性原则，并怀疑它的客观有效性，而康德则以理性的东西保全了它并反驳了怀疑论，这种说法的确可以在康德的表述中找到证据。在肯定休谟的启发时，他强调休谟从形而上学的一个重要概念，即因果性概念出发而颠覆了形而上学。但在《纯粹理性批判》中，我们几乎随处都可以瞥见休谟的影子，康德并不常常提到休谟，但在谈及实体(substance)、因果性(causality)及纯粹统觉(pure apperception)等问题

① 本书引述《任何一种能够作为科学出现的未来形而上学导论》中的文字主要采用 Peter G. Lucas 和 Günter Zller 的译本，标注的页码也是该译本的页码，部分译法参考了庞景仁的中译本。

② 在 1798 年 9 月 21 日于哥尼斯贝格致克里斯蒂安·伽尔韦的信中也讲到这一点，见[德]康德著，李秋零译：《彼岸星空——康德书信选》，经济日报出版社 2001 年版，第 342 页。

时,似乎都是在应对休谟的挑战,因此休谟对康德的影响应当在一个更为广阔的背景中加以考察。正如贝克所说,康德发现,休谟问题决不限于因果律的正当性,而涉及了形而上学断言的所有命题。[①] 休谟对因果性的考察,使得知性及形而上学所思考的先验概念都面临着合法性的危机。如果所有这些概念都是主观的,是习惯而非理性的结果,[②]那么我们如何可能从我们心中的表象过渡到它的对象,从而宣称客观的普遍有效性呢?

当某个表象被判定为客观对象的规定时,该表象就具有普遍可传达性,但是主观的表象何以被判定为客观对象的规定?传统真理观的解释是:表象符合对象。但这种符合又是如何可能的?在对这一问题的解释上产生了唯理论与经验论的分歧。前者在认识论的角度引入自明性(self-evidence)概念,认为清楚明白的概念必然是真的,而在本体论的角度则企图借助上帝来保障表象与对象的一致性。康德在创建批判哲学之前对莱布尼茨一沃尔夫(Leibniz-wolff)哲学深信不疑,在《就职论文》中就试图借助莱布尼茨的单子论(monadology)与前定和谐(pre-established harmony)的理论解决存在与思维的关系问题。[③] 但很快二律背反的出现就否定了这种思路的可行性。论辩双方在追溯条件系列的无条件总体时都没有违反推论的逻辑规则,却得出了完全对立的结论。正如文德尔班(Wilhelm Windelband)所说,对绝不能成为认识对象的东西,排中律就失去了作用,[④]可见自明性并非是主观表象通达客观对象的道路。无视二律背反的事实而固执于所谓的自明性是独断的主张。经验论否定天赋观念论,而以经验来确保知识的有效性,并强调一切知识源于经验。康德同样承认"我们的一切知识都从经验开始",但他与经验论者的差异在于:他明确地区分了知识的起点和根据。虽然一切知识始于经验,但并不因此都源于经验(Pure Reason, p. 41)。因为一旦承认一切知识源于经验就等于否认了一切先天综合命题的可能性。贝克莱和休谟的哲学显示了将经验论贯彻到底时必然产生的后果:首先,普遍必然的先天知识被宣布为不可能的;其次,更关键的问题是,形而上学的命题因此被判定为自然倾向所造成的幻象。康德对这两个结论都进行了反驳:先天知识的存在已由数学和自然科学

① L·W·贝克:《康德〈导论〉英文本编者导言》,见周贵莲、丁东红:《国外康德哲学新论》,求实出版社1990年版,第346页。

② Hume, D. The Treatise of Human Nature. Oxford: Clarendon Press, 1934, pp. 73-106. 关文运译:《人类理解研究》,第45—52页、第71—72页。

③ [德]文德尔班著,罗达仁译:《哲学史教程》下卷,商务印书馆1987年版,第739页。

④ 《哲学史教程》下卷,第755页。

得到了保证;而如果形而上学命题都是人性的自然倾向产生的无意义的幻象,那么人性同时作为知识的根源,怎么可能如此地自相矛盾呢?[①] 假如真如休谟所说,一切知识都可以归结为经验性的印象,一切表象间的综合都源于主观的倾向,那么从主观表象到客观对象的跨越,亦即真理的实现就是不可能的,怀疑论也就是由此产生的。至此,我们可以理解康德为何将唯理论的独断论和休谟的怀疑论的根源都归结为观念论(idealism),即认为我们之外的空间对象的存在都是值得怀疑的,或者说是虚伪并不可能的。研究者们往往试图用康德所继承的沃尔夫学派的朴素的实在论(realism)思想来解释他对唯心论的批判,但我们必须注意这样一个事实:对观念论的驳斥不仅是针对经验论者的,而且也针对唯理论者,后者独断地将逻辑必然性与现实性等同起来,但二律背反却告诉我们这个等式并不成立。[②] 因此,康德反驳观念论的重点与其说是为了强调外部空间对象的实存,还不如说是为了强调有一种超越于主观表象的客观对象。我们纵然只能通过表象来认识,却并不止步于表象,而是将其与对象相联系来作为对象的规定。但这种联系是如何可能的呢?

唯理论和经验论哲学将真理解释为主观表象符合客观对象,但这种思路无法解释先天知识如何可能与对象一致,那么不妨反过来假定对象与知识一致,只有这样,关于对象的先天知识才成为可能。康德将这种转变比之于"哥白尼式的革命"。对象如何可能符合知识,即符合我们的表象?康德将问题转换为:先天综合判断何以可能。康德指出先天综合判断的有效性来自于纯粹理性的先天形式,因而必须对理性加以批判。这是对理性自身原则、范围及界限的审定。"理性"首先在最宽泛的意义上被界定为提供先天知识诸原则的能力(Pure Reason, p. 58),对这些原则的分析就包含在"先验要素论"(transcendental doctrine of elements)中,其中包含人类知识的两大主干,即感性(sensibility)和知性(understanding),通过前者,对象被给予,而通过后者,对象被我们所思维,据此先验要素论又分为"先验感性论"(transcendental aesthetic)和"先验逻辑"(transcendental logic)。在先验感性论中,康德指出空间(space)和时间(time)分别是外感官(outer sense)和内感官(inner sense)借以直观对象的形式(form)。这种排除了一切经验性感觉(sensation)的质料

① M·库恩的《康德的"休谟难题"概念》,作者就休谟难题、二律背反及康德如何从独断论迷梦中被唤醒的问题作了清晰而具有说服力的论证,见周贵莲、丁东红等编译的《国外康德哲学新论》。此外可以参考[英]康蒲·斯密著,韦卓民译:《康德〈纯粹理性批判〉解义》,华中师范大学出版社2000年版,第7—10页、第68页、第77页、第606页等处的论述。

② 《哲学史教程》下卷,第738—739页。

(matter)因素的直观形式称之为纯直观(pure intuition),它是数学所以可能的根据。知识借直观与对象发生直接关系,而直观是由我们先天的直观形式而可能的,因而它不可能是事物自身的规定,而是不能离感性的主观条件而独立自存的现象(appearance)。因此时间和空间的直观具有先验的观念性(transcendental ideality)和经验的实在性(empirical reality),就是说,站在自在之物(thing in itself)的立场上判断,它只是我们的观念;但这种经验是直观形式的产物,因而是普遍必然的。[①] 在此我们首次发现了主观表象获得普遍必然性的根据。

经验性直观所获得的客观性源自作为先天原理的直观形式的普遍有效性。但直观只是感性接受表象的能力,这些表象何以能被归之于一个对象,则必须依赖知性来解释。知性是由表象产生知识的能力,它使对象与被给定的表象相关,而为我们所思维,并由此产生概念。感性和知性对于认识都是不可或缺的,“思维无内容则空,直观无概念则盲”(Pure Reason, pp. 92-93)。先验逻辑中对知性的分析,最充分地体现了康德在认识论领域进行的“哥白尼式的革命”。正如直观有形式和质料之分,知识同样可以作上述区分。先验逻辑则在形式逻辑的基础上加入先天的直观形式,它并不排除一切内容,而只是排除后天的经验性内容,因而它提供了知识的形式,并成为一切知识的真正标准。至此,真理不再是表象与对象的符合,而是对象与知性原则的一致。借助形式逻辑,康德列出了包括量(quantity)、质(quality)、关系(relation)和模态(mode)在内的四组范畴(categories)作为真理的标准。这些脱离经验而能先天行使的概念是使经验得以可能的先天条件。为了说明这一点,康德引入先验统觉作为表象统一性的根据。我的一切表象都伴随着“我思”的意识,唯其如此,表现于我心中的对象才能为我所思维,否则表现对我而言就等于无。直观的杂多先于思维而被给予,它与“我思”有着必然联系。而综合的统一先于分析的统一,仅当杂多的表象被联结于一个意识中时,我们才能表现出诸表象统一于我自身,而这种联结有赖于综合,范畴恰恰是综合得以可能的先天条

① Kemp Smith 指出“先验的观念性”的说法又是康德在概念使用上的随意性造成的,它确切地说应该是“超验的观念性”,因为它是从本体的角度考察问题的,“现象”概念并非在经验中产生的,而只有在理性的观点中考察,才能对现象之为现象有所意识,而理性从本体的角度考察问题在 Kemp Smith 看来已经是超验的了。(见《康德〈纯粹理性批判〉解义》,第 450 页。)但先验对象或本体仅就调节性而非构成性的意义上讲,并非超验的概念,而是理性用以规定经验系统的统一的先天原则。因而本体只要不被看作实在对象,那么对它的使用就不是超验的。康德的整个批判都建立在对先验理性原理的反思上,它显然不是思考可能经验对象的问题,因而我们不能称其为超验的。

件。这样，纯粹主观的知觉判断(judgments of perception)或者说经验性判断(empirical judgments)就与普遍必然的经验判断(judgments of experience)区别开来，后者由于被纯粹知性包摄于一个概念之下而成为经验(experience)，并获得了普遍有效性(Prolegomena，pp. 104-105，Pure Reason，pp. 170-173)。这就是范畴的先验演绎，它回答了主观表象何以能够具有客观实在性的问题。通过对理性先天能力的揭示，它以令人信服的方式回击了经验论者对先天的知性乃至理性概念的怀疑：不是由于外部和内部的经验才使我们产生了空间、时间的观念，而是因为有了时空作为先天的直观形式，我们才有内外及前后相继的意识；不是经验性印象反复作用造成的倾向形成了实体、因果性等概念，而是这些概念使得这样的倾向及对倾向的意识成为可能；不是经验性的知觉组合成了自我，而是先验的自我使得这些知觉得以被归结为“我的”。总之，知识限于经验却并不源于经验。

第二节 理性概念与超经验的领域

范畴的先验演绎一方面回答了先天综合命题何以可能的问题，赋予主观表象以客观的有效性，同时，它也为范畴的客观效力划定了范围。无直观的概念就是无对象的思维，而人类的直观都是感性的，因而范畴只在被运用于感官对象，即经验或可能经验对象时才具有客观实在性。① 知性之所以能为自然立法，是因为自然是可能经验对象的总和，其本质是经验对象的合法则性。所以经验判断所指称的对象并非自在之物，而是经验对象，即表现为在彼此联结中的现象，而不是离开一切可能经验的纯粹智性对象。② 相反，如果自然是自在之物，我们既不能先天地认识它，也不能后天地认识它。不能先天地认识是因为理智应当符合事物，而不是相反；不能后天地认识则是因为经验无法告知

① 范畴纵然也可以运用于先天直观，但仅仅是关于对象之方式，唯有假定在方式中直观的事物的存在，它才能成为知识。此外可参见康德1789年5月12日致卡尔·莱昂哈德·莱因霍尔德的信，其中谈到“理论认识的一切综合判断只是由于给定的概念与一个直观的关系才是可能的”，因而只能运用于经验或可能经验的对象，见《彼岸星空——康德书信选》，第175页。

② 倪梁康指出：在康德的体系中“知性”和“智性”是两个不同的概念，“智性的”源于拉丁文intellektuell，它不同于，甚至对立于同样源于拉丁文的“知性的”(intelligiblel)。前者是认识能力方面的概念，与它相对的概念是“感性的”(sensitive)；后者则主要与认识对象有关，与它相对的概念是“感受的”(sensiblel)，见倪梁康：《自识与反思——近现代西方哲学的基本问题》，商务印书馆2002年版，第171页。

自在之物的法则(Prolegomena,pp. 101、103,Pure Reason, pp. 149-150)。在经验范围内应用的原理是内在的(immanent),而超越一切可能经验的原理则是超验的(transcendent),由此引起的谬误就是先验幻象。[①]

康德将先验幻象产生的根源归结为理性自身。在此,有必要将“理性”在批判哲学中的诸种含义加以清理。由于受到沃尔夫学派传统的影响,康德对理性的界定始终是在与经验的对比中作出的,与经验的后天性和偶然性相对,理性乃是先天、必然的因素。与“经验”概念的歧义相伴随的就是“理性”的多义性。当经验是指感性质料时(Pure Reason, pp. 68、74),理性就被从最宽泛的意义上界定为提供先天的知识原理的能力,其中甚至包括了感性直观的先天形式,即空间和时间(Pure Reason, p. 58);当经验指称由感官所提供的认识对象的质料时(Pure Reason, pp. 43-45),理性就是指与感性的感受性相对立的思维的自发性,其中包含了知性(understanding)和理性(Pure Reason, pp. 44、580、584、656, Practical Reason, p. 318)[②];而当经验指称感官和知性共同作用的产物时(Pure Reason, p. 298),理性就与知性相区别,是在最狭窄的意义上指不与任何直观相关联的思维样式。知性作为规律能力直接与对象相关,因而只有经验的使用,而理性则作为原理能力,只与概念和判断相关,与经验系统的先天统一相关,是指追求一切条件的无条件者的原则。理性概念使人统握(conceive),知性概念使人理解(understand)(Pure Reason, pp. 23、26、45-46、300-309)[③]。导致先验幻象的理性应该是第三种意义上的理性,即追求一切条件的无条件者,也就是条件全体而言的。这种意义上的理性不产生概念而只是使知性概念超脱可能经验的不可避免的限制,将被给予的受条件限制者归于不受条件限制的条件的绝对总体,就是将范畴转变为先验理念(transcendental ideas)。因此,纯粹理性概念的数目就等于知性由范畴所表现的关系种类的数目,它们分别是:主词中所有直言的综合(categorical synthesis)的不受条件限制者,即理性心理学(psychology)理念;序列中所有各项的假言的综合(hypothetical synthesis)的不受条件限制者,即理性宇宙论(cosmology)理念;体系中所有各部分的选言的综合(disjunctive synthesis)的不受条件限制者,即理性神学(theology)理念。相应地也就有三种幻象,先验

---

① 这里有必要对先验的(transcendental)原理和超验的原理加以区分,前者是指运用于可能经验领域并使经验成为可能的先天原理。

② 《实践理性批判》主要参考 Lewis White Beck 的译本,标注的页码也是指该译本的页码,某些译法参考了韩林合与邓晓芒的中译本。

③ 另见[英]康蒲·斯密著,韦卓民译:《康德〈纯粹理性批判〉解义》,第 45 页、第 93 页。

谬误推理(paralogism),纯粹理性的二律背反以及纯粹理性的理想(ideal)。这些理念作为认识对象不具有客观实在性,它不能像知性概念那样作为构成性原则(constitutive principle)使经验对象成为可能,但它们作为调节性原则(regulative principle)却实现了系统的完全统一,这是纯粹理性的思辨的利益。更重要的是,纯粹理性的理念关系到灵魂不朽(the immortality of the soul)、意志自由(the freedom of the will)和上帝实存(the existence of God)的命题,因而有着实践的利益,在实践领域中,它们可以作为构成性的原则。所以理性概念只要不是作为认识的对象,就具有普遍的有效性。

然而我们说一个概念具有实在性,它就必然指涉着相应的对象。与知性概念之指向可能经验对象不同,理性概念是指向无条件者的,它不可能存在于现象界。那么理性概念如何能够具有对象?这就涉及现相(phenomena)与自在之物的区分。先验感性论揭示时间、空间是一切感性直观的形式条件,由此,引出认识对象皆为现象这一结论。而“现象”必然指示了与“其自身并非现象的某某事物”的关系,该事物独立于一切感性的性质并作为自在之物而存在,康德称其为“先验对象”(transcendental object)或“本体”(noumena)。[①] 由此,我们可以理解“对象”概念产生歧义的原因。“对象”有时是指自在之物且看作我们感觉的原因而言的,[②]据此,研究者批评康德的学说中的主观论的观点,认为这是传统哲学中二元论的重复。[③] 而在范畴的先验演绎之后,“对象”

① 关于“本体”与“先验对象”这两个概念的关系,康德在《纯粹理性批判》的第一版和第二版中有着完全不同的表达。在第一版中,他强调这两个概念的差异性。“先验对象”是一般所谓现象与之相关的对象,即关于一般所谓某某事物之完全未规定其内容的思维,是消极意义上的概念;而“本体”则是积极意义上的智性直观的对象。但在第二版中,“本体”的内含既包括了积极意义上的用法,也包含了消极意义上的用法,而积极意义上的本体是我们无法理解的,我们所谓的本体只是消极意义上的事物,即“先验对象”(Pure Reason, pp. 265-271)。这一变化只有结合理性追求无条件者的原理才能理解。因为“现象”指示着与之必然相联系的先验对象的实在性,一个先验对象既然是实在的,就必然有着与其他先验对象不同的规定性,所以先验对象虽然在脱离感性条件限制的意义上是无条件者,但并非绝对的、在任何意义上的无条件者,而理性既然寻求绝对的无条件者,则必将追溯到先验对象得到规定的根据。康德认为这就是神的理念,因而对我们而言,仅具有消极意义的先验对象同时必然就是神的智性直观的对象,即本体。

② 例如在 Prolegomena, pp. 97、105,他认为对象为感性提供了表象,这显然是将感官对象等同于自在之物,在 Pure Reason, pp. 71、80、267,他将本体称之为自在的对象,说感官是被对象激动,是对象及于表象能力的结果,另见[英]康蒲·斯密著,韦卓民译:《康德〈纯粹理性批判〉解义》,第 124 页。

③ [英]康蒲·斯密著,韦卓民译:《康德〈纯粹理性批判〉解义》,第 246—247 页。

更多地用于经验对象，或者说现相。① 相应地，作为整个现象界基础的本体被归之于理性的理念，表象与本体原因间的区别被现象界之受条件限制者与理性所要求的无条件的实在者的区别所取代。这是康德批判哲学必然的逻辑结论。② 人们将“对象”概念的歧义视为传统二元论、主观论思想与批判的观点在康德哲学中的冲突的表现，并试图借批判哲学的结论指出：将先验对象作为现象的根据是不成立的，因为它将实体、因果性等只能用于经验领域的范畴应用到了自在之物上。③ 但这种批评只注意到先验分析论的结论，而没有重视先验辨证论中的观点。康德强调与感性相应的真实事物，即自在之物根本不能为我们所认识。“自在之物”的问题从来不在经验领域中被探讨。此时知性范畴仅用于统摄直观的杂多，因此经验并不分辨自身的意识对象是现相还是自在之物，所以这对概念只能是在理性追求条件系列的无条件者时产生的。在先验感性论中，康德已经指出直观的形式条件即时间和空间，因而直观是无法离我们的表象而独立的现象，而质料上的根据并未因此而确定。康德说感觉是被给予的，或者说是“被激动”而造成的。④ 这种说法似乎保留了传统二元论哲学的色彩，尤其当它与自在之物联系在一起的时候。如果将自在之物理解为实在存在的事物，这种批评无疑是正确的，但康德强调本体或先验对象对于人类的认识能力而言只是消极概念，是人类认识不能跨越的界限，它将认识对象限定于现象界，因而我们不能在构成性的意义上使用它，并进而规定其属性，而只能在调节性的意义上将其作为经验之系统的统一的条件，因而是一个必须作出的设定。有了这一理念，才能理解对象的质料的根据。为什么偏偏是这样一些质料构成了一个对象，这是认识能力中的形式条件（直观形式和范畴）无法回答的。现象是我们的认识能力所面对的最初的经验对象，它不可能再被分解为其他经验对象，而且经验对象永远是有条件的，因而对于对象的质料的无条件的根据只能借助先验对象的理念加以解释。一旦承认自在之物仅仅是纯粹理性的理念，而这一理念又是不可或缺的，主观论的观点与批判哲学的观点的对立就消失了。至于将实体、因果性等范畴运用于先验对象，如果

---

① 例如 Prolegomena，p. 94，强调空间中的一切对象仅仅是现象，p. 105，强调对象是表象的联结，是在被知性概念规定为普遍有效时所成的。Pure Reason，p. 137，则将对象与先验对象作为一组相对的概念，前者显然就是专指现象的对象而言的。

② ［英］康蒲·斯密著，韦卓民译：《康德〈纯粹理性批判〉解义》，第 436—437 页。

③ ［英］康蒲·斯密著，韦卓民译：《康德〈纯粹理性批判〉解义》，第 238 页。［美］J. 彼得逊著，文志玲摘译：《康德在认识和真理问题上进退两难》，见《哲学译丛》1985 年第 6 期，第 72 页。

④ ［德］康德：《论内感知》，《哲学译丛》1991 年第 4 期，第 2 页。

在调节性的意义上加以理解，也没有什么不当之处。因为这些范畴不是用以规定自在之物，而只是用以解释无条件者对于条件系列的关系，因而是在与现相类比的意义上来使用的。虽然对知性的批判向我们揭示出我们的认识对象只不过是现相，但这并不妨碍我们设定现相背后有一个先验对象作为其根据。而借助先验对象既然是要解释经验对象质料的根据，两者又怎么可能不具有对应性呢？如果说对象概念的两重含义间没有矛盾，那么现象界的对象就只能看作是对先验对象的表象。在目的论的批判中这两者的关系将会得到更为清晰的阐释。

现在我们看到，除了现象的对象之外，还可以设想自在之物的对象。它虽然不能通过在认识中被规定而获得客观实在性，却能够通过调节性的功能使经验系统的统一得以可能，并在这种意义上获得普遍有效性。康德通过限制理性的使用界限而恢复了理性的尊严，并将唯理论从形而上学的困境中解救出来。唯理论者坚持以理性的先天形式作为知识所以可能的根据，这并没有错，但理性的形式并不等同于知识，只在它被使用于恰当的领域，即可能经验领域时，才形成对象的知识。如范畴的先验演绎所显示的：我们经由范畴才能思维对象，经由与此概念相对应的直观才能认识所思维的对象。而且我们只有感性直观，所以只能认识感性对象，而不能认识超感性的自我。在评价费希特哲学时，康德强调单纯自我意识的反思不能超出逻辑学而发现自我意识可以运用于其上的事物。① 所以从我思入手根本不能解释我的表象何以能过渡到客观对象。在这种意义上，唯理论并未超越经验论的观念论。康德像休谟一样否认自我是一个可以认识的实体，但他并不像休谟那样将自我看作是自然倾向造成的无意义的幻象，而是经验的形成不可或缺的条件。唯有依赖于自我意识，我们才能将一切杂多的表象归为“我的”，并纳入统觉的综合统一，形成对象的知识。这个先验自我并不包含杂多于自身之中，它只是意识的形式。在《实用人类学》中，康德将自我意识等同于知性，并指出当儿童开始用“我”这个语词时，他才将知觉扩展成对感官对象的知识或经验(Anthropology，pp. 15-16)。所以“我思”作为思维的自发性区别于感性的感受性，作为思维功能，它的确表现了对“我在”的规定性。但“我在”却不能由思维获得，而只能借助于时间条件下的直观，因而我们对于我自身一无所知，我们只能通过内部经验像我对自己显现的那样来认识自己，只能认识作为现相

① “1798 年 4 月 5 日致约翰·亨利希·蒂夫特隆克的信”，见《彼岸星空——康德书信选》，第 335—336 页。

的经验自我。单纯的自我意识不构成自我的知识。[①] 因此有了康德对观念论的反驳。他宣称客观对象使经验的自我意识成为可能，而“我思”作为先验统觉又是经验对象所以可能的先天条件。由此，康德指出先天的知性概念只在可能经验领域才具有客观有效性，这样既避免了观念论，又避免了重蹈唯理论的独断论的覆辙。现在我们再来考察“我思”，它是思维的主观自发性的智性表象，只是一种意识而非概念，因而从认识的角度看，它既不能被判定为现相（现象对象的可能性条件不可能同时又是现象），也不能被判定为物自身（我们如何能对物自身有所规定呢），而只是思维机能的自发性的表象，它的本质“首先不是一个名词‘自我’，而是一个人称代词‘我的’”。[②] 但这只是问题的一个方面，“自我”虽然不能作为认识的对象，但它毕竟可以是思维的对象，排除了一切直观的杂多，它仍然是某种东西。我们可以合理地将它思维为自在之物，作为多样化的知觉之统一所以可能的根据。虽然我们只能意识到主体的存在而不能对它有所认识，但并不能就此认定它只是一种存在而非本体，这种推论使得关于主体存在的纯粹不确定意识中包含的认识论限制被赋予了本体论意义。[③] 我们可以将自我思维为本体，这个本体并非实在的存在，而只是经验知识的可理解性所必不可少的条件。正因为本体无法认识，因而我们谈论本体时所使用的范畴只是用以规定本体与现象的关系，而不用以规定本体自身，所以也并不与范畴的先验演绎的结论相矛盾。学术界指责康德在自我问题上的自相矛盾，多数是没有理解康德对理念与范畴之间的区分，而将“自我”作了实体化的理解。[④] 通过对“自我”的分析，我们看到理念即使在思辨的领域也有其价值。随着问题向实践领域的延伸，理性概念的实在性还将进一步显现出来。

通过纯粹理性批判，康德认为认识何以可能的问题，也就是从主观表象如何过渡到客观对象的问题，已经得到了充分的解答。因为客观对象并非自在之物，而是由我们的直观和知性构成的现相，我们主观的认识形式就是客观对象的一般规律，正因为认识的对象是现相，因而知性概念只在经验领域内才具有客观实在性。然而正是现象指示了自在之物的存在，它对应于理性的概念。

---

① ［俄］T. И. 奥伊泽尔曼：《康德哲学及其新论证对形而上学的彻底修正》，《哲学译丛》1993 年第 4 期，第 10 页。

② 倪梁康：《自识与反思——近现代西方哲学的基本问题》，第 166 页。

③ 刘易斯·巴尔达克契诺：《康德的自我意识理论》，见《国外康德哲学新论》，第 192 页。

④ A·J·曼特：《康德的先验主体的不可理解性：康德形而上学的绝境》，见《国外康德哲学新论》，第 176－177 页。倪梁康：《自识与反思——近现代西方哲学的基本问题》，第 179－180 页。

理性的概念是我们的经验性认识得以可能的根据，在下文中我们还将看到它们在实践领域不可替代的作用，因此，只要不将这些理性的理念作为知识，仍然必须承认它们的实在性。如果说经验世界中的对象都是现象，那么自在之物和理性理念则是超越经验的东西。也正是通过对对象和自在之物，知性范畴和理性概念的区分，康德才能够解决审美当中的二律背反，并将审美理解为对经验世界的超越。

第三节 无目的的合目的性与审美对经验世界的超越

康德对于审美超越经验世界的品质的发现是通过对审美中主观的普遍有效性的根据的考察得来的。正是由于理性概念的存在保证了审美对象既不是指向经验领域某个确定的概念，又使得个体的判断可以要求主观上的普遍有效性。而且正是由于审美对象的合目的性指向理性的理念，它才超越了经验世界，被赋予了形而上的色彩。首先我们将要考察审美的共通性的根据。

趣味(taste)无可争辩，但却又存在所谓"趣味的标准"(the standard of taste)。[1] 休谟发现了审美的"内在性理论"(internalist)与"标准性理论"(criterial theory)的矛盾，[2]但并未化解它。同样的问题又以审美原则之二律背反的形式出现在了康德的美学理论中："关于鉴赏是不能争辩(there is no disputing about taste)的"，但关于鉴赏可以有理由争执(contend)。(Judgment，p. 540)。在经验论和唯理论哲学中，康德似乎只发现了与问题相关的材料而不是解决问题的方法，他现在要做的是将这些看似矛盾的材料整合到一个体系中去。休谟说：美(beauty)即快感(agreeablesentiment)。[3]该

① [英]休谟：《论趣味的标准》，见《古典文艺理论译丛》5，人民文学出版社1963年版，第3—4页。

② Roger A. Shiner. Hume and the Causal Theory of Taste. The Journal of Aesthetics and Art Criticism，1996，54(3)，pp. 237-238.

③ David Hume. The Sceptic，The Philosophical Works. edited by Green and Grose. London：General Books LLC.，1882，Vol. 3，p. 217.

命题向康德揭示了这样一个事实：在鉴赏判断(the judgment of taste)[①]中，我们不是将表象通过知性联系着对象来认识，而是通过想象力(imagination)与主体的愉悦(pleasure)或不悦的情感相联系，因而鉴赏判断是感性(aesthetic)[②]判断，其规定根据是主观的(Judgment，p. 476)。但愉悦本身只是一种感觉，它应当被归属于后天经验，因而不能超越个体的界限而获得普遍有效性。它与其说是美的根据，还不如说是审美判断的一种表现。此外，引起愉悦的对象也不是审美判断的根据，因为我们不可能先天地断定对象与情感的关系，而只能以实存对象对我们的状态产生的影响作为标准，这样的经验同样不能要求普遍性。愉悦感要成为普遍可传达的，就必须去掉其根据当中的经验性因素，即实存对象的刺激。这样，美与快适就区别开来了：快适是在感官中使感官感到喜欢的东西，人所产生的愉悦与欲求能力(faculty of desire)相关，并且是后者的规定根据。同样与欲求能力相关的是对善(good)的愉悦，它是普遍可传达的，但它是借助于理性由单纯的概念而使人喜欢的，因而也不同于对美的愉悦。康德将对快适和善的愉悦归结为带有利害(interest)的愉悦，它是与对象的实存的表象相结合的；与之相对，对美的愉悦则是无利害的。这就是鉴赏判断按照质(quality)来看的要点(moment)，由此可以推得："鉴赏是通过不带任何利害的愉悦或不悦而对一个对象或一个表象方式作出评判的能力。一个这样的愉悦的对象就叫做美。"(Judgment，p. 479)这个说明不妨看作是对经验论美学的一个回应，它肯定审美与情感的关系，同时对经验性的愉悦感何以具有普遍有效性提出了初步的看法。如果说经验论者强调审美与认识的差异，凸显其主观性的特征，那么唯理论者则更多地尝试着在与认知模式的比照中对其普遍性的问题作出解释。鲍姆加登将美解释为感性

---

① 鉴赏判断专指关于美的判断，它并不能囊括所有审美判断(aesthetic judgment)。后者还应当包括关于崇高(sublime)的判断。但由于鉴赏判断是审美判断力批判最基本的成分(其原因笔者将在下文详细阐述)，因而它最能体现审美活动的特征。为了叙述的方便，笔者一般就以鉴赏判断为对象进行阐述。

② aesthetic一词有"感性的"和"审美的"两重含义，宗白华先生在他的《判断力批判》上卷(商务印书馆1964年版)的译本中均译为"审美的"(见第39－40页)，以至于无法将关于快适(agreeable)的感官判断(judgment of sense)和关于美的鉴赏判断区分开来。邓晓芒先生注意到该问题，并根据上下文用相应的中文来翻译，但某些译文仍值得商榷，例如§1的标题，从内容上看，这节主要强调鉴赏判断是将表象与主体情感相联系的非逻辑的判断，因此译为"鉴赏判断是感性的"似乎更合适些。此外，两位译者将taste一词在多数场合下不加区分地译为"鉴赏"，但这个词也应当根据上下文分别译为"趣味"或"口味"和"鉴赏"。前者是以快适为根据的私人判断，即"感官的趣味"(taste of sense)；后者则是宣称某物为美的普适性判断，即"反思的鉴赏"(taste of reflection)(见邓晓芒译本，第49页；宗白华译本，第51页)。

认识的完善。[1] 然而“完善性”(perfection)只有通过概念(concept)才能被确认。基于对象概念的判断具有客观的普遍有效性(objective universal validity),因为对象的概念必然包含着外延,从而使判断对于在给予的概念下所包含的一切东西都有效。而鉴赏判断则必须在愉悦或不悦的情感上直接抓住对象,在逻辑的量(logical quantity)方面都是单一性判断(singular judgments),因而只具备主观的普遍有效性(subjective universal validity)。例如我可以凝视着一朵玫瑰花并通过鉴赏判断宣称它为美的,但通过比较许多单个的玫瑰花所产生的“玫瑰花一般的是美的”就成了以审美判断为根据的逻辑判断了。可见鉴赏判断与任何依赖于对象概念的关于完善性的判断有着种类上的差异,即使这完善性只是被含混地思维着。作为对唯理论美学的应答,康德从鉴赏判断的第二个要点,即按照量(quantity)来看的要点中推出:“美是那没有概念而普遍令人愉悦的东西”(Judgment, p. 483)。[2] 但判断的主观普遍有效性的根据何在?一方面,普遍有效性依赖于概念;另一方面,鉴赏判断只具有主观的规定根据(即快乐和痛苦)。康德将问题用鉴赏原则的二律背反的形式明确地表述如下:

(1)正题。鉴赏判断不是建立于概念之上的,因为否则对它就可以进行争辩了(即可以通过证明来决定)。

(2)反题。鉴赏判断是建立在概念之上的,因为否则尽管这种判断有差异,也就连对此进行争执都不可能了(即不可能要求他人必然赞同这一判断)(Judgment,p. 540)。

一言以蔽之,只具有主观规定根据的鉴赏判断如何获得普遍有效性?同样的句式结构组成的不同问句一直回响在康德的整个批判哲学体系中,在认知领域中就表述为:主观表象何以能够成为客观对象。而通过纯粹理性批判,区分了对象和自在之物,知性范畴和理性概念之后,这个问题的解决也就找到了出路。笔者曾指出:理性既可以指包括直观形式在内的一切先天原理,也可以指包括知性和理性在内的思维的自发性,还可以指脱离一切可能经验的理性原则。现象之所以能构成客观对象,是由于思维的自发性依照知性的规律给予它某种形式。因此,普遍性的根据存在于思维的自发性依照规律所产生

① [德]鲍姆加登:《现代性中的审美精神——经典美学文选》,学林出版社 1997 年版,第 4 页。

② 关于鉴赏判断的前两个要点是针对经验论者和唯理论者的论断得自克罗齐的思想,见[意]贝尼季托·克罗齐著,王天清译:《作为表象的科学和一般语言学的美学的历史》,中国社会科学出版社 1984 年版,第 121—122 页。

的概念之中。这恰恰是鉴赏原则的二律背反的症结，一方面，鉴赏判断不能建立在概念之上，因为这里不存在对对象的认识，而只是对对象愉悦与不悦的感性判断；另一方面，即使只具有主观的普遍有效性，它也仍然必须被设想为建立在一个概念之上，否则我们就无法理解它所具有的普遍可传达性。这个看似难以解决的问题在经过对理性能力的解析之后似乎有了得以解决的希望。因为思维的自发性除了知性之外还有理性，后者虽然不能通过直观而构成客观对象，但在调节性的意义上仍然具有实在性，况且审美既然只要求主观的普遍有效性，因而它建立于其上的概念也无需是能够客观地认识的对象。于是，理性概念成了解决鉴赏原则的二律背反的唯一希望。但设想鉴赏判断建立于理性概念之上是否可能？

要回答这个问题，我们必须先考察鉴赏判断的特征，并试图从中找到它与理性概念间的关联。康德已经在鉴赏判断的前两个要点中指出它的特征：通过无利害的愉悦对对象或表象方式进行评判以及无概念而普遍令人愉悦。正因为鉴赏判断中愉悦是无利害的，因此对对象的判断必然先于愉悦感，而不是相反。如果愉悦感先于对对象的判断并成为判断的根据，由于我们不能先天地断定对象与愉悦情感的关系，于是只能依赖于实存对象的经验性刺激，这将使鉴赏沦落为感官快适，从而不能要求普遍的同意。但鉴赏判断如何保证愉悦的普遍可传达性呢？能够普遍传达的只有知识和属于知识的表象，人类的表象能力因而也必须是普遍可传达的。鉴赏判断中的普遍可传达性的规定根据既然只能是主观的，那就不能指向特定的对象，而只能指向一般知识，即表象能力朝向一般概念时的相互关系。由于没有确定概念将其限于特定的认识规则中，使对象的表象得以被给予的想象力(imagination)和使直观的杂多得以综合的知性这两种表象能力就处在自由游戏的状态。换言之，对象的表象使得两个因被相互协调所激活的内心能力进入了合乎比例的情调中(Judgment, pp. 482-483)。这种协和一致通过愉悦感而被意识到。

和客观对象的认识相对应，康德将审美称为想象力的自由的合目的性，这让我们注意到想象力这一先天的认识能力。在过去的哲学中，想象力一直被归之于感性经验，甚至被看做错误的根源，它只在不影响认识的前提下才被宽容。[①] 但康德却指出：想象力作为先天能力在审美乃至认识中有着不可取代的地位。对其最早的论述出现在范畴的先验演绎中。范畴综合直观的杂多而形成客观的经验对象，但范畴作为概念要与直观保持一致就必须依赖想象力的作用。想象力是把一个对象甚至当它不在场时也在直观中表象出来的能力，它一方面作为直观能力归属于感性，另一方面又像知性一样具有自发性。因此，想象力与感官、统觉一道成为知识的源头。感官使现象呈现给我们，现象与意识相联结而成为知觉。知觉是个别而单一地存在于心中，必须加以联结才成为对象的表象。这就依赖于再生性的想象力（reproductive imagination）将杂多的表象同时复现出来。当再生性想象力形成的形象的综合与知性的规律一致时，就形成了经验对象。而再生性的想象力的规则之所以具有客观根据，则必然有一个创造性的或者说生产性的想象力（productive imagination）按知性的规则将其纳入统觉的综合统一中去。想象力作为心灵的盲目却又不可或缺的机能，没有它就不会产生知识（Pure Reason, pp. 112、141-147、165）。[②] 生产性的想象力作为先天的认识能力不依赖于经验对象，因而其产物不只具有经验的有效性。在鉴赏判断中，想象力不为特定的知性概念所束缚，因而是处在自由中的生产性的想象力。对象表象形式具有的多样性复合恰好与想象力放任自己并与一般知性规律相合时涉及的形式相同，因而可以要求普遍的有效性（Judgment, p. 493）。

而这种一般的知性规律与理性概念的关系又是怎样的？这涉及鉴赏判断按照目的（end）关系来看的要点。目的是概念的对象，只要概念被看做对象的原因或者说对象之可能性的实在根据；而一个概念对于对象的原因性就是合目的性（finality）（Judgment, pp. 483-484）。所谓目的的关系是指结果的表象作为目的先行于原因并且是原因的根据（Judgment, p. 556）。鉴赏判断中既没有主观目的（感官快适），也没有客观目的（对象的完善性或善）可以作为审美愉悦的根据，它的规定根据只能是表象形式，审美愉悦虽不能作为结果与目的相联结，但它毕竟有其原因性，即保持表象的状态和诸认识能力的活动。因为在鉴赏判断中，想象力和知性虽然处于自由游戏的状态，但自由并不等同于任意，它毕竟有其规则，这个规则通过对象的表象已置于表象力的相互关系之

① Descartes, R.. Meditations on First Philosophy. Cambridge: Cambridge University Press, 1993, p. 50. [荷]斯宾诺莎著，洪汉鼎译：《斯宾诺莎书信集》，商务印书馆 1993 年版，第 142 页、第 216 页。[意]贝尼季托·克罗齐：《作为表象的科学和一般语言学的美学的历史》，第 48 页。[美]凯·埃·吉尔伯特、[德]赫·库恩著，夏乾丰译：《美学史》，上海译文出版社 1989 年版，第 266—267 页。

② 另见[英]康蒲·斯密著，韦卓民译：《康德〈纯粹理性批判〉解义》，第 118 页。

中。康德这样解释愉快的产生，“每个意图的实现都和愉悦的情感结合着”(Judgment, p.470)，也就是说，它都是在与目的或合目的性的关联中产生的。作为审美的表象形式虽然是无目的的，但至少是合目的的。就是说对象的可能性不以目的表象为前提，而知识出于解释的需要而将某种按照目的的原因性，即一个按某种规则的表象来这样安排它们的意志假定为它们的根据。于是有了从第三个要点推出的对美的说明：“美是一个对象的合目的性形式，如果这形式独立于一个目的的表象而在对象身上被知觉到的话。”(Judgment, p.491)表象能力在审美活动中是依照一定的规则而处于特定的比例关系中，而这个特定的比例关系不能借助确定的知性概念而获得普遍有效性，但又确实具有主观的普遍有效性，因而共通感(common sense)就成为一个必须预设的前提。知识和判断的普遍传达性预示着内心状态，即认识能力与一般知识的相称也应当是普遍可传达的。而鉴赏判断中的这种内心能力的相称既然不是被智性地意识到，而是由情感来规定，因而这种情感也是普遍可传达的。由鉴赏判断的第四个要点，即按照对对象的愉悦的模态来看的要点推出：“美是那没有概念而被认作一个必然愉悦的对象的东西。”(Judgment, p.493)由鉴赏判断对象的无目的的合目的性，我们看到在鉴赏判断中，表象能力的自由活动依然是遵循着特定规则的。而由它对愉悦情感的必然性，我们发现将表象能力置于这种特定规则中的根据绝不只是主观有效的。规则能力就是概念能力，只有借助概念才能设想普遍有效的规则。鉴赏判断对象的无目的性排除了任何确定的概念作为目的，因而认识能力间的自由游戏只能指向一个不确定的概念。知性概念都是确定的，只有理性概念因为不可能诉诸直观，因而对认识而言永远是不确定的。所以鉴赏判断的共通性只有借助理性概念才能得到解释。这一点在经过对崇高(sublime)的分析之后将会更为明显。

康德将崇高分为数学的崇高(mathematically sublime)和力学的崇高(dynamically sublime)，它们分别是想象力与认识能力和欲求能力相关联，从而使被给予的表象的合目的性无目的地被评判。数学的崇高是指绝对的大，与之相比，一切都是小的。我们对大小的评判方式包括数学的估量和感性的估量，前者通过以尺度为单位的数目衡量大小，是逻辑的估量，由于数目可延伸至无限，因而没有最大的东西；而在感性的估量中，则有最大的东西作为绝对的尺度。因为我们把量的直观接受到想象力中时包含领会(apprehension)和统摄(comprehension)两个行动，领会可以没有困难，无限推进，而统摄则随着领会的推进在直观整体时很快达到了最大值。在此，想象力尽其最大努力也不能表现作为整体的理念，由此表现出它的局限性和不适合性，因而首先产生了一种不愉快感。但既然能将无限的东西思考为一个整体，就表明内心有一种超出一切感官尺度的能力，只有通过这种能力及本体的理念，无限的东西才能被统摄于一个概念之下。而感性能力之不适合性的判断，就其对理性理念的追求毕竟是有规律的而言，又与理性理念协和一致，因此产生了审美愉悦。力学的崇高则是指自然界在审美判断中被看做强力（might，即胜过很大障碍的能力），而对我们却没有强制力（dominion，即一种强力胜过本身有强力的东西的抵抗）。在无概念的审美评判中，强力只能通过抵抗的大小来表现，而当我们身处安全地带时，自然强力的不可抵抗性使我们认识到我们作为自然存在物在物理上是无力的，但同时也显露出一种完全不同性质的抵抗力量，即一种将自己评判为独立于自然界的能力，而这种力量显然是理性的力量。在关于崇高的判断中，想象力对于知性是不合目的的，但却被引向了更高的合目的性，即对理性的合目的性。理性概念无法显现于直观中，因而确切地讲，崇高并不指称客体，而是指称内心情调。所以说美似乎是对不确定的知性概念的表现，崇高就是对不确定的理性概念的表现（Judgment，p. 495）。[①] 而理性概念产生于人性之中，并且凭借健全的知性要求于每一个人，因此对崇高的判断也一样具有主观的普遍有效性。如果在鉴赏判断中，理性概念的地位尚不明确，那么在此，理性概念已经成为共通性的根据。在进行审美判断力批判时，在关于美的批判中间夹进了关于崇高的批判这一附录，其功能就在于：通过对崇高判断特征的分析，发现理性概念正是判断得以建立的根据，随后再来谈论美的问题就是试图为之找到类似的根据。[②] 通过进一步的分析，我们将会发现理性概念不仅解决了审美中的普遍有效性问题，而且证明“美感如果在道德、逻辑和现实方面保持着它唯一而独特的性质，那它就比物理学更有多样性和哲理性”。[③]

康德通过纯粹理性批判指出我们的经验之所以可能是由于先验感性形式和先验范畴的作用。而先验范畴作用的领域限于可能经验的范围之内，超出了经验世界就属于先验范畴的超验使用，会导致纯粹理性的谬误推理，纯粹理

① 事实上美也不是对知性概念的表现，因为知性概念都是可以在认识中被确定的，而鉴赏判断的对象却是无目的的，我们无法试图找到一个知性的概念作为它的目的。之所以说它似乎是不确定的知性概念的表现，是由于它使得我们的认识能力处在自由游戏的状态中，并未通过揭示它的界限而对其提出挑战，从而将我们引向理性的超经验的领域。

② [英]鲍桑葵著，张令译：《美学史》，商务印书馆 1985 年版，第 357 页。[法]吉尔·德勒兹著，张宇凌、关德群译：《康德与柏格森解读》，中国社会科学文献出版社 2002 年版，第 66—67 页。

③ [美]凯·埃·吉尔伯特、[德]赫·库恩著，夏乾丰译：《美学史》，第 428 页。

性的二律背反以及纯粹理性的理念。因此我们的知识只能限于可能经验的领域。但是通过对认知理性范围的界定，康德也向我们展示了超越于可能经验领域的理性概念的存在。这些理性概念虽然不能建构经验对象，但是作为调节性原理却使得我们的经验被统一为一个整体，而且对于实践领域也是构造性的。而恰恰是理性概念为解决审美当中的二律背反提供了出路。审美对象无目的的合目的性这一特征揭示了它必然指向一个不确定的概念，而知性的概念指示着经验世界中的对象，都是确定的，因而只有理性概念由于超越可能经验的世界从而成为在认识中无法确定的概念。这说明审美问题不同于我们凭借认知理性所谈论的可能经验的对象，而具有超越经验的品质。

第二章 意志哲学与审美静观

叔本华直接继承了康德关于现象和自在之物的学说，并且像康德一样强调在现象世界之上存在着自在之物的世界，而伦理和审美就是超越经验世界的。这种思想对维特根斯坦产生了重要的影响。

第一节 作为表象的世界与作为意志的世界

叔本华在他的著作一开头就指出“世界是我的表象(representation)”。[①] 世界的存在只是就它与表象者的关系而言的，这一原理也可以表述为主客二分，它是一切可能经验共同具有的形式，比时空和因果性等形式更为普遍，是其他一切真理的前提。在主客体之间有着共同的界限，即时空和因果性，这些形式条件是不依赖于对象而能够在主体身上发现的。时间是充足理由律(the principle of sufficient reason)的构成形态，表现为先后“继起”(seccession)；空间则是各部分互为规定的可能性，即位置(position)。这也是充足理由律支配的表现。而充足理由律是一切可能的对象都服从的规律，它可以表述为“任何事物都有其为什么存在而不是不存在的理由”[②]。它是对象由以被构造起来的认识能力的先验形式，而这也说明一切对象都是表象。我们的认识所对应的直接对象就是动物性的身体，这一表象为因果律的运用提供了最初的材料，是人们对世界进行直观的出发点。因为身体的感性印象是在因果律作用之前出现的，但对象却是由因果律的作用才形成的，因此它尚不能称为真正的对象，只能是表象。我们直接感知到身体的变化，而知性借先验形式将感觉设想为结果，由结果追溯到原因，从而产生了对外在的对象的直观，并为自己构造出物体。因此外部对象的知觉是由知性构造而成的，而不是直接获得的。可

① Schopenhauer, A. The World as Will and Representation, p. 3.

② [德]叔本华著，陈晓希译：《充足理由律的四重根》，商务印书馆1996年版，第7页。

见物质概念无非就是因果性应用于时空领域的产物，因此物质不是别的什么，它就是因果律，或者说作用。[①] 而自然力借以在因果链中显示自身的规则就是自然规律，它不能等同于原因，也不能进行物理上的解说，而只能进行形而上的说明。经过上述分析，叔本华向人们指出：原本被认为属于客观世界的时间、空间、物质无不是对应着主观的感性或知性的条件，因而都只是我们的认识条件所构成的现象。也就是在这种意义上，世界是我们的表象。

作为表象的世界并不能向我们提供世界真正的意义。世界的意义存在于表象之外，它不能从外面来寻找。而从内部寻找世界的意义，则会发现"世界作为意志(will)"这一结论。[②] 对"世界作为意志"的认识同样源于身体。叔本华指出身体不仅是知性直观世界的出发点，同时也是意志的外在表现。意志作为自在之物是行动的意义和内在动力，它不能作为表象被认识，也不受因果律的支配，它和身体活动不是由因果关系相互联结的两个客体，而是同一事物的两个方面。身体活动是客体化的，进入直观的意志，而意志则是认识身体的先验认识。正因为身体是意志的表现，对身体的作用同时也就是对意志的作用。根据这种作用与意志是相违背还是相契合，就产生了痛苦和快感。[③] 这种同一性不是借助于推论来认识的，也就是说，身体和意志的同一性只能加以呈示，它将直接的意识从具体的认识提升为理性的、抽象的认识。既然身体同时是意志和表象，那么其他对象也可以按照它与身体的类似性来加以判断，可以得出物理世界中对象最内在的本质是意志。意志作为自在之物不具备现象的形式，因而它本身是单一的。但这不同于经验对象的个体化原理的一，也不同于概念的同一。概念的同一是与现象领域的杂多相对应的。因此意志本身不存在这个意志与那个意志的区分，只有意志的现象才有诸多不同的表现。意志的现象作为表象服从必然性，是以充足理由律为普遍形式的，而这并不影响意志自身是自由的、无根据的。在此我们可以联系叔本华在《充足理由律的四重根》当中提出的观点：自然力借以在因果链中显现自身，对它不能作物理学上的解释，而只能作形而上的说明。[④] 从自在之物即意志与表象的关系来看，自然力就是意志，而表现为各种因果关系的自然规律则是意志的现象。各

---

① [德]叔本华著，陈晓希译：《充足理由律的四重根》，第 84 页。

② The World as Will and Representation, pp. 95、99.

③ 意志既然是本体，就不受因果律的支配，又怎么理解外部对象对意志的作用呢？因为作用意味着一种因果关系，所以这里我们不能认为是作为自在之物的意志受到外物的作用，而应该理解为进入表象的意志，也就是我们的经验性格受到了外界环境的影响。

④ [德]叔本华著，陈晓希译：《充足理由律的四重根》，第 48 页。

种因果关系事实上都是意志的不同的表现形式，其中包括最狭义的原因（也就是无机物的作用与反作用），刺激和动机。因此意志不仅仅属于人类，而且也是动物、植物乃至无机物的本质。也只有作为意志，人和世界上的万事万物才能称得上是自在之物。虽然意志的表现形式，也就是意志的客体化存在着上述几种不同级别，但意志自身在一切不同现象中有着同一性。[①]

叔本华认为自己的哲学是将康德用在人身上的概念推及一切现象上，从而将其贯彻到底。他认为康德错误地从客体推论出自在之物，而且自相矛盾地将因果性概念运用于意志这一自在之物上，因而存在着方法上的错误。对自在之物即意志的认识只能通过对我之作为意志的意识，并推及其他事物。自然界物体中不可根究的力与我的意志是同质的，它就人而言称之为性格，就事物而言则称之为物性。[②] 然而叔本华对康德的批评显然不符合康德哲学自身的逻辑。因为首先，康德从未将经验看作自在之物作用的直接结果，而是说为了理解的需要，主观上可以假定自在之物作为现象产生的根据。其次，在康德看来从对象之作为现象推出必然有一自在之物也不是作为一种认识，只是说从理性上假定自在之物提供了因果序列中绝对的起始，即自身不为他物所规定的原因，这是无矛盾的。在认识领域，它是为了形成统一的经验序列而作出的假设，因此只具有主观的有效性，而只有在实践领域才能够观察到它的客观有效性。既然我们的认识仅限于可能经验的领域，那么在认识领域无论是肯定还是否定自在之物的存在都属于独断论，更不用说像叔本华那样得出自在之物就是意志的结论。诚然康德也将自由意志归结为自在之物，但他并不像叔本华那样将这一结论看作是一种认识。在他看来，所谓自由的原因性就是自发地开始一种现象，并且是这些现象的根据（Pure Reason, p. 412）。之所以需要承认自由意志是因为只有当人具有自由意志，才可能为自己的行为担负道德责任。而且他发现人类不同于动物，他的行动虽然受到感官刺激的影响，却不受其规定，而能由理性的利害观念克服感性的冲动，这就说明现象界的因果性不能解释人的行动，因此需要引入另一种原因性，即自由的原因性。在现象界，任何发生之事必有其原因，并可以无限地追溯，而自由的原因性既然无需进一步追溯其原因，那么它就必然不属于现象，而只能将其理解为自在之物。但是这并不属于认识，而是对于实践而言的一个必需的假设。确切地说，康德并不认为自由意志就是自在之物，而是说必须假设自由意志的存

① The World as Will and Representation, pp. 115-119.

② The World as Will and Representation, p. 126.

在，并且可以将它看做是自在之物。康德始终坚持认识仅限于可能经验世界，除此之外的命题都属于独断论。而用这一标准来评判，叔本华的学说显然也是独断的。

"世界是意志"这一学说与其说是来自于严格的推论，还不如说是先于推论而存在的理论假设，是整个推论的前提。因为从逻辑上讲，这种推论存在着诸多问题。首先说认识着的我与身体作为同一个体而存在，这并没有任何的证明。我的身体印象是"直接客体"这一点并不是对身体与认识的同一性的证明，而是直接将其设定为同一的，而身体与意志的同一性在叔本华看来原本就是不可推论的最基本的真理，只能加以呈示。也就是说在叔本华看来这是自明的。然而这种自明性并不是在任何体系中都能够得到普遍的认可。其次，从"我是意志"得出世界上的一切存在其本质都是意志，借助的是一种类比推理，而类比推理的可靠性依赖于用以进行类比的两个项之间的相似性，这里也就是身体与其他对象的相似性。但是叔本华并没有指明这两者之间的类似，简单地说两者具有相似性就开始进行类比推理，这样的推理显然是不可靠的。事实上叔本华哲学中存在的诸多逻辑上的漏洞都与假设了这一前提相关。叔本华将意志看做是自在之物，这与康德追溯条件系列之无条件者是相关的。因为在他看来，意志规定现象界中的对象而自身不被任何东西所规定。可见自在之物就是意志这一结论是在解决因果系列的终点的问题。一旦认定自在之物就是意志，也就不难理解他何以否定了康德的范畴表，而只保留了因果性这一个范畴，并将其扩展为充足理由律。自在之物必然要在现象世界中显现，而由因果性扩展而来的充足理由律就是自在之物在现象世界中的表现。因果性与作用、力相关。在现实世界的因果关联中去除了其中的经验性的质料后，剩下的就只是因果作用本身，这也就自然力或者说意志。因果作用的所有类别，包括无机物的作用与反作用，刺激乃至动机，都是意志的表现形式。假如充足理由律是知性唯一的先验范畴，那么就必须从中推出实体等其他范畴，正是在这种推论过程中出现了许多逻辑上的漏洞。以实体范畴为例，叔本华认为：实体是物质的恒存。这一概念是从因果律先天地推导出来的。所谓恒存就是不随状态的变化而变化，是状态变化背后不变的东西，而对状态变化的知觉又必须依赖持续不变的东西作为对比。因果律使时空的规定被统一于物质当中，物质的存在提供了持续和变化的东西，从而使我们产生了实体的概念。但事实上我们可以单独构想一个对象，而无需通过与持续不变之物进行对比。这就说明用因果律解释其他范畴往往很难说得通。此外，叔本华甚至试图将时空也归于因果律之下。他关于时空和因果性的关系的论述并不总是一致的。他有时认为时空和因果性是彼此独立的两种认知形式,[①]有时似乎又认为它们作为纯粹的感性形式是以因果性为前提的。[②] 说感性形式以因果关系为前提条件,在逻辑上显然是不成立的。因为没有先在的时间形式,就无所谓变化,也就谈不上因和果。同样如果没有空间形式,即使通过因果关系,也无法像叔本华所说的那样将作为原因的事物投向我们之"外"。之所以产生这种含混不清的情况,似乎是由于叔本华试图在现象世界的最基本规律中找到与自在之物——意志的严格对应,因此试图将时空这两种感性形式也归结到因果律之下,而最终却发现这在逻辑上很难自圆其说。

此外,叔本华认为康德忽略了主客二分这一最重要的真理形式,直接开始分析先验感性形式和先验范畴,而事实上主客二分却是充足理由律的各种不同形态(modes)的共同形式(forms)。[③] 这在逻辑上也是有问题的。叔本华提出"世界是我的表象",其作用类似于康德的先验统觉,因为只有意识到一切表象都是"我"的表象,才有可能对其进行综合统一。但是康德并不是像叔本华所设想的那样忽略了这一条最根本的命题。首先,在康德看来,脱离了实体等范畴就根本不可能形成所谓"对象"的概念,因而也谈不上主客二分。叔本华认为主客二分是先于时空和因果性的最根本的形式,而实体概念则是时空和因果性的产物,也就意味着在没有构成客体的情况下就有了主客二分,这显然存在着矛盾。之所以在谈论感性和知性形式之前先要提出主客二分,主要是为了让"理念"在整个意志哲学的体系中具有合法的地位。然而理念既不是现象世界的对象又何以能被认识,这一点叔本华始终没有给出回答。关于这个问题,具体将在下文论及。同样的问题存在于身体是认识的直接对象的理论中。虽然叔本华认为所谓的"直接对象"并非真正意义上的对象,从而避免了它一方面出现于因果律作用之前,另一方面作为对象又必然是因果作用的产物这一矛盾,但是,他说这一直接对象乃是表象,而表象是以主客二分为前提的,因此在使用因果律认定对象之前就已经预设了对象。其次,"主体"如果不是理解为对先验统觉的自我意识,而看作是一个实在的存在,那么就根本只是纯粹理性的谬误推理。所以,不能将先验统觉理解为一个可以脱离先验感性形式和先验范畴单独加以表述的实在存在。虽然叔本华也认为主体是不能被认识的,因为它是认识一切而不为任何事物所认识的,但是既然主体不能被认

① The World as Will and Representation, p. 3.

② [德]叔本华著,陈晓希译:《充足理由律的四重根》,第 53 页。

③ The World as Will and Representation, pp. 3-4.

识，那么我们又如何可能去谈论主客二分？

撇开叔本华哲学中的诸多逻辑问题不谈，我们必须承认对作为表象的世界和作为意志的世界的区分至少让我们意识到在面对表象世界，或者说经验对象时，除了知识之外还存在着另一种看待世界的眼光，这一点是与康德一致的，而且这也是叔本华哲学对维特根斯坦产生吸引力的重要原因。

叔本华指出：意志客体化的每一固定级别各自具有一种理念（Idea）。“理念”一词的用法来自于柏拉图，它表示个别事物的永恒形式或标准模式。在一切理念中客体化的意志虽然是同一的，但意志显现于其中的个别理念却是不同的，不可相互还原。因而意志在本质上就有着自我分裂，其客体化的每一级别都和其他级别争夺着时空和物质，以便显现它的理念。意志的客体化从最低级别的自然力上升到最高的级别也就是人的意志，意识的作用逐渐产生。意志由完全盲目的冲动产生了有意识的动机，并进而出现了人的反省思维，也就是理性认识。[①] 人除了有直观的认识之外，还能对直观对象进行抽象概括，使得认识不仅仅被束缚于当下的印象，而且能够保存、传达并运用于实践，在此基础上产生了科学、语言和熟虑的行动。但即便如此，理性认识和直观认识也是从意志产生的辅助工具，是为意志服务的。为了个体能继续存在下去，它必须与其他个体和自然现象斗争，以便占有物质。认识作用本身是意志客体化的较高级别，而身体的各个认识器官也是意志客体化在这一级别上的表现，因此它必然也要参与为生存而进行的斗争。身体对于认识而言又是直接客体，其他知识通过因果律与这个直接客体相关联，因而一切遵循因果律的知识对意志都有或近或远的关联，并且由于这种关联是通过因果律而可能的，因而为意志服务的认识也只对时空及因果关系感兴趣，也就是把对象作为个别事物来认识。科学只是更为系统化、条理化的知识，它之为意志服务的本质并未发生改变。[②]

那么究竟怎样才能挣脱现象世界中充足理由律的制约呢？叔本华指出既然充足理由律是现象世界的先验形式，那么只要不属于现象世界的东西，比如作为自在之物的意志，还有意志客体化的级别，即理念，都不受这一形式的制约。艺术作为对理念的静观，就不再是遵循充足理由律，并且不是为意志保持个体的存在这一目标服务的。

---

① 注意叔本华所说的反省思维与康德是不同的。康德将反省思维看作是一种自我意识，也就是对主观认识能力的意识，而叔本华所说的反省是对个别对象进行抽象。见 The World as Will and Representation, p. 36。

② The World as Will and Representation, pp. 176-177.

第二节 艺术:对理念的静观

在艺术中我们进入了一种完全不同的认识方式,此时我们认识的对象不是个别的现象,而是理念。叔本华关于"理念"的学说是将康德的自在之物与柏拉图的"理念"联系起来的产物。在康德看来,时空、因果性以及由之产生的杂多性以及生灭都是现象的形式,只对现象有效,对自在之物却是无效的。而柏拉图学说的关键是:由感官觉知的对象变幻无常,只有相对的存在,而没有真正的存在。而理念作为诸对象的原型,既没有杂多性,也没有生灭,时空和因果性对它也没有效力。① 叔本华将这两种思想结合起来,赋予柏拉图的理念以新的意义。他认为理念是自在之物直接的、恰如其分的客体性,它一方面是在表象形式下的自在之物,同时又不像现象那样受时空和因果律的制约。这一点之所以可能,就是因为主客二分是表象的首要的、最普遍的形式,而时空和充足理由律则是次要的形式。虽然这一理论在逻辑上并不严密,但它却为理念的提出提供了合法性的依据。理念作为自在之物客体化的级别,一方面,它既然被客体化了,也就进入了表象的领域;另一方面,它只进入了主客二分的表象的最基本形式,却并未进入时空和因果性的次级形式,因此得以从杂多性和生灭变化中超脱出来。相应地,认识理念的主体也是未进入个体化的纯粹的认识主体,是一切经验对象的构造得以可能的条件。只要我们作为认识主体的同时又不是作为个体,就可以设想不以身体为媒介的直观,我们所认识的也就不是个别的事物和事件,也不是杂多性,而是未被模糊的理念,是自在之物客体化的级别,是常驻的现在。② 而这也恰恰符合我们艺术欣赏的基本经验。在欣赏艺术的过程中,确实存在着主体和对象的对立,但是艺术作为一种静观并不存在任何功利的目的,也就是说它不是为意志服务的,同时,经典的艺术形象的永恒的魅力也恰恰说明它不是受时空和因果性的制约的。

艺术的认识方式是考察理念,它通过复制现象中常驻的东西传达对理念

① The World as Will and Representation, p. 172.

② The World as Will and Representation, pp. 174-176. 之所以说这一理论在逻辑上并不严密,主要是因为将主客二分和根据律分为两种不同的等级后,纵然可以设想不服从根据律的表象而不至于产生矛盾,但主客二分只能使我们区分开主体和客体,而不能帮助我们区分这一客体和那一客体,区分诸客体仍然要基于客体自身的形式和质料的差异,现在我们既不能借感性及知性形式获得对象的形式和质料特征,又没有提出其他认识能力得以认识理念,那么对这种纯粹认识的提法就值得质疑了。

的认识。因此在审美经验中必然存在着两种不可分的组成部分：一是在客体方面把对象当做理念来认识，一是主体方面不是作为个体而是作为认识的纯粹的、无意志的主体的意识。正如康德区分了优美和崇高一样，叔本华也指出审美愉悦依审美对象的转移，时而多半从这一部分，时而多半从那一部分中产生。在康德看来，对美的判断源自于对对象的合目的性形式的领会，而对崇高的判断则是对象形式并不合乎知性的目的，从而激起了一定的内心情调，并意识到在此之上有着一种更高的合目的性，即理性的合目的性。因而，崇高确切地说不是用来指对象的，而是用于内心情调的。叔本华认为美感在主客两方面都不可或缺，只不过具体在不同的情形下也有所侧重。其中包括如下情形：首先是内心情调，当认识对于欲求占有优势时，就能以宁静的心情观看并不重要的对象并加以复制，就比如荷兰的静物写生画；其次是由惬意的对象激起的，也就是自然的丰富多彩邀我们进入纯粹的认识，摆脱了为意志奴役的状态；最后就是在过去和遥远的情景上铺上美妙的幻景，忘却这一情景当时所伴随的个体意志，仿佛想象力召回了客观的东西。[①] 崇高感则更多地源于主体方面。优美的对象本身并不与人的意志形成敌对的关系，而崇高的对象对于人的意志却有着敌对的关系，但观察者的注意力不集中在敌对关系上。这样的对象以有着重大意味的形式邀请我们对其作纯粹的观照，而主体则一方面承认对象与意志的敌对关系，另一方面又作为纯粹认识的无意志的主体静观对象，并乐于在这种观照中逗留，超脱了他本人及其欲求。如果说对优美的对象，纯粹认识毋庸斗争就占了上风，那么对崇高的对象，纯粹认识的状况首先通过有意地、强力地挣脱该客体对意志的不利关系，通过自由的、有意识相伴的对意志的超脱才能获得。叔本华像康德一样将崇高分为数学的崇高和力学的崇高，只不过在解释其原因的时候借助于他的意志主义的学说。他认为力学的崇高表现为一方面意识到自己作为偶然的意志现象在强大的自然力面前束手无策，另一方面又意识到自己作为主体是客体的条件和世界的肩负人，自然的斗争只是表象。而数学的崇高则是由于在广阔的时空中，作为意志现象的个体近乎为零，但同时纯粹认识的永恒主体又是时代和世界的前提，我们对世界的依存已由世界对我们的依存抵消了。这种意识如果不是通过反省，而是直接被感觉到的，这就是崇高的审美体验。[②]

此外，叔本华还指出：其他一切艺术是间接地，凭借理念把意志客体化，而

---

① The World as Will and Representation, pp. 197-199.

② The World as Will and Representation, pp. 200-207.

音乐则是意志直接的客体化和写照。正因为如此,它的效果较之其他艺术更为强烈、深入。由于世界和音乐同为意志的表现,因而它们事实上是同一的。人生的个别场景可以披以音乐的普遍语言,并因此而具有更为深刻的含义。用经院哲学的术语来说,概念是"后于事物的普遍性",音乐提供"先于事物的普遍性",而现实则提供"事物中的普遍性"。[1]

无论是音乐还是其他艺术形式,总之在在艺术欣赏的过程中,人们挣脱了意志的束缚,成为纯粹认识的主体,沉浸于对眼前对象的亲切关照,超然于对象间的关系之外。他放弃了对事物的习惯性的看法,不再按根据律的诸形态追究事物间的关系,而是完全沉浸于直观,让全部的意识为对对象的宁静的观照所充满,主体自失于对象之中,只是作为对象的镜子而存在,直观者与直观本身合而为一。就在对象摆脱了与其他客体的关系之时,纯粹主体也意识到自己是世界及一切对象存在的条件,从而将大自然摄入自身,成为无意志、无痛苦、无时间的主体。[2]

在艺术欣赏的过程中,纯粹认识的无意志主体是无目的的,而且我们的直观的对象都不再是经验世界中的个体,因而我们不可能按照现象世界的方式来解释艺术作品。而语言在叔本华看来就是概念,概念产生于对直观的表象加以抽象和概括。因此我们不可能借助语言对艺术的规律加以言说。但是艺术作品的制作毕竟不是无目的的,而是以传达和展现理念为目的,而一旦有了目的,充足理由律就重新发挥作用。艺术的手段必须符合艺术的目的,因此在艺术形式方面有着规定性。[3] 这里似乎也存在着二律背反,即艺术既是无目的的,又是有目的的。在此引入康德关于审美的"无目的的合目的性"来解决这一二律背反也许是有效的。因为对理念的直观不同于我们对感性对象的直观,而艺术作品既然是为了表达理念,看待艺术作品的方式显然不同于我们看待日常的感性对象的方式,我们在其中不是以概念的方式来识别事物,也不是出于意志的目的来使用对象,从这种意义上讲,艺术是无目的的。但是艺术作品作为一种感性的存在必然有其根据,也就是说它之呈现为这样一种形态并

① The World as Will and Representation, pp. 256、257-258、262-263.

② The World as Will and Representation, pp. 178-179.

③ [德]叔本华著,绿原译:《关于美的形而上学与美学》,见《叔本华散文选》,百花文艺出版社1997年版,第81—82页。

不是没有理由的，虽然这种理由并不是感性对象的概念或意志的对象，而是理念。[①] 从这种意义上讲，艺术又是合乎目的的。既然理念不可能用概念的方式来表达，那么理念如何规定艺术作品的形式的规则同样也不可能用语言清楚地加以表述，因此叔本华就只能像康德一样借助于天才来加以解释。天才的能力是最完美的客观性，与主观的、本人意志指向的方向相反，因而使得原本服务于意志的认识免除了劳役，剩下纯粹认识着的主体。天才在灵感(inspiration)状态发生作用，此时超人的东西周期性地占据了主体，使得主体易于在个别事物中认识到该事物的理念，仿佛大自然的一句话只说了一半，他就已经领会了。然后他将大自然没有明确表现出的理念表达于艺术之中。他借助艺术复制了现象中常驻的东西。[②]

总之，在叔本华看来，我们所认识的对象作为表象都是受到时空和充足理由律这些认知形式的规定的，因而都只是现象，其存在或不存在是必然地被规定着的。只有意志才是自在之物，是超乎充足理由律和时空的规定的，因而是自由的。因为认识乃是意志实现自身的客体化的产物，因此个体的认识是意志的工具。但是在自在之物和现象之间存在着一个过渡，即理念。它作为意志客体化的级别既是客体，因而可以被认识，但又不是现象，因而不受时空和因果性的制约，因此不是意志的对象。正因为艺术是对理念的传达，我们自然也就不可能以表达日常经验的方式来谈论它。虽然叔本华的认识论和审美观与康德存在着诸多差异，但他们一致认定艺术是超乎日常经验之上的，是对永恒的东西的表达。维特根斯坦在《逻辑哲学论》时期完成了与康德和叔本华类似的工作，那就是划定我们的知识的界限，并指出艺术是在这个领域之外的。在具体考察维特根斯坦前期哲学的基本框架之前，我们不妨先对维特根斯坦与弗雷格、罗素的哲学加以比较，以便看出他在逻辑的外衣下的真正想法。

---

① 叔本华一直批评康德，认为他把因果律运用到自在之物上并进而提出自由的理念是对知性范畴的超验的使用，因此拒绝从这种思路得出自由，或自在之物的存在，认为对意志的意识只能来自于“我是意志”的直接呈现，并推及其他事物。其实康德早在纯粹理性的二律背反中指出：因果性概念进行的是异质的综合，它涉及的是现象的存在而不是现象，因此可以通过类比的方式，将自由意志描述为与现象之间形成因果关系。根据因果律追求条件系列的无条件者，并得出自由的原因性，只要不是将其看作规定性的概念，而是看作调节性的，也就是说不是看作确定的知识，而是看作无矛盾的假设，而这个假设对于将我们的条件系列组织为一个整体又是必要的，它就不会出现矛盾。现在在艺术作品之所以合乎规则的问题上，叔本华事实上不得不超出感性直观的领域，将充足理由律运用到理念和艺术作品之间的关系上。

② The World as Will and Representation, pp. 185、188-189.

第三章　弗雷格、罗素与维特根斯坦

从表面上看,《逻辑哲学论》中的思想资源似乎更多地来自于弗雷格和罗素,而不是叔本华的具有康德色彩的学说。不可否认,维特根斯坦确实受到了弗雷格和罗素的启发,《逻辑哲学论》中的图像论、原子事实、真值函项等概念和理论都与弗雷格和罗素的学说有着明显的渊源关系。但是如果深入分析他们的逻辑观念的差异,则不难发现:同样是谈论逻辑问题,维特根斯坦与弗雷格和罗素有着完全不同的思想背景和理论诉求。而维特根斯坦研究逻辑背后的思想动力更接近于康德和叔本华。在这一章中,我们试图将维特根斯坦的《逻辑哲学论》以及同一时期的著作与罗素、弗雷格的文献中相应的内容加以比较,以便考察其思想上的传承关系和不同的出发点。

首先我们需要简单概括一下《逻辑哲学论》的基本思想框架。维特根斯坦认为:世界是所有发生的事情(TLP,1)。也就是说,世界是事实(facts)的总和,而不是事物(things)的总和(TLP,1.1)。逻辑规定了事物之间相互联结的可能性,也形成了所有可能世界的逻辑空间(logical space)。事物之间所有可能的联结构成了所有的事态(atomic facts),①事态的实现,即它在现实中的存在就是事实(TLP,2)。事态是由对象构成的,对象是简单的(TLP,2.02)。它是世界的基质。任何关于复杂物(complexes)的陈述都可以被分析为关于其组成部分的陈述,分析为完全描述这一复杂物的命题。虽然对象是世界的基质,但是人们不可能脱离事态的可能联系来想象对象。事物必然是处在与

① atomic facts 一般译为"原子事实",比如郭英的译本,p.22。本书之所以参照陈启伟先生的译法,将其译为"事态",原因有二:其一,发生的事情和可能发生的事情,也就是事物之间实际的联结与可能的联结在维特根斯坦看来是截然不同的东西,前者是经验和偶然的,后者则是先验和必然的,而 facts 对应于前者,atomic facts 则对应于后者,有必要加以区别。而如果将 atomic facts 译为"原子事实"则好像显得它是实际发生的,经验的东西。其二,罗素在 1918 年将自己的哲学称为"逻辑原子主义哲学",并承认这一思想受到了维特根斯坦的启发,([英]罗素著,苑莉均译:《逻辑原子主义哲学》,见《逻辑与知识》,商务印书馆 1996 年版,第 211 页、第 214 页。)但是我们将要在下文指出两种思想虽然有共同点,但是也存在着巨大的差异,为了避免将罗素和维特根斯坦《逻辑哲学论》中的思想画上等号,我宁愿将 atomic facts 译为"事态"。

其他事物的联系之中的。事实的逻辑图像是思想(TLP,3)。而命题(proposition)将思想以可感知的方式加以表达,因此命题就成为事实的图像,因为它与事实有着同样的逻辑复多性(logical multiplicity)(TLP,4.04),也就是说,其中的要素,即语词(words)与构成事实的对象一一对应,更重要的是,它与所表象的事实有着共同的逻辑形式,也正因此,它才成为事实的图像,对其加以正确或错误的表现,并有了真假之分。正因为对象是简单的,而且它只能与其他对象联结为事态,因此对对象只能命名,只能说到(speak of)它们,而不能把它们说出来(assert)(TLP,3.221)。初始命题(elementary proposition)是名字的联结,其标志是:没有任何初始命题与它相矛盾(TLP,4.211)。而包括初始命题在内的一切命题都是初始命题的真值函项(truth-functions),是以初始命题为基础的真值演算(truth-operations)的结果。正因为命题必须要有与它所表象的事态具有相同的逻辑形式才能够成为后者的逻辑图像,因此逻辑形式自身是不能加以表象的,而只能被显示(show it forth),因为要想对此加以表象,就需要在逻辑形式之外找到图像与所表象的东西的进一层的"逻辑形式",而图像不可能在表象形式之外进行表象,因为这就意味着这个命题是非逻辑的。一个命题表现了事态的存在和非存在。而真命题的总和构成了全部的自然科学。除此之外,一切的东西都是不可思、不可说的。此外,他还指出日常语言中经常存在同一个语词以不同的方式进行指称,或者以不同方式进行指称的词以表面上看似相同的方式运用于命题中,由此造成了诸多混淆。为此需要建立一种概念文字(logical symbolism)来避免这种错误。

从上述对《逻辑哲学论》的基本思想的概括中,我们可以发现维特根斯坦的哲学至少在以下几点与弗雷格和罗素的哲学有一定的渊源:弗雷格的语境原则,弗雷格和罗素的真值演算的方法,罗素的逻辑原子主义,以及两人对逻辑上完善的语言的推崇。但是如果仔细对比他们的思想,可以看出维特根斯坦并不是简单地将上述思想搬进了自己的体系中,而是将它们作为工具,为阐发自己的思想服务,其背后存在着完全不同的思想根源。下面,我们将对其逐一加以分析。

第一节 语境原则

弗雷格的语境原则表述为"必须在句子的联系中而不是个别地研究语词

的意谓（meaning）”。[①] 而维特根斯坦则认为“语言进行指称（signify）的方式反映在它的使用中”（NB，p. 82）。他强调：世界是事实的总和，而非事物的总和，事物的独立性仅仅是就它能在一切可能的事况中出现而言，但是它不可能不在任何事态中出现。与之相对应，语词只有在命题中才具有意义，单独出现的语词是无法确定其意义的。似乎弗雷格的语境原则原原本本地被维特根斯坦复制下来。但是，进一步分析我们就可以看到两人的区别。

我们首先需要考察弗雷格和维特根斯坦分别出于什么原因而主张语境原则。弗雷格关注的主要是数学和逻辑学的问题，他的《算术基础》事实上是要为数学寻找逻辑的根据，证明算术命题是分析命题。[②] 由于受到德国先验哲学的熏陶，弗雷格和他的前辈们一样认为先天的知识才是绝对可靠的，经验命题则是偶然的。同时，他深受新康德主义者洛采提出的逻辑主义的影响，认为逻辑与人类的一切知识相关，并成为其基础，因而它比数学更为根本。现在为了证明数学的合法性，他必须完成在洛采看来是不可能的任务，即：将数学规约为逻辑。[③] 为此他首先需要对经验的观念论提出反驳，而语境原则正是为了反对经验的观念论而提出的。与语境原则同时提出的另两条原则分别是“要把心理学的东西和逻辑的东西、主观的东西和客观的东西明确区别开来”“要时刻看到概念和对象的区别”。[④] 这三条原则中第一条原则，也就是将心理学的东西和逻辑的东西、主观和客观的东西区别开，是主导原则，而语境原则指出概念要在句子中获得意义，就防止了将词与个别表象相联系，从而转向经验的观念论。在他的私人书信中，我们可以看到对语境原则的更具康德色彩的表述。“我不是开始于组成思想或判断的概念，而是通过对这个思想的分析而达到它的内容。……‘概念文字’这个词不太得体，是由于它被用来指，首要的是概念而不是判断。”[⑤]判断先于概念的想法恰恰就来自于康德。康德认为：先验范畴建构了我们的经验，而这些先验范畴就表现在判断中。因而判断不是经验要素简单的联合，而是先验范畴将这些感性经验整合起来，因而首先要从整体来加以考虑。语境原则告诉提醒我们：语词的意义并不是它所对应的经验性的心理表象，而是它在句子中发挥的作用，而这种作用是由语词本身的逻辑地位规定的，这就摆脱了经验的观念论的危险。

---

① The Foundations of Arithmetic. The Frege Reader. Oxford: Basil Blackwell, 1997, p. 90.

② The Foundations of Arithmetic. The Frege Reader, p. 121.

③ [美]汉斯. D. 斯鲁格著，江怡译：《弗雷格》，中国社会科学出版社 1989 年版，第 122—134 页。

④ The Foundations of Arithmetic. The Frege Reader, p. 90.

⑤ [美]汉斯. D. 斯鲁格著，江怡译：《弗雷格》，第 203—204 页。

与弗雷格一样，维特根斯坦也主张事物必然出现在某种事态中，没有脱离任何可能事态而单独存在的事物。这种学说的确类似于弗雷格的语境原则，但是我们应该注意弗雷格在语境原则之后，紧接着提出的第三个原则就是要对概念和对象加以区分。对象和概念的关系也就是自变量(argument)和函项(function)的关系，其中自变量对应于对象，它是完全的，能够断言它的同一性，函项则对应于概念，其特征就是不完全性和不饱和性。而正是这种不完全性和不饱和性使它成为具有确定结构的表达式，在它留出的空位上补充相应的自变量后，表达式的值(value)就被确定了。[①] 概念和函项的联系就在于：概念是一个其值总是为某一真值的函项。[②] 也就是说，在概念词留出的空位中补充对象的专名，就形成了或为真或为假的命题。虽然对象之为对象的语法特征也在句子中得以显现，但既然对象是完整的，它就可以脱离命题而单独存在，它的意谓就是它所指称的对象。概念则具有谓词的性质，不能直接成为语法主词的意谓，所以语境原则中所谓的"在句子的联系中研究语词的意谓"则主要是就概念表达式而言的，正因为它是需要补充的，因此它并不指称一个实存的对象，而必须进入到与对象的联系中才指向一个存在着的事实。之所以对对象和函项加以区分与弗雷格在哲学上的基本诉求相关。他的目标是通过证明算术命题是分析的，从而将其归结为逻辑的。为此，他借助于一一对应将数的定义的问题转化为数相等，并进而指出"适合 F 这个概念的数是'与 F 这个概念等数的'这个概念的外延"。[③] 因而数不是用来描述事物，而是对概念的表达。概念是数的真正的承载者。[④] 这里需要的是一种外延的而不是内涵的逻辑，对概念而言关键的问题不在于它的意义，而在于它作为一个集合包含了多少对象。因此，集合与集合中的对象作为两种不同的逻辑类型也就是必需的。集合是等待对象来填充的，因此自身就是不满足的。正是因为它的

---

① The Frege Reader. pp. 53、65-67，Collected Papers on Mathematics，Logics，and Philosophy. Oxford：Basil Blackwell，1984，pp. 140-141、147、290、292. 弗雷格关于函项和自变量的说法是有变化的。在《概念文字》中，他将它们看作是表达式，见 The Frege Reader，pp. 65-67，但是到了《什么是函项》《函项与概念》中，用"函项表达式"和"自变量记号"分别指称句子的这两种不同的成分，而认为函项和自变量是这两种表达式的指称。此外在《概念文字》中，他没有严格地在范畴上区分函项和自变量，还暗示每个表达式都可能在此时起函项的作用，在彼时起自变量的作用。而到了《函项与概念》中它们则成了两个严格加以区分的不同范畴的逻辑类型。自变量是自身完整的表达式，而函项则是自身不完整的，有待于自变量来填充的。

② Function and Concept. Collected Papers on Mathematics，Logics，and Philosophy，p. 146.

③ The Foundations of Arithmetic. The Frege Reader，p. 115.

④ The Foundations of Arithmetic. The Frege Reader，pp. 100-101.

这一特征，必须将它放到整个句子中加以考察。

维特根斯坦主张语境原则则是基于不同的思想背景。他强调语词必须在命题中被理解的时候并未强调对象和概念的区分。[①] 他认为只有命题才具有意义(sense)，只有在命题的语境中名称才有意谓(TLP，3.3)。包括对象的名称在内，它也不可能脱离句子单独地具有意谓。因为在维特根斯坦看来，事态是对象的结合，对象则是构成世界的基质，也就是世界的最终的成分。对对象、性质、关系加以区分是由于受到语言表面现象的迷惑，是在未加分析的状态下作出的区别。维特根斯坦之所以没有像弗雷格那样将对象看做是独立自存的、满足的实体，而主张对象只能存在于这种或那种事态中，事实上是为了对先天必然的东西和后天的、经验的、偶然的东西加以区分。维特根斯坦与弗雷格一样承认逻辑的先天性，但是两人对逻辑的理解是不同的。弗雷格关心的是数学问题，而数学更多地关注形式的，而不是实质的东西，因此从数学的立场看逻辑，显然不会考虑逻辑中内容的因素。因此他认为逻辑是要认识为真的规律，是思维、判断、推理的规定。[②] 但是对象的存在在他看来是偶然的，对象之间的联系就只能归之于经验的领域。而维特根斯坦关心的是世界的逻辑构造，这是不能完全脱离内容加以考虑的，虽然它摆脱了经验性的内容。也就是说虽然现实的世界并不包含于逻辑之中，但是世界的可能性却包含于逻辑之中。维特根斯坦同样强调逻辑的先天性，主张逻辑必须关注自身，因为它无需依赖经验就能够为我们所知。因此在逻辑中没有让人意想不到的东西，而且逻辑规定了思维和世界的界限，我们不可能在逻辑之外思考，而凡是逻辑上可能的东西，也是被容许的。他同时还认为作为世界的基质，对象的存在必然是属于逻辑的，否则逻辑就只能是空洞的形式，不涉及内容。而如果承认对象是脱离任何可能的事态独立自存的，那么对象之间的联结就只能是经验的和偶然的。因此事态或者说对象之间的可能的联结只能借助经验才能知道，那么世界的可能性也就只能属于后天和经验的。因此，如果承认逻辑是世界的基本形式，就必须承认对象之间的可能的联结并非偶然的，而是属于逻辑的范围之内的。对象之作为这一对象存在，就包含着一切事况(states of affairs)的可能性，这作为对象的形式是先天地规定了的。相应地，表达事态

① 在撰写《逻辑哲学论》之前，维特根斯坦对对象和函项的理解与弗雷格是基本一致的。他认为形式和名称是命题的两个不可分的类型，其中名称就相当于弗雷格的自变量记号，而形式则相当于函项(NL，p.98)，但到了《逻辑哲学论》中，他不再对两者加以区分。

② Frege，G. Thought，The Frege Reader，p. 325. Logic，The Frege Reader，p. 228.

的命题也具有本质的和偶然的特征。前者涉及命题的形式,后者则是命题中各部分实际的联结方式。由于经验是变动不居的,因此我们不可能尽数列举对象在现实中的一切联结方式。但是虽然对象的配置是变化着的,但对象自身则是固定和常驻的。而知道一个对象就是知道它在一切事态中出现的可能性,这种可能性是存在于对象的本性中的。我们可以不知道对象的外在特性,但是不可能不知道其内在特性。因此,假定对象为已知,则一切可能的事态就不依赖于经验而先天地被认识了。也正是在这种意义上,维特根斯坦说"如果一些对象被给出,那么所有的对象从而也就被给出了。/如果一些初始命题被给出,那么所有的初始命题从而也就被给出了"(TLP,5.524)。而且我们使用语言的经验告诉我们,并不是任何对象都可以相互联结,组成有意义的句子,我们可以说"草地是绿色的",却不能说"苦恼是绿色的"。因此对象之间的联结的可能性的确存在着一些先天的规定。因此对象现实的联结,也就是它们在经验中的联结方式是以它的联结的可能性,即它的先天的规定为前提的。既然对象之间联结的可能性是包含于对象之中的,那么对象显然不可能脱离任何可能的事实,与之对应,语词也不可能脱离任何可能的语句,这就是维特根斯坦强调语境原则的思想背景。逻辑并不仅仅关注形式,内容方面的先验因素同样是它关注的问题。"逻辑处理每一可能性,所有可能性都是它的事实"(TLP,2.0121)。[①] 在维特根斯坦看来,给出所有对象就给出了所有的初始命题,而只要给出了初始命题,所有的命题都可以通过真值演算的方式被给出,这样我们就可以划定世界的界限。对此,弗雷格似乎是没有兴趣的,但对维特根斯坦而言,这是关键性的结论。

第二节　真值演算

维特根斯坦关于"命题是初始命题的真值函项"(TLP,5)的理论可以追溯到弗雷格在《复合的思想》一文中所表达的观点。弗雷格认为复合的思想是由思想形成的,但又不仅仅是由思想形成的。它是一个不满足的构成性成分为自身是满足的思想所填充而形成的思想。主要有六种复合的思想,分别是:

---

① 这种对逻辑的看法到了中后期的学说中也没有发生改变,只不过那时他更多地采用"语法"而不是"逻辑"的提法。他认为通常被看作逻辑的形式规则并不具有特殊的地位,"关于逻辑积(logical products)等的规则和另外的句法规则不能被分离。两者同属于描述世界的方法"(WVC, p.81)。

(1) A 并且 B。[1] 当 A 和 B 均为真的时候，它才是真的。

(2) 并非〔A 并且 B〕，也就是 A 和 B 不相容。A 和 B 当中至少有一个为假，它才为真。

(3) (并非 A)并且(并非 B)。即仅当 A 和 B 均为假，整个思想才为真。

(4) 并非〔(并非 A)并且(并非 B)〕，或者写成 A 或者 B。就是 A 和 B 当中至少有一个为真，整个思想才为真。

(5) (并非 A)并且 B。仅当 A 为假，B 为真的时候，整个思想才为真。

(6) 并非〔(并非 A)并且 B〕，或者表述为如果 B 那么 A。也就是仅当 B 为真而 A 为假的时候，整个思想才为假。

弗雷格认为这六种复合的思想形成一个封闭的整体，从其中任何一种出发，通过否定都可以推导出其他五种。当 A 和 B 这两个原始句子表达的是同一个思想时，则第五种结构恒假，第六种结构恒真。另外，还可以在此基础上形成含有三个甚至更多复合的思想。[2]

受其影响，罗素和维特根斯坦也提出了真值演算的思想。罗素在《逻辑原子主义哲学》[3]中提出每个原子命题都以真或假的方式对应于事实，而分子命题(molecular proposition)并不对应于单一的事实，而是包含若干事实，分别对应于其中的每个原子命题，可以根据各原子命题的真假列出分子命题的真值表。在真实世界中没有“或”之类的客体。这恰恰说明不存在对应于整个分子命题的单个事实，只有将复杂的分子命题分解为原子命题才能显现命题的基本结构。分子命题的真假取决于它的组成部分的真假，后者是前者的真值函项。[4] 维特根斯坦则进一步指出：命题是初始命题的真值函项(初始命题是其自身的真值函项)。初始命题是命题的真值主目(truth-argument)(TLP，5，5.01)。命题是与初始命题的真值可能性一致和不一致的表达式，初始命题的真值可能性是命题之真假的条件。

但是弗雷格主张存在着逻辑对象。他认为将这些真值联结起来的东西是逻辑对象，它们作为函项留出了空位，使得作为组成成分的命题的真值得以补

---

① A 和 B 分别代表两个原始句子，下同。

② Frege，G. Collected Papers on Mathematics，Logic，and Philosophy，pp. 391-404.

③ 这是于 1918 年在伦敦的戈登广场发表的讲演。此时《逻辑哲学论》的笔记已经完成，因此不能说维特根斯坦在其中提出的真值演算的思想源自于罗素，但是罗素在讲演的开头就承认他在其中提到的哲学思想受到了维特根斯坦的启发，(见《逻辑与知识》，第 213 页。)因此，我们可以推断在维特根斯坦服役之前与罗素探讨过这些问题，两人之间思想上存在着相互的启发，所以仍然是有可比性的。

④ [英]罗素著，苑莉均译：《逻辑原子主义哲学》，见《逻辑与知识》，第 250—253 页。

充进去。[1] 而罗素则认为并不存在与“或”之类的词相对应的客体,也就是说它们不是用于指称对象,而只是表示原子命题的排列方式。在这一点上维特根斯坦与罗素是一致的。他认为并不存在逻辑对象,并没有对象对应于指号“假”和“真”的复合。虽然维特根斯坦将命题称之为初始命题的真值函项,但他特别强调真值函项不同于实质函项。初始命题的真值函项是以初始命题为基础的演算的结果。这些演算就是真值演算(truth-operations)(TLP,5.234)。演算与函项不能混淆。函项不可能是其自己的主目,而演算的结果却可以是自己的基础。其次,真值联结词(包括否定、析取、合取、蕴含、等值)可以相互定义,相互抵消,但对象是不能相互规约并消失的。再次,我们甚至可以去掉逻辑常项,而代之以 TF 真值表的形式。因而不存在与这些连接词相对应的对象。逻辑常项的作用仅仅是安排、整理关于世界的诸基本命题,而没有为命题增加新的内容。更重要的是:真值连接词已经包含于基本命题中了。如果像弗雷格那样认为存在逻辑对象,那么对这些对象必然可以有所言说。但是简单命题的逻辑形式包含于名称之中,因为指称对象的名称包含着与其他名称联结的可能性。同样,复合命题的逻辑形式则内在于简单命题之中,因为简单命题同样包含了与其他简单命题联结的可能性。那么正如简单命题可以表现事态,而不能说出它与事态共有的逻辑形式,同样,简单命题间的关系的可能性也是属于不可言说的形式。而这也是维特根斯坦反对逻辑对象的最根本的原因。出于同样的理由,维特根斯坦反对罗素的类型论。罗素在《逻辑哲学论》的导论中对维特根斯坦的逻辑神秘主义提出批评,他认为某种语言的结构在这种语言中虽然无法加以表述,但在高一级语言中,也就是通过二阶函项,却可以表述出来。比如在$(x)fx$中,fx是所有x的值适用的命题函项,这就对整体有所言说。而后一种语言则涉及不同的逻辑类型,也就是

---

① 弗雷格既然将表达上述思想结构的联结词作为逻辑函项,那么函项就会留出空位,需要对象来补充完整,而复合的思想的组成成分是思想,但是对整个复合的思想的真假产生影响的并不是思想的内容,而仅仅是其真假,因而在这里用以补充逻辑函项的就只是真值。真值在这里成为意谓(Frege, G. Collected Papers on Mathematics, Logic and Philosophy, p. 163)。这也是维特根斯坦反对的。维特根斯坦认为名称具有指称,而对于句子,在写作《逻辑哲学论》之前,特别是在 1914 年 11 月之前,他一直认为句子既有意义,又有意谓。句子的意谓就是它所指称的事实。但到了 1914 年 11 月 2 日的笔记中,他由于对假命题的思考而对所谓句子的意谓是它指称的事实这一观点产生了怀疑。而到了《逻辑哲学论》中他认为句子只有意义(TLP,3.3),这就是它所对应的事态。句子与事态的对应不同于名称与它所指称的对象的对应,前者作为事态的逻辑图像,与事态有共同的逻辑结构,而名称与对象之间则不然。弗雷格主张句子的意谓就是它的真值,即真或假,这更是维特根斯坦所反对的(TLP,4.431)。

说，此时他的主目不是 x，而是 fx。[1] 但在维特根斯坦看来，所有 x 归属于 fx 是不可言说的，是内在于 f 和 x 的内在特征，而不是经验中偶然的特征。此外维特根斯坦认为对象包含了与其他对象联结的可能性，然而却没有提及对象与事态联结的方式，那么如果承认逻辑对象，它与事态的联结就成为偶然和经验的，这就意味着即使我们知道所有的事态，也不可能知道它所构成的事实，因而也不可能知道世界的界限。

此外，在维特根斯坦看来，一切命题（包括初始命题自身在内）都是初始命题的真值函项，没有例外。而弗雷格和罗素则列举了并非初始命题的真值函项的命题，比如心理学命题和模态命题。

弗雷格将心理学命题归之于具有直接引语和间接引语的句子。直接引语和间接引语的意谓并不是它们的真值，前者是所引的话本身，后者是由句子的意义，也就是思想来担任间接的意谓。[2] 罗素早先将心理学命题解释为对象与命题之间的关系，比如“A 相信 p”当中 A 和 p 之间存在着相信的关系。随后为了解决信念为假的问题又引入了多元关系判断理论（multiple-relation theory of judgment）。以“A 相信 B 爱着 C”为例，那么命题就可以被分析为这样的形式：相信{A，B，C，爱着，R(x，y)}，也就是说 A，B，C 和爱着都处于断定关系中，而当爱着恰好与 B 和 C 结合时，判断为真，否则就为假。[3]

维特根斯坦对罗素的第一种观点的反驳是：p 是存在着真假两极性的命题，不能被看做单一的对象，因此 A 和 p 的关系不是通常意义上的两个对象之间的关系（NL，p. 96）。他对第二种观点的反驳是：人们不能断定毫无意义的命题，而罗素的理论允许判断所涉及的对象没有依一定的次序发生关系，从而使得判定“这张桌子笔杆这本书”成为可能的（NL，p. 96，TLP，5. 5422）。在《逻辑哲学论》中，维特根斯坦进一步认识到自己在《逻辑笔记》中将心理学命题解释为主体和命题之间的关系是不对的，并不存在心灵或主体，它无非是一系列的心理状态、过程或事件。那么“A 相信 p”就相当于“p 说 p”，也就是思想对事实的描画关系。而描画关系是不可说的，因此心理学命题是无意义的。正确的形式是 p，它是自身的真值函项（TLP，5. 541-5. 5423）。

对于模态命题，罗素的解释是：模态词不是用于命题，而是用于命题函项。

① ［英］罗素著，温锡增译：《TLP 导论》，TLP，第 21—22 页，《我的哲学发展》，商务印书馆 1982 年版，第 104 页、第 112—113 页。

② Frege, G. On Sense and Meaning. collected Papers on Mathematics, Logic, and Philosophy, pp. 159、176.

③ ［英］罗素著，苑莉均译：《逻辑原子主义哲学》，见《逻辑与知识》，第 268—273 页。

必然、可能和不可能就分别相当于$(x)fx$，$(\exists x)fx$和$\sim(\exists x)fx$，或者说对于所有的x而言，x是f、至少有一个x是f以及没有x是f。这些模态词对个体无所断定，对命题函项，或者说对类才有所断定。[①] 但这种处理方式显然只适用于物理上的必然、可能和不可能性，而这些模态词事实上是用于描述逻辑推理的。以“fx是可能的”为例，它只是说存在一个x具有f性质是不矛盾的，可以想象的，但并不是说事实上存在这样一个个体，而$(\exists x)fx$则断言事实上存在着这样一个个体。所以维特根斯坦认为事况的必然性、可能性和不可能性不是由命题来表达的，而是由一个表达式之为重言式、有意义的命题和矛盾式来表达的（TLP，4.1211，4.124，5.525）。而这些并不是命题的偶然性质，而是内在于命题之中的，不可言说的东西，因此模态命题是无意义的。

维特根斯坦之所以将一切命题归结为初始命题的真值函项，不允许有任何例外，目的就是要划定世界的界限。因为对象之间相互联结的可能性，也就是一切可能的事态内在于对象之中，而事态之间联结的可能性又是内在于事态之中，因此给出所有的对象，则给出了世界的逻辑空间，或者说给出了一切可能世界的界限。如果像弗雷格和罗素那样设想复杂命题不仅仅可以是初始命题的真值演算，还可以是对象和命题之间的联结，那么我们就很难划定世界的界限。因为否定、逻辑和、逻辑积等是内在于命题中，并作为整个的逻辑空间伴随着命题的出现而一同被给出的，但是对象和命题之间的联结却不在逻辑的范围之内，因而我们不能先天地给出什么对象和什么命题的联结是可能的，而经验显然也不能向我们揭示世界之作为一个整体的存在。因此，要想对世界的界限有所思考，只能将一切命题归结为初始命题的真值函项。

第三节　逻辑原子主义

从表面上看维特根斯坦在《逻辑哲学论》中表述的思想非常接近罗素的逻辑原子主义。罗素也承认自己的思想得益于维特根斯坦的启发。两人都主张存在着简单的对象，简单对象的联结组成了初始命题，而复合物的陈述可以分析为其组成部分的陈述，最终得到初始命题。尤其是维特根斯坦将初始命题

① ［英］罗素著，苑莉均译：《逻辑原子主义哲学》，见《逻辑与知识》，第278—279页。

所表现的事况称为 atomic fact，就使得他的学说显得更具罗素的色彩。[①] 但是相似的外表背后却存在着重要的分歧。我们可以在两人的学说中发现两点明显的差异，而这两点差异又是相互联系着的。

首先，对于何为“原子”，即世界的基本成分，罗素和维特根斯坦有着不同的观点。罗素认为逻辑原子，即分析的剩余物是殊相(particulars)、谓词、关系等。虽然他也承认外部世界不可能由殊相完全地加以描述，还包括事实，也就是说还有殊相之间的联结方式。但是事实并不是分析的终点，它仍然是复杂的，可以进一步分析。而最终的分析必然要依赖于对某个简单符号的意义的客体的亲知(acquaintance)。[②] 这也是罗素和维特根斯坦的第二个不同之处。罗素试图借助亲知的概念发现真正简单的对象，即世界的真正的原子。而维特根斯坦则认为世界是事实的总和，而非事物的总和，换言之，即使他认可“世界的原子”这一说法，那么它也是事实，而非对象。虽然维特根斯坦承认事实是诸事态的存在，而事态是诸对象的结合，甚至认为对象是世界的基质，但是对象并不能脱离一切可能的事态而独立存在，而只能是在与其他对象的可能联系中，也就是在可能的事态中才被理解。因此，是事实而非对象成为世界原子。将“原子”定位于事实意味着指出命题中的组成部分并不说出命题的全部本质，更重要的是这些组成部分之间如此联结的逻辑结构，而这一点是无法言说的，是内在于对象的。所以如果存在着某些对象，也就必须存在着所有的对象。而罗素显然会将这种观点视为黑格尔式的整体论和一元论，而这是他无法理解的。[③] 在他看来，亲知殊相就完全充分地理解了殊相本身，无需知道与此殊相相关的命题。[④] 而维特根斯坦关注的恰恰就是世界之作为整体的奇迹。通过经验的方式，也就是对象之间偶然的外在关系不可能显现世界上一切可能事态的界限，因此要能将世界作为一个整体加以思考，就必然要以先验的方式给出世界的界限，也就是说对象之间联结的可能性不是偶然的，而必

---

① TLP，2.01，2.02，2.0201，[英]罗素：《逻辑原子主义哲学》、《逻辑原子主义》，见《逻辑与知识》，第 215—217 页、第 222—223 页、第 231—234 页、第 239 页、第 250 页、第 393 页、第 400—401 页。

② [英]罗素著，苑莉均译：《逻辑原子主义哲学》，见《逻辑与知识》，第 215—216 页、第 233 页。

③ 罗素反对康德和黑格尔的唯心论的一个表现就是提出外在关系说来替代内在关系说，即认为两项间的关系不是由两项的内在性质决定的，因而没有必要将关系归结为性质，并将这两项置入整体当中加以考虑(见[英]罗素著，温锡增译：《我的哲学发展》第 8 页、第 47—53 页)。这一点和维特根斯坦一致，维特根斯坦也认为对象之间存在某种关系的现实是经验性的事实，是偶然的，而不属于逻辑的层面。但与罗素不同的是，他认为对象之间具有这种关系的可能性则是内在于对象的本质的，并且是逻辑的内容。

④ [英]罗素著，温锡增译：《逻辑原子主义哲学》，见《逻辑与知识》，第 246 页。

须是内在于对象之中，并为其实在的、经验世界中的联结提供了可能性。因此单纯给出对象，即句子的组成元素是不够的，更重要的是要看到这些元素之间的联结的可能性，而这一点必须在对句子的考察中方能实现。[①]

罗素认为对世界进行分析的终点是可以亲知的对象。"亲知"这个概念在罗素的哲学中并不总是一致的。从句子的组成成分而言，罗素承认有殊相、性质、关系等，而这些都是亲知的对象。[②] 而有时这一概念又是在摹状词与名称的对照中提出的。可以亲知的东西就是专名所指称的对象，是在命题中只能作为主词，而不能作为谓述的成分的东西。而只有殊相才是只能担任主目而不能成为谓述成分的，因此只有殊相才可以亲知，世界的原子就是殊相。也正是基于这种思想，他在 1919 年的《论命题：命题是什么和命题怎样具有意义》一文中甚至认为关系、性质等并不在世界中实在地存在。[③] 对殊相的亲知既是世界最基本的要素，又是一切认识形式的先决条件。那么究竟什么算殊相呢？罗素认为殊相对应于专名，是原子事实中的诸关系项。但语言会误导我们，在语言中看似专名的东西，其逻辑地位相当于类或序列，因而只是摹状词，而不是真正的专名。但是罗素仍然坚持在逻辑上必须承认殊相的存在，而且还指出了殊相的特征，即：每一个都是孤立独处、完全自存的，但它无法持续存在，而只能保持很短的时间，用语词"这""那"来加以指称。[④] 这将殊相和传统哲学中的实体区分开来，并将其归之于感性印象。实体虽然是个体，但它是持续存在的，更关键的是，它是可分析的。任何个体都可以被进一步分析为颜色、形状、硬度等一系列感觉性质，因此并不能成为最基本的世界的元素。这正是罗素的经验论的集中体现。经验论者，像洛克、休谟等人都认为实体无非是诸感官印象的叠加。[⑤] 而康德等先验唯心论者则指出，这些感官印象之所以能够被组织为一个整体，必然有实体等先验范畴在起作用，因而实体并不是感官印象的简单叠加。罗素没有意识到这一点，而认定殊相就是世界的本体。这显示除了数理逻辑之外，经验论也是罗素哲学的重要思想根源。正如罗素自

---

① 后来维特根斯坦虽然放弃了图像论，但仍然认为事实和对象之间的关系不能理解为整体和部分的关系，因为事实不是对象的简单组合（PG，p. 200）。

② [英]罗素著，苑莉均译：《逻辑原子主义哲学》，见《逻辑与知识》，第 215—216 页。

③ [英]罗素著，苑莉均译：《逻辑原子主义哲学》，见《逻辑与知识》，第 345—346 页。

④ [英]罗素著，苑莉均译：《逻辑原子主义哲学》，见《逻辑与知识》，第 240—243 页、第 327 页、第 331 页。

⑤ [英]洛克著，关文运译：《人类理解论》，商务印书馆 1959 年版，第 265 页、第 275—276 页。Hume, D. A Treatise of Human Nature, pp. 15-16.

己所承认的，逻辑本身推导不出形而上学的论题。[①] 如果说殊相和共相的区分还是来自于逻辑形式，因为它们在句子当中有着不同的逻辑功能，分别担当主目和函项，那么将殊相规定为短暂的感官印象则完全是经验论的表现。逻辑对他而言是一个思想的框架，而其中思想的基本材料都是由经验论提供的。而维特根斯坦则为这个思想框架提供了完全不同的背景。

从表面上看，维特根斯坦似乎像罗素一样主张存在着不可分析的对象，它作为世界的基质不可能是组合而成的(TLP,2.02,2.021)。但是他并不试图回答什么是对象的问题。在他看来这是心理学的事，而无关乎逻辑。[②] 在撰写《逻辑哲学论》之前，维特根斯坦对简单物的提出还颇有疑虑。因为所谓的简单对象也许仅仅是“我们所知道的最简单的东西”，也就是说并非它们在客观上就是最简单的。在经验中我们确实无法提出任何一个绝对简单的对象。而且复合物可以像简单物一样在逻辑结构中担当一个变项，并不因为简单物不存在就使逻辑形式不复存在，那么又凭什么知道有简单物的存在？(NB, pp. 4-5、43、46、47、64)但即便如此，维特根斯坦仍然认为简单对象的存在具有逻辑必然性。因为复合物这一称谓本身就预设了简单物的存在，未经分析的事实中包含着无法加以分析的成分。但这还只是相对意义上的简单。也就是说，简单和复合都只是相对而言的。[③] 这种意义上的简单对象只是对认识主体而言的简单对象，它自身仍然可以是复合的。这种相对意义上简单的对象并不能满足维特根斯坦哲学的要求。因为复杂对象的名称的意义是由它的组成部分规定的，假设复合物名称的意义发生了变化，那么包含这一名称的命题的结构也会相应地发生变化。如果世界上根本就没有简单物，那么对命题的分析就不可能达到完全确定的东西，分析得出的成分自身仍然可以进一步被分析。那么一个命题的意义总是会依赖于另一个命题的真假。相反简单物由于它自身中包含了与其他对象联结的可能性，也就是说它既是形式又是内容，因此它的逻辑结构不仅是稳定的，而且是可以先于经验被给出的。对象的存

---

① [英]罗素:《逻辑原子主义》，见《逻辑与知识》，第 411 页。

② Brian McGuinness and G. H. von Wright, Ludwig Wittgenstein: Cambridge Letters Correspondence with Russell, Keynes, Moore, Ramsey and Sraffa. Oxford: Basil Blackwell Publishers, 1995, p. 125.

③ 正是出于这个原因维特根斯坦在《1914—1916 年笔记》中将不可分析而只能命名的简单物称为简单对象，与复杂对象相对应，而不是像在《逻辑哲学论》中那样直接称为“对象”。相应地，在《逻辑笔记》和《1914—1916 年笔记》中他将复合对象的符号也叫做名称，而到了《逻辑哲学论》中，名称仅用来指称对象。

在为世界的固定形式提供了保证。相应地，名称作为初始的指号是无法定义的，它形成初始命题，而世界则由初始命题及其真值函项完全地加以表达。因此，“对简单物的要求是对意义的确定性的要求”（NB，p. 63，TLP，3. 23）。所以在维特根斯坦的体系中，简单物的存在并不是由经验证实的，而是实现整体上认识世界这一目标所必需的逻辑前提。“凡是可思的东西都可以被清楚地思。凡是可说的东西都可以被清楚地说”（TLP，4. 116）。在逻辑上设定简单物，保证了我们清楚地认识世界之整体，从而意识到它的界限，这就为不可说之物留出了空间。这种康德式的思想方式与罗素的经验论是大异其趣的。

第四节　日常语言与人工语言

弗雷格、罗素和维特根斯坦都认为日常语言容易引起混淆和误解，而正确的概念文字能避免这一点，但维特根斯坦与两位前辈不同，他认为建立人工语言的目的并不是要用它来代替日常语言，而是为了使逻辑以更清晰的形式显现。从三人对日常语言和人工语言的态度的异同也可以看出他们的思想背景的差异。

弗雷格认为日常语言与人工语言，即他的概念文字的关系就好像是眼睛与显微镜的关系。日常语言是不完善的，首先它不能满足正确思维所要求的一义性，一个词往往既可以表示对象，又可以表示概念；其次推论形式多样且具有伸缩性，使一些前提易于潜入推理，扩大了结论的普遍性。为此我们需要一种逻辑上完善的概念文字作为我们研究的辅助工具。[①] 概念文字排除了一切推理中无意谓的表达，只考虑概念的内容。基于这种理由，传统逻辑中对主词和谓词的区分应当用函项和自变量这对真正属于不同逻辑类型的概念来取代。传统逻辑范畴中的关系判断，即直言判断、假言判断和选言判断对我们也没有意义。此外像“并且”“但是”这样的联结词只与说话者的目的有关，而与概念内容无关，因此也要从概念文字中清除出去。所有这些形式都可以用条件加上否定来加以表达。[②] 弗雷格认为概念文字使我们避免将不同的逻辑类型混淆起来。比如说关于上帝存在的本体论证明之所以错误，是把存在当做

① Frege. Begriffsschrift, The Frege Reader, p. 49,《论概念文字的科学根据》，见[德]弗雷格著，王路译：《弗雷格哲学论著选辑》，商务印书馆 1994 年版，第 38 页。

② Frege. Begriffsschrift, The Frege Reader, pp. 53-55、63.

一阶概念来处理，但事实上它应该是一个二阶函数，所谓存在就是至少有一个对象能满足 $f(a)$，它不是用于描述对象的，而是用于描述一阶函项的。[①] 弗雷格对日常语言的看法与他所提出的人工语言，即概念文字的设想基本都得到了罗素的认同，只不过罗素将日常语言中存在的系统性的误导看得更为严重。弗雷格尚且认为专名作为对象的名称是恰当的，而罗素则认为日常语言中的专名并不是真正的逻辑意义上的专名，而是类和序列。[②] 维特根斯坦与他的两位前辈一样指出日常语言中同一语词以不同的方式进行指称，而以不同方式进行指称的词又以表面上相同的方式运用于命题中，因此日常语言的规范并不等同于逻辑形式，且容易发生最根本的混淆，而哲学中就充满了这样的混淆。为此需要建立一种概念文字来避免这类错误，而这种概念文字遵从逻辑句法（TLP，3.323-3.325）。

与弗雷格和罗素不同的是：维特根斯坦并不试图用人工语言代替日常语言。因为首先，任何可能的事况都存在于逻辑空间中，而语言作为事态的图像也必然在逻辑句法所规定的范围内，而有意义的命题必然是合乎逻辑的。日常语言既然用于交流，那么它显然是有意义的。因此，日常语言中的一切命题是有着完全的逻辑次序的。没有必要像弗雷格那样强调只有“合法构成的命题”才有意义，因为任何可能的命题都是“合法构成的”。如果命题没有意义，只是由于我们没有给它的某些成分任何意谓（NB，p.2，TLP，5.4733）。其次，日常语言并不依赖于逻辑分析，自身就能够被理解。我们可以借助语言表达任何意义，无需知道每个语词如何意谓和意谓什么。在这种意义上，日常语言是第一性的，概念文字只是帮助我们认识日常语言的逻辑基础的工具。哲学就是寻找一种真正能体现语言的逻辑基础的概念文字，进行“语言批判”，从而揭示真正的逻辑形式。这也就是罗素的功绩。然而既然日常语言是第一性的，也就是最为基本的东西，那么它也就是我们进行逻辑分析的基础，因此不能轻易否定日常语言的地位。最后，日常语言仿佛是人类机体的一部分，并不比机体的复杂性低，其中包含了许多默默的约定。它的复杂性注定了它不能被人工语言所替代（TLP，4.002，NB，p.48）。因此将适用于数学领域的逻辑框架运用于普通命题不是没有疑问的，更不用说用概念文字来替代日常语言。也正是对日常语言的复杂性和它在实际生活中的有效性的意识使得维特根斯

① Frege. Function and Concept. collected Papers on Mathematics, Logic, and Philosophy, p.153.

② ［英］罗素著，苑莉均译：《逻辑原子主义哲学》，见《逻辑与知识》，第230页。

坦在后来的哲学思考中放弃了系统的概念文字，而转向对我们实际使用的语言的精确分析。这种分析进一步揭示了概念文字的局限性。比如弗雷格用$f(a)$来概括一切函项和主目之间的关系，但是并不是所有名词之间、所有形容词之间都是可以相互替代的，这就说明不只是存在一种而是存在着多种主谓关系（或者说函项和主目间的关系）（WVC, p. 46）。又比如弗雷格主张用蕴含关系涵盖假言判断，即$p \supset q$，[①]其中p为条件句，q为结果句，仅当p为真而q为假的时候，整个命题才为假。对于p和q，只需考虑其真假，无需考虑其思想内容本身，也不要求p和q之间存在内在的联系。[②] 维特根斯坦认为这种观点存在如下问题：首先，真命题不可能像这种记法所暗示的那样从假命题推出；其次，将$p \supset q$解释为如果p，那么q，日常生活中的“如果……那么……”却不是这样使用的。以$(x)\Phi x \supset \phi x$为例，在弗雷格和罗素的体系中，即使没有任何东西适合于摹状词ϕx，整个表达式仍然是真的，但是在日常生活中，我们必然不会说所有人都是有死的，即使没有人存在（LWL, pp. 52-53、56、117-119, Z, 676-683）。此外像弗雷格用二阶函项来解释存在，与该词的日常用法也是不同的。弗雷格所谓的存在仅仅指有一个对象适合于概念，而通常使用存在则是表示对象在时空中的实在。

那么为什么维特根斯坦比弗雷格和罗素更能意识到人工语言的局限性和日常语言的复杂性呢？要回答这个问题，我们仍然要考察他们的思想背景。弗雷格关注的主要是数学问题，更确切地说是如何将数学规约为逻辑。他形成概念文字的思想的出发点也是算术。因为要说明算术命题是分析命题，那么其中每一步推论都必须完全符合纯粹逻辑推理的步骤，并说明其中没有直观的论据夹杂其间。概念文字的提出正是为了适合于这样一种需要。[③] 也正是因此，概念文字是用逻辑关系符号补充数学中的形式语言而形成的。比如主目、函项等概念都是从数学中借用过来的。此时的逻辑已被改装得能够与数学相适应。而逻辑在日常生活的所有领域发生作用，因此可以在这种符号中加上表示特殊内容的符号运用于其他领域。[④] 此时，数学化了的逻辑就要被使用于日常生活的一切领域。而且作为一个逻辑学家，他关注的仅仅是逻辑问题，也就是为真的条件，因此他考察的内容仅仅包括涉及命题真假的内

---

① 为了书写方便，本书一概使用目前逻辑学当中通常的记法，不采用弗雷格的记号体系。

② ［德］弗雷格著，王路译：《逻辑导论》，见《弗雷格哲学论著选辑》，第211—212页。

③ Frege, G. The Foundations of Arithmetic, Begriffsschrift. The Frege Reader, pp. 48-49、124.

④ ［德］弗雷格著，王路译：《论概念文字的科学根据》，见《弗雷格哲学论著选辑》，第41—42页。

容，其他一切关系、用法一概不予考虑。在他看来，概念文字不能说明日常语言的某些问题是逻辑本身的要求，逻辑只关注概念文字能够说明的这个部分。但事实上他的逻辑并没有能够涵盖所有涉及为真的规律的东西，同样他的概念文字也就不可能像他所设想的那样适用于一切领域。① 与弗雷格不同，罗素在作为一个逻辑学家的同时更是一个经验论者，在他看来感觉经验提供了基本的质料，而逻辑则既是组织世界的基本形式，也是命题的基本规则，这两者是事实的全部内容。如果遵循穷尽分析的原则，将命题分析到最终的，不能进一步分析的成分，我们就可以发现世界的原子与我们语言中的成分一一对应，并遵循着共同的逻辑规则。而弗雷格的逻辑体系恰好为他的穷尽分析提供了可能，因此剩下的工作似乎除了借助逻辑的工具进行分析之外，再没有什么可做的。他不仅自己这样进行着思考，而且将维特根斯坦的《逻辑哲学论》也进行了这样的解读，认为其中关心的问题主要是逻辑问题，即：一个事实（如命题）如何成为另一个事实的符号（TLP, p.8）。殊不知他用于进行分析的逻辑工具是产生于，并且主要适用于数学领域的，对于其他领域并不总是有效的。对于罗素的评论，维特根斯坦显然无法认同，他在给罗素的回信中说“我恐怕您没有真正把握我的主要论点，对于这些论点，整个逻辑命题的事务只是一个自然的结果”。② 对维特根斯坦而言，逻辑使得他从总体上认识世界成为可能，因为世界上的任何可能事况都是在逻辑规定的范围之内，因此，逻辑规定了可能世界的界限。但是逻辑本身并不是他的目标，而只是他从整体上把握世界的方法。这一点是经验论者罗素所无法理解的，对经验论者而言，世界从来就是各个经验要素以及它们的组合。如果说《逻辑哲学论》中论及可以言

---

① 他对“算术命题是分析的”这一观点的证明失败恰恰就说明将适用于数学领域的东西推及到其他领域往往是无效的。他将数定义为概念的外延，也就是函项的值域，并证明这是逻辑对象。因此，算术命题是分析的（The Foundations of Arithmetic. The Frege Reader. pp. 109-116，Function and Concept. Collected Papers on Mathematics, Logic, and Philosophy, p. 142.）。然而在数学中我们并不考虑意义的问题，而只涉及数量关系。即使真如弗雷格所说，数是值域，它也只涉及值域的大小，只涉及其中包括了多少个对象，而不涉及值域的可能范围，也就是何种对象可以有意义地讨论它是否属于某个概念。因此他假定一旦概念确定则可以在自变量的位置上代入任何对象，该对象或者属于或者不属于这个概念。因为其中不涉及任何经验因素，所以是完全分析的。直到罗素提出了罗素悖论（[英]罗素著，苑莉均译：《以类型论为基础的数理逻辑》，见《逻辑与知识》，第71—76页），弗雷格才意识到在自变量的位置上并不是一切自身满足的对象都可以代入的，有些对象对于概念是无意义的。而划定概念的值域的可能范围则涉及它的意义，这是经验领域的问题。这样就无法证明算术命题是分析的。

② Guyer, P. (ed). The Cambridge Companion to Wittgenstein. Cambridge: Cambridge University Press, 1992, p. 9.

说的部分因为借助了弗雷格和罗素的逻辑体系，对罗素而言还具有一定的亲和力的话，那么论及在世界的界限之外的，不可言说的神秘之物，就已经无法为罗素所理解了。而到了《哲学研究》中，维特根斯坦仍然在考察我们生活的世界的界限，但是他批判了过去坚信的逻辑体系。此时他与罗素之间没有什么共同的东西，罗素对他所从事的工作完全没有概念，因此认为它是莫名其妙和浅薄的。[①] 弗雷格和罗素的逻辑确实帮助维特根斯坦意识到语言中存在的系统性的误解，但是从整体上认识世界的目标也使得他需要对逻辑以及逻辑语言的适用性有所意识。虽然在《逻辑哲学论》时期，维特根斯坦对这种逻辑的普遍有效性并未提出质疑，但毕竟认识到日常语言是更为根本和丰富的。

罗素在回忆维特根斯坦时曾有过这样一段文字："他常在半夜来到我的房间，连续几个小时像笼子里的老虎那样来回走动。……有一天晚上，在完全沉默了一两个小时之后，我说'维特根斯坦，你是在思考逻辑还是你的罪？''都有'，他回答说，然后仍然归于沉默。"[②]我们通常将这一段叙述当做奇闻趣事，并不当真，仿佛逻辑和罪不是一回事，不可能同时加以思考。但如果我们真正进入维特根斯坦的思路，就可以发现：逻辑和伦理问题并不是截然分开的，相反，正是通过逻辑，我们才可能从整体上理解世界，进而发现世界之上的价值，并进入价值的领域。仔细阅读《逻辑哲学论》我们可以发现叔本华关于作为表象的世界和作为意志的世界的思想框架在其中得以复现。如果将可言说的东西，即世界中的一切事态等同于叔本华的表象的世界，那么不可言说，但却包含着人生价值的东西则相当于叔本华的意志或自在之物。正如康德和叔本华所说，在现象世界之上还有自在之物的世界，而那才是真正重要的东西。维特根斯坦也指出世界的意义、价值必然在世界之外。伦理是超验的(TLP，6.41，6.421)。也就是说，我们只有超越经验世界才可能洞悉人生的价值。当康德借助《纯粹理性批判》将思辨理性限于可能经验领域的时候，他也就为道德留下了空间。同样维特根斯坦通过为可说的东西划出界限而显示了不可说之物的存在，而研究逻辑恰恰就是为了找到这一界限。在这一章中，我们暂时地偏离审美的视角，考察了一些较为具体的逻辑问题，其目的仅仅是为了说明维持根斯埋哲学在逻辑的外衣下有着形而上的追求。我们在语境原则、是否承认逻辑对象的存在、逻辑原子主义和对日常语言与人工语言的态度这几个方面对弗雷格、罗素和维特根斯坦的思想进行了比较，由此我们可以发现维特根斯

---

① [英]罗素著，温锡增译：《我的哲学发展》，第197—199页。

② Bertrand Russell. Philosophers and Idiots. Portraits of Wittgenstein，Vol. 1，p. 147.

坦虽然深受弗雷格和罗素的逻辑学说的影响，但与他们两人有着不同的理论诉求。他借助逻辑构想了一个以对象为基质的世界，任何一个对象包含了与其他一切对象联结的可能性，因而包含了所有可能的事态。借此，他赋予弗雷格的语境原则新的意义。事态之间都是彼此独立的，任何一个事态的存在都不能得出其他事态的存在或不存在。每一个事态都包含了它与其他事态一切联结的可能性。而内在的东西是不可言说的，因此不存在所谓的逻辑对象。对象之间、事态之间的可能的联结都是内在于对象和事态之中的。因此我们不必借助经验，而仅仅根据逻辑就可以给出世界的界限。逻辑必须关注自身，因此我们不可能在逻辑上弄错。而凡是在逻辑的限度内的东西都是可能的，因此逻辑不是理论，而是对世界的反映。它是先验的(TLP,6.13)。逻辑使得从整体上认识世界成为可能，从而也为世界之外的东西留出了空间。这是作为数学家和逻辑学家的弗雷格不关心的问题，也是作为经验论者的罗素无法理解的。[①] 在这种意义上，维特根斯坦更接近于康德和叔本华。虽然逻辑与审美是看似完全不同的两件事情，但是我们应该记得维特根斯坦曾说过：艺术品是在永恒的形式之下观察的对象，是连同整个逻辑空间一起观察(NB, p.83)。也就是说在艺术欣赏中我们意识到世界的界限。而维特根斯坦的逻辑研究时时都在关注着世界的界限。从这种意义上讲，他的哲学或者说逻辑研究本身就带有审美的色彩。

① 维特根斯坦对此有所意识，他在书信中告诉罗素，他们之间的争吵有着深刻的根源，那就是观念上的差异。见 Brian McGuinness, G. H. von Wright. Ludwig Wittgenstein: Cambridge Letters Correspondence with Russell, Keynes, Moore, Ramsey and Sraffa, pp. 79-80。

第四章 图像论与审美的不可言说性

学术界一般将《逻辑哲学论》的主要思想概括为图像论。思想和命题在维特根斯坦看来都是事实的逻辑图像(TLP,3,4.01)。图像成分的联结是图像的结构,而这种结构的可能性则是图像的表象形式。图像之所以成为图像就是因为其中的成分与它所表象的事实的成分,即对象是一一对应的,并且图像的表象形式与对象的逻辑形式是一致的。表象形式与逻辑形式的一致使图像成为衡量实在的尺子,而图像成分与对象的对应关系则是触角,图像以此接触实在。在命题中就表现为名字与对象一一对应,而命题的形式则与对象的逻辑形式一致。任何可能的事况都是可思的,并且可以用有意义的命题加以表达。因此有意义的命题就规定了可能世界的界限。图像所表现的东西就是它的意义,而图像的意义与实在的一致或不一致就确定了图像的真假。真的思想或真命题的总和,也是全部的自然科学,或者说整个世界的图像。除此之外的“命题”都是无意义的。

首先,维持根斯坦指出的第一种无意义的命题就是逻辑学说。既然所有有意义的命题的总和规定了可能世界的界限,那么我们就需要考察什么是有意义的命题。维特根斯坦将有意义的命题限定为:具有真假二值性的命题。因为对象与其他对象联结的可能性虽然是内在于对象的,但是它在现实中如何与其他对象联结,也就是对象的外在特性却不可能先于经验而获知。因此,对象是无色的。这就意味着任何的事实作为对象间实际的联结都是经验的和偶然的。同样初始命题之间的一切可能的联结也是内在于初始命题的,而它实际的联结则是经验性的。因此,任何事实,无论是初始命题所对应的事态的存在,还是复合的事实,都仅仅是可能的,其存在和不存在在逻辑上都是不矛盾的。既然思想和命题是事实的逻辑图像,那么它们也一样是偶然的。所以命题具有真假二值性,也就是说任何有意义的命题都是可能为真,也可能为假。这是图像论导致的必然的结论。也就是说我们只能用命题表现对象的外部特征,对于其内在性质,即它的逻辑形式自身是不能加以表象的,而只能被显示(TLP, 2. 172, 4. 12, 4. 121, NB, p. 42)。因为如果存在关于逻辑形式的图像,那么逻辑形式就成为了对象,而作为与我们任何现存的对象不同的对象，它的逻辑形式也就必然在我们现有的逻辑空间之外，但我们不可能非逻辑地思考，非逻辑地言说。因此，对象的形式特征只能呈现在对象自身的符号中，它借助命题变项表达它是所有主目共同具有的特征，而不能像普通概念那样用函项来表达。因此，"对象""复合物""事实""函项""数"这些涉及形式特征的"概念"事实上都是无意义的。另外，表示初始命题的联结方式的逻辑常项不代表任何东西，没有逻辑对象与这些符号相应，它们仅仅是初始命题的排列。因此，逻辑学说就理所当然地被归于无意义的命题之列。

其次，从整体上谈论世界的话语是无意义的。对象内在地包含着与其他对象联结的可能性，因此，只要某些对象存在，那么一切对象也就存在。而对象之间的一切可能联结，即一切事态的可能性就同时被确定了，而事态之间的所有可能的排列方式是内在于事态的，有了所有的事态也就有了所有可能的事况。因此，我们可以不依赖于经验而具有世界之整体的意识。这种对世界作为整体的意识显然不是经验性的。而有意义的命题既然只能表现经验性的可能的事况，并具有真假二值性，那么任何从整体上谈论世界的话语都是无意义的命题。其中就包括唯我论。唯我论所指的东西是正确的。因为逻辑充满了世界，逻辑的界限规定了世界的界限。而一切合乎逻辑的东西都是可以用语言言说的，因此我们的语言的界限就是世界的界限。严格贯彻的唯我论是与实在论一致的。但唯我论不能被言说，而只能显示自身。因为我们不能在逻辑中指出何为世界之内，何为世界之外，否则逻辑就必须超出世界的界限之外。就像我们的视域中并不能看到自己的眼睛，世界中同样也不包含形而上的认识主体"我"（TLP，5.6-5.641）。逻辑学说以及建立在逻辑基础上的对世界之作为一个整体的意识既然都是不可说的，而整部《逻辑哲学论》的内容恰恰就是这些，因此其中的命题都属于无意义的。所以理解该书的人借助于这些命题，攀登上去并超越它们时，最后会认识到它的无意义。因此在爬上梯子之后，他必须把梯子丢掉（TLP，6.54）。[①]

最后，伦理学和美学也不能有意义地加以言说。因为世界上所有发生的事和存在的东西都是偶然的，偶然的东西不可能具有绝对的价值，因此真正的价值，也就是绝对的价值只能在世界之上。而伦理学则是对绝对价值、绝对意

① 这里维特根斯坦遇到了一个难题：既然这些问题是无意义的，那么它们就是不可思的，但是为了认识到这些问题的无意义，却必须对它们进行思考，而且这种思考竟然还实现了它的目标，即登上梯子之后能丢开梯子，因此它们又是可思的。这一困难也是导致维特根斯坦前后期哲学转变的重要因素。康德对对象思维和反省思维的区分也许可以为解决这个困难提供启示。

义的探索(LE, p. 38)。[①] 因此伦理学是超验的、不可说的。而伦理和美学是同一的。这里所说的同一并不是为了提供一个同一性命题,而是宣称其间存在着某种重要的相似性和联系。[②] 因为他在指出伦理学的超验性之后随即提出了伦理和美学的同一,我们可以设想两者的相似就在于这种绝对性和超验性。这种观点在《关于伦理学的讲演》中得到了印证。在指出伦理学的内容之后,维特根斯坦立即将美学的精华部分也归之于伦理学(LE, p. 38)。关于美学如何体现出伦理学中的超验性的特征,笔者将在第二编中详细展开论述,这里仅仅想要指出:伦理学和美学命题因其涉及超验的东西,而被判定为无意义的命题。

通过图像论划定了可说与不可说的边界,并将有意义的命题限定为对可能事况的描述,这将会导致什么结果呢?其中的一种可能性就是像罗素一样走向科学主义,认为应当将哲学建立在科学之上。因为既然命题的意义就来自于它所描述的事实,而事实分析到最终就是对象间的结合,以及由对象间的结合所构成的事态的排列,描述了所有的事实就说出了世界上的一切。因此,所有的问题都可以用科学的方式来解决。哲学无非就是逻辑分析和逻辑综合,从初始事件中建构普通概念,以免因混淆而产生错误,并建立物理学、心理学等各门科学之间的广泛联系。[③] 维特根斯坦确实承认真命题的总和就是自然科学(TLP,4. 11),也就是说自然科学的整体描述了世界上所有的事实。他也主张哲学命题是无意义的,产生于语词用法的混淆,因此,哲学上正确的方法是:除了可说的东西,即自然科学的命题之外,不说任何东西,而且每当别人想说某种形而上学的东西时就向他指出其中的某些记号是没有意谓的(TLP, 6. 53)。但这并不意味着图像论以及关于世界的逻辑构架将维特根斯坦引向了科学主义。恰恰相反,他一生从事的工作的一个重要内容就是反对科学主义。在他看来,哲学既不能被完全消解,也不能被归之于科学。既然可以说出的事实都可以被纳入到科学的体系中,而逻辑、伦理、宗教和审美等是不可说的,我们就不应该无谓地借助科学来表达它们。凡是不可说的东西,必须对之

---

① 虽然这是维特根斯坦在 1929 年《关于伦理学的讲演》中的表述,但是他的伦理学观念在前后期的哲学中并没有明显的变化。关于伦理的绝对价值是他早在《逻辑哲学论》之前就一直坚持着的。这一点将在第二编中进一步论述。

② Cyril Barrett. Ethics and Aesthetics Are One? B. R. Trighman, Wittgenstein. Ethics and Aesthetics: The View from Eternity. Basingstoke, Hampshire: Macmillan Press LTD, 1991, p. 45.

③ [英]罗素著,苑莉均译:《逻辑原子主义哲学》、《逻辑原子主义》,见《逻辑与知识》,第 339—340 页、第 414—417 页。

沉默(TLP,7)。但不可说的东西并不是完全没有价值,可以对其不予考虑的东西。对此,我们可以逐一加以分析。

首先,逻辑形式虽然不可说,但却在命题中显现出来,并且是命题得以可能的前提。由于命题是事实的图像,事实是对象间偶然的联结,因此任何有意义的命题都具有真假二值性。而逻辑是不依赖于经验事实而先天地为我们所知的,它涉及的不是对象间偶然的联结,而是联结的可能性,因此如果存在逻辑命题,它就必然是恒真的。恒真的命题是重言式(tautology),也就是对初始命题的所有真值可能性,命题始终为真。相反,如果对初始命题的所有真值可能性,命题始终为假,它就是一个矛盾式(contradiction)。命题确定了事实的界限,并对界限内的事实进行描述。重言式将整个逻辑空间留给了实在;而矛盾式则占满了逻辑空间而未给实在留下任何一个点,因此都不能规定实在。重言式既不能为经验所证明,也不能为经验所反驳,也就不是任何事实的图像,所以是无意义的。但是它和矛盾式一样也是符号系统的组成部分,正如0是数字符号的组成部分一样。而且正因为重言式对现实无所规定,命题之对应于经验事实的一面被完全忽略,而诸命题的逻辑特征却得以显现。既然逻辑是世界的基础和界限,那么重言式显现了逻辑,也就意味着它系统地显现了世界构架。[①] 在日常生活中我们不依赖于对逻辑的明确意识而使用着这些规则,并顺利地进行交流,但是在哲学中却不能回避对逻辑本身的思考。以罗素为例,他之所以要将哲学建立在科学的基础上,就是因为借助逻辑技术取消了实体等的设定,从而能将一切还原为感官材料及其组合,这是可以用科学的方法完成的。但问题是这种逻辑技术并不是日常生活中被使用着的,而是哲学思考自身的结果。而哲学一旦论及逻辑,那么它也就涉及了维特根斯坦所说的无意义的命题,已然是不属于科学的了。对逻辑的言说是无意义的,因此哲学不能够成为一种学说,而只能是对思想的逻辑加以澄清的活动。它不同于自然科学,而是通过显示世界的逻辑构架限定了自然科学可争论的领域,它通过清楚地表现可说的而指向不可说的(TLP, 4.111—4.115)。

其次,命题能使我们知道世界以怎样的方式存在,但对于"世界存在"却不是任何命题能够表达的。的确我们对逻辑的了解无需借助于任何经验,从这种意义上讲,即使世界不存在也会有逻辑。但是如果逻辑完全独立于世界,那么世界与逻辑的相合就是一种经验性的外在关系,必须要有这种关系得以可能的另一种非逻辑的"逻辑形式",而这是不可能的。因此,逻辑并不完全独立

① 矛盾式同样也系统地显现了世界的逻辑构架。

于世界。它预设了世界的基质即对象的存在。对象内在地包含了与其他对象联结的可能性,这恰恰就是逻辑形式。所以对象之如何存在是命题向我们表现的,但对象之存在则是由逻辑预先设定了的。对象只能以这种或那种方式与其他对象联结,由此就形成了世界。而对象的存在以及在此基础上得出的世界的存在虽然不能用有意义的命题来表达,却是我们得以认识和谈论世界的基础。

更重要的是:即使一切科学问题都被解答了,人生的问题还是全然没有触及(TLP, 6.52, NB, p.51)。维特根斯坦并不轻视科学,他认为科学和宗教、艺术一样,都是从对生活的独一无二的意识中产生出来的(NB, p.79)。是人们解释世界的方式,自然有它的价值。他反对的是科学主义,即让科学超出自身的界限来解释一切。① 这种观念使得现代人试图用科学解决一切,包括人生的问题。被古代人归结为命运的人生经历在现代人看来是自然律作用的结果,而自然律就是对自然现象的解释。在维特根斯坦看来,这是一种迷信。古人将人生解释为命运至少承认了它是解释的终极,这一点比现代人还更为清楚明白(TLP,6.371-6.372, NB, p.72)。现代人的错误主要表现在以下两点:首先,他们将因果律看成自然现象,认为一个现象存在必将导致另一个现象随之而来,这是对自然的描述。但是“必然”意味着它的反面是不可能的,因此如果真的存在这种必然性,它也不能用有意义的命题加以表述。其次,只有逻辑的必然性而没有一事因另一事而发生的必然性。因果关系不是事况间的内在关系。维特根斯坦用网格与充足理由律、自然的连续性定律、自然的最小耗费定律以及牛顿力学等进行类比。可以拿足够精细的三角形、方形或六角形网格去描述一张白纸上不规则的黑点,不同网格对应着不同的描述方式,而一种网格可能比其他网格作出更为精确的描述。就其作为对不同描述方式的规定而言,它不是对对象的说明,而是在说明之前被预先规定的东西,但就不同网格对对象有着不同的清晰程度的描述而言,它毕竟还是对对象有所说明,因而仍然是有意义的命题。同样,因果律是我们用以描述世界的方法。从这种意义上讲,它是对自然科学命题可能形式的先天直观,但它并不具有绝对的有效性。也就是说,设想世界不遵循因果律在逻辑上是并不矛盾的,它只是因为能有效地对世界进行描述而被我们接受,而它之能够有效地描述世界这一

① 正如后来维特根斯坦在《文化与价值》中所说:科学使人发财致富或贫困潦倒,它将其他方法都推到一旁,仿佛它们都没有价值,至多是处于初始阶段(CV, pp.60-61)。这就导致了科学主义。只有通过对科学基础的反思,才可能意识到科学自身的局限性。

点同样对世界有所说明。既然因果律不是在逻辑上必然的，而只是我们描述世界的一种方式，完全可以无矛盾地想象另一种方式，那么现代人试图以科学解释一切的想法也就显得狭隘了。也正是在这种意义上，维特根斯坦认为罗素是浅薄的(Z,456)。误将因果律当做自然现象恰恰说明人们对自己描述世界所借助的形式缺少意识，没有意识到这是描述得以可能的条件，更没有意识到这种形式并非逻辑上必然的，不借助因果律来解释世界只是遵循着其他的描述方式，那种方式同样可能是有效的。如果说因果律的问题向我们提供了这样的启示：意识到我们描述世界的方式也就意味着看到这种描述方式之外的其他可能性，那么意识到世界的逻辑界限是否也就使我们对世界之上的东西有所领悟，其中就包括真正的价值，也就是伦理学和美学向我们指出的东西。就像叔本华所说：自然科学结束的地方恰恰是哲学开始的地方。[①] 维特根斯坦同样告诉我们在科学无能为力的地方，恰恰是价值之所在。

既然伦理和审美是不可说的，因此在《逻辑哲学论》中，维特根斯坦当然不可能对其展开详细的论述。但是在《1914－1916 年笔记》中仍然可以找到关于艺术和审美的相关论述。在本编开头，笔者曾指出：维特根斯坦是通过叔本华间接地接受康德的影响的。叔本华对维特根斯坦的影响不仅仅表现在先验唯心论，即主张我们的认识之所以可能有其先在的条件，也表现在对伦理和审美的看法上。这里首先考察维特根斯坦对艺术和审美的评论中的叔本华色彩，而叔本华的伦理学说如何对他产生影响则留待下一编中再进行详细论述。

与叔本华一样，维特根斯坦认为审美使我们脱离看待事物的通常的方式，并窥见经验世界之上还有其他更为重要的东西。在叔本华看来，欣赏艺术乃是对理念的直观，而理念是自在之物直接的、恰如其分的客体性。由于它只进入了主客二分的表象的最基本形式，却并未进入时空和因果性的次级形式，因而从杂多性和生灭变化中超脱出来。在对理念的认识中，人们挣脱了意志的束缚，成为纯粹认识的主体，不再将对象看做是与其他对象存在着因果关联的相对的存在，而是从中看到常驻的东西。同样，维特根斯坦认为艺术品是在永恒的形式之下观察的对象。他认为通常的观察是在对象之中观察它们，而在永恒的形式下的观察则是在它们之外观察，是连同整个逻辑空间一起观察(NB, p. 83)。联系维特根斯坦对世界的看法，所谓在对象之中观察就是指在现实世界的对象之间的关联中来观察对象，此时对象只是世界之中众多物件中的一个，因而是微不足道的；而永恒的观察则是超出对象之间的实际关联，

① The World as Will and Representation, pp. 81-82.

由对象的形式激发了我们对对象的逻辑形式的意识。任何一个对象的存在也就预设了一切对象的存在，以及一切对象之间的可能联结，因此意识到对象的逻辑形式也就意味着意识到了世界的界限，意味着将世界作为一个整体来看待。这时，我们所面对的虽然是某物的一个形象，但我们从中看到了整个可能的世界。因此这个被静观的对象就是我的世界，与之相比，所有其他的东西都变得苍白了。如果说逻辑作为世界的界限使我们从整体上看待世界，那么艺术以不同的方式也完成了同样的工作。这也就是维特根斯坦为什么告诉罗素，学习逻辑提高了他的审美判断力的原因。[①] 虽然关于世界之整体是无法用命题加以表达的，但是在艺术中我们却可以窥见它们。正是因为这个原因，某些作家对人生意义的解释在他明确的伦理学陈述中是失败的，但在作品中却清晰地呈现出来。陀思妥耶夫斯基就是一个很好的例子，他关于生活想说的东西在《哈吉穆拉特》中得到了很好的复现，但是他的态度明确的伦理学陈述中给出的解释却"可悲的失败"。[②] 虽然叔本华和维特根斯坦对世界和艺术的看法并不相同，但他们都认为艺术使我们脱离日常的观看方式，而在永恒中看待事物。

在这一章中，我们发现图像论引出的结论就是任何有意义的命题都是具有真假二值性的，是对事实的描述。论及逻辑，世界的存在本身，以及并不包含在世界之中的伦理和美学的命题都是无意义的，因此这些东西都属于不可言说的。但是重要的不在于说明这些东西不可言说，而在于通过划定可以言说的东西的边界使人意识到在可言说的东西之外确实有其他领域存在。无意义并不等于无价值，真正的价值恰恰不是存在于有意义的命题，即对世界的描述中，而是存在于世界之外。正如维特根斯坦自己所说，《逻辑哲学论》的意义可以概括为"凡是能说的就能说清楚，凡是不能说的，就必须保持沉默"，而通过对能说的东西的考察，却可以发现我们能做的事情是多么少(TLP，pp. 27-29)。正如康德通过纯粹理性批判为我们的认识划定界限，从而为信仰留下地盘一样，维特根斯坦通过为可说的东西划定界限而为伦理、审美等不可说的东西留下了空间。

---

① Paul Wijdeveld. Ludwig Wittgenstein. Architect. Portraits of Wittgenstein, Vol. 2, p. 135.

② Malcolm, N. Ludwig Wittgenstein: A Memoir. Oxford: Oxford Universitly Press, 1984, pp. 95-99, G. E. M. Anscombe, An Introduction to Wittgenstein's Tractatus. The Cambridge Companion to Wittgenstein, p. 244.

第二编　反思——从理念世界到日常生活

在上一编中我们指出康德和维特根斯坦分别通过划定认识和思想的范围，为超出经验世界的伦理等留出了空间，而审美也必须放在经验世界之外来解释。而在这一编中，我们将进一步分析审美对于实现两位哲学家的理论诉求究竟起到了什么作用。

维特根斯坦和康德的审美观都具有浓厚的道德色彩。康德认为美是德性的象征，而维特根斯坦则将伦理和美学看成是同一的。康德将判断力批判看作沟通理念世界与现实世界的桥梁，为超验的道德理念在现实世界中实现的可能性指出了有效的途径。那么维特根斯坦是否也将审美作为日常生活道德化的一种方式呢？经过对维特根斯坦著作的解读，我们可以给出肯定的回答。正是因为《逻辑哲学论》的叔本华式的伦理学说不能为日常生活的道德化提供有效的途径，而对简单对象的质疑又导致世界之整体的观念受到挑战，维特根斯坦才放弃了前期哲学中对整齐划一的逻辑体系和世界格局的基本构想，而转向了后期对日常语言的详细分析，提出了语言游戏的学说。在他看来，日常语言与审美对象一样遵循着特定的规则，这种规则正是意义产生的根源。因此，研究语言与研究艺术一样需要对规则有所意识。而对规则的意识就意味着我们了解我们的语言游戏、表达以及思考的界限。正是这种对界限的意识使得超越经验世界的道德价值的实现成为可能。值得注意的是，无论是康德还是维特根斯坦都特别强调审美过程中的反省思维的作用，因为正是这种非对象性的思维方式使得我们意识到经验世界之上的价值。

第五章 意志哲学及其困境

维特根斯坦的《逻辑哲学论》在很大程度上可以说是对叔本华哲学的一个复制，叔本华关于表象世界与意志世界的划分正好对应着维特根斯坦对可说与不可说的东西的划分。不同的只是叔本华借助的是康德的现象与自在之物的区分和先验范畴的学说，并对其加以改造，而维特根斯坦则对弗雷格和罗素的逻辑体系和符号论加以改装，通过图像论区分了可说的与不可说的。而维特根斯坦的伦理学说更是叔本华意志主义学说的一个翻版。之所以有学者认为维特根斯坦在一战期间撰写《逻辑哲学论》的过程中重读过叔本华的《作为意志和表象的世界》，原因就在于《逻辑哲学论》中的许多提法与叔本华出奇地一致，而且作为《逻辑哲学论》的素材和思考雏形的《1914—1916 年笔记》中的不少内容可以看做是与叔本华的对话。[①] 正因为维特根斯坦对叔本华思想的接受和复制，叔本华体系中存在的问题也同样会体现在维特根斯坦的体系中。在这一章中，笔者将考察两人的基本思想中的对应关系，并对其中存在的问题加以揭示。

第一节 作为意志的主体

首先叔本华提出"世界是我的表象"，是在主体的时空和充足理由律的先验形式作用下形成的，因而世界的存在只是就其与表象者的关系而言的。主体是认识一切而不为任何事物所认识的，是认识着而不是被认识的东西，它作为一切现象的前提条件，是形而上的。维特根斯坦在《1914－1916 年笔记》及《逻辑哲学论》中曾提出这样的问题：表象的主体归根结底是不是一种纯粹的

① Griffiths. Wittgenstein and the Four-fold Root of the Principle of Sufficient Reason. David Avraham Weiner, Genius and Talent. Schopenhauer's Influence on Wittgenstein's Early Philosophy, p. 17.

迷信？在世界中何处才能发现一个形而上的主体呢？（NB，p. 80，TLP，5. 633）这两个问题可以看作是对叔本华的回应。而通过对世界的构成要素及构成方式的分析，维特根斯坦对叔本华的上述观点进行了评价。他认为，表象的主体的学说确实来源于迷信和幻象。正如在视野中看不到眼睛一样，在世界中也没有表象的主体。如果有一本关于"我所看到的世界"的书，其中会言及我的身体以及肢体如何受我意志的制约，但却不会谈到表象的主体（NB，pp. 50、80，TLP，5. 631，5. 633）。因此，像叔本华那样谈论认识着的主体事实上是在说不可说的东西，因而是无意义的。但是我们的语言是为逻辑所规定的，凡是逻辑上可能的东西也就是可能发生的，因此逻辑充满了世界，世界的界限就是逻辑的界限。也可以说，我的语言的界限意谓我的世界的界限。在这种意义上维特根斯坦认为严格贯彻的唯我论与实在论是一致的。人是小宇宙。我是我的世界（NB，p. 84，TLP，5. 63）。在这个意义上必须承认叔本华意义上的形而上的主体。它是作为世界的界限而不是世界的一部分而存在的。

如果仅就表象的前提条件而言，维特根斯坦所谓"世界是我的世界"的意思无非是说世界是逻辑的世界。因此他似乎没有必要设定一个形而上的主体，提出这样一个主体，更多的是受到叔本华的意志主义的影响。叔本华在论述世界如何作为表象而存在之后，又进一步提出：世界是意志。发现世界之作为意志首先是通过主体的意识。个体除了作为认识的主体之外，还是意志。他的身体不仅是认识的媒介，是直接客体，也是意志的外在表现。意志和身体的同一性不能借助推论来认识，而只能直接加以呈示，也就是把直接的意识提升为理性的知识。它突出于其他一切真理之上，是最高意义上的哲学真理。由于意志作为本体无需遵循因果律，因此，意志作为行为的内在动力和意义，它与身体行动的联系也不是因果联系，而是二而一的，是同一事物的两个方面。身体是客体化了的，进入直观的意志，是认识意志的后验认识，意志则是认识身体的先验认识。身体是意志的外在表现，因此任何的身体活动都是意志的显现，包括随动机而起的活动和随刺激而起的活动。反过来，对身体的作用也是对意志的作用，这种作用若与意志相违背则叫痛苦，若与意志相契合则叫适意、快感。因此，苦乐不是表象而是意志的直接感受。① 如果一个人仅仅有愿望而没有付诸行动，那么这个愿望就是可变的，未必会在身体上有所表现，而按照叔本华的观点，身体活动和意志是直接同一的，不在身体中表现出

① Schopenhauer, A. The World as Will and Representation, pp. 99-103.

来的意志和欲望就不是真正的欲望。[1] 其他客体按照它与身体的类似性来判断，也同样既是表象又是意志。意志是物理世界中对象的最内在本质。从盲目的自然力到人的有意识的行动无不是意志的显现。这种内在本质在事物称之为物性(quality)，在人则称之为性格(character)。由于身体是进入表象的意志，因此个人的身体总是与个人的性格相契合，从人的外表可以推知他的性格。[2]

身体与意志的同一性在维特根斯坦那里不仅得到了强调，而且从"我的精神显现在我的外表中"进一步推出"世界弥漫着我的精神"，我的精神与世界存在着平行关系。蛇的精神、狮子的精神，以及象、苍蝇、马蜂，乃至无生命之物的精神都是我的精神，因为从根本上只有从我自身我才知道精神(NB,p. 85)。之所以可以作这种拓展，是因为叔本华一方面认为物理世界中对象的最内在本质就是意志，另一方面又强调意志作为自在之物不具备现象的形式，因而是独立于杂多性，是单一的。也就是说虽然意志的客体化，也就是意志进入表象之后显现为多种不同的形式，但意志自身仍然是一。那么我的意志(精神)与其他一切对象的意志(精神)在本质上也就是同一的。在这个意义上可以谈到一个为整个世界共有的意志。正如我的表象就是世界，我的意志就是世界意志。也正是在这种意义上才可以将严格贯彻的唯我论与实在论等同起来。换言之，只有作为意志，一个形而上的主体才与世界是同一的。但对叔本华所说的愿望如果没有在行动中表现出来就不属于意志活动的观点，维特根斯坦却表示怀疑。在他看来，即使有人不能运用四肢，也就是说在通常的意义上不能运用自己的意志，但他能够思维、想望、传达思想，并通过他人行善或作恶，因而伦理学对他仍然是有效的。既然主张身心平行论，那么怎么解释这种身体无法直接实现意志的情况呢？维特根斯坦的回答是：愿望(思维)也是意志的一种活动。也就是说我们的愿望等心理现象同样是在表象领域的，就像我们的身体一样是可以观察的经验对象，那么既然身体可以是意志的外在表现，愿望又何尝不是呢？

叔本华认为表象主体和意志主体是同一的，而维特根斯坦基本上复制了这一观点，只在细节方面作了修改。在他看来，形而上的主体一方面是世界的界限，也就是可以言说的东西的界限；另一方面则是意志。这主要是为了使主体成为道德的承担者。

---

① Schopenhauer, A. The World as Will and Representation, p. 100.

② Schopenhauer, A. The World as Will and Representation, pp. 103-106、107-109、126.

在叔本华看来善(好)的本来意义是指一个客体对意志的某一固定要求的相适性,与之相反,如果一物对意志的要求不相适,此物如果没有认识作用,它就是坏的,或是有弊害的,如果此物是有认识作用的生物,它就是恶的。既然事物对意志的作用是否与意志相适是由快感(或者说幸福)和痛苦表现出来,因此,善就是使人幸福愉快的,而恶则是使人不快的。如果存在绝对意义上的善,那么这个对象必须是在任何时候都是使人幸福的。但是意志的本性规定了没有这样的对象。因为意志就其自身而言是盲目的冲动,它在客体化的各种不同级别上争夺着时空和物质,以便显现它的理念。只有在产生了表象之后,意志才认识它的欲求。它的欲求就是这个世界,是生命。因而意志也就是生命意志。意志在本质上是无目的、无止境的追求,在它的现象的一切级别上都是如此,表现在人身上就是在欲望满足后不断产生新的欲望。如果这一过程辗转得快就叫做幸福,辗转得慢就叫做痛苦,停顿了就造成空虚无聊。① 幸福在本质上是消极的,这一点既可以先验地被认识,也可以在经验中得到证实。因为幸福是愿望的满足,愿望产生于缺陷,幸福除了从痛苦和困窘中解放外,别无其他,它只能是消极的。而且意志的本质促成人们不断地产生新的欲望,而各种自然力和有机物的形式到处都互相争夺物质,维持着斗争,构成了阻碍,大自然并不能保证我们的欲求很快得到满足,因而痛苦是必然的。而因为易于获得满足而消除了可欲之物则会导致空虚无聊。当人们为了躲避对生存这一重负的感觉而躲避空虚无聊的时候,欲望和痛苦就又一次控制了人们。因此,善和恶都是相对的,在现象世界中没有什么东西是绝对地、必然地善的。所以,世界的意义是在表象之外的。

个体作为认识主体是一切表象得以可能的基础,而其他个体仅仅是表象而已,另一方面主体又是意志的完整体现,因此个体将小宇宙与大宇宙等量齐观,为此要求着个体自身的生存和幸福,这就是利己主义。而为了生存而导致的个体的斗争则是痛苦的来源。② 因此只要人作为意志的客体化,作为个体而存在,无上的幸福和至善就是不可能的。但是人的认识能力除了为意志服务之外,也能够意识到世界的本质,看透个体化原理,从而使得意志达到完整的自我意识,跳出个人的立场而从整体上认识世界,由此就产生了公道和善。由于表象世界中的一切都受到充足理由律的制约,因此无所谓自由。自由只是就自在之物,也就是意志而言的,是指它不为任何东西所规定。而一旦主体

---

① The World as Will and Representation, pp. 101、153、161、164-165、275、309、360.

② The World as Will and Representation, pp. 331-333.

意识到自己就是意志，而意志作为自在之物就是世界，这时专属于自在之物的自由便出现于现象之中，这就为意志的自我否定和取消提供了可能。[①] 利己主义出于对本人身体的自我肯定，容易超出这一肯定，否定其他个体中显现的同一个意志，表现为对别人的肉体加以毁灭或伤害，或强制别人身体中的力量为自己的意志服务。这就是非义。相反，不否定别人的意志来加强本人的意志之肯定，就是正义的。一旦看穿个体化原理的人不再肯定反映于现象中的本质，而是否定它，就从美德过渡到禁欲。禁欲者往往自愿经受贫苦，为减轻他人的痛苦而散尽财产，因为贫穷可以避免生活的甜蜜再次激起意志。[②] 此前，叔本华指出：至善是意志最终的满足，而这是与意志的本性相违背的。任何表象世界的对象都不可能是绝对地善的，但是意志的自我取消和否定却可以在比兴的意义上称为至善，因为唯有它才使得意志冲动永远静默安宁下来。那么何以使意志冲动静默下来就是至善呢？照叔本华的标准，善是使人幸福的，而恶是使人痛苦的。当人们为意志所操纵的时候，利己主义必然导致他为个体的生存而斗争，于是一方面因欲望无法得到满足而痛苦，另一方面又为每个人必然面对的死亡而忧惧。尤其是当利己主义发展到非义的时候，施行非义者不仅要遭到他人的反抗，而且因为意识到对方身体中显现的意志与自己是同一的，因而从本体上看意志强烈地和自己斗争，自食其肉，由此受到良心的责备。因而只要我们作为意志的客体化仍然处在个体的立场上，就不可能得到恒久的幸福。相反，否定了生命意志的人则充满了内心的愉快和真正天福的宁静。因为没有了任何欲望的他不再会有任何的忧惧，无论是对痛苦还是对死亡的恐惧对他都不再发生任何作用。因为作为自在之物的意志是无时间性的，个体的消灭并不对意志本身造成损害。站在自在之物的立场上看待生命，主体也就是永恒的。对意志的否定使得他心境平和，成为纯粹的认识主体。对意志的取消和否定看似走向了空洞的无，但对于人生的烦恼，"无"恰恰成了一种安慰。[③] 同样审美愉悦也是认识挣脱了意志，使得主体成为不带意志的纯粹认识的主体，不再按根据律推敲关系，而是沉浸于对眼前事物的亲切观照，自失于对象之中，成为无意志、无痛苦、无时间的主体。正因为艺术展现

① The World as Will and Representation, pp. 286-288、353-354.

② The World as Will and Representation, pp. 334、343、375-376、378-382. "爱你的邻人"作为宗教禁欲主义的信条得到了叔本华的赞赏。但是既然看透个体化原理将痛苦的根源归结为意志，从而否定意志，那么就应该没有一切的欲望，对他人之爱，希望减轻他人的痛苦却正是一种欲望。对此，维特根斯坦也提出了质疑(NB, p. 77)。

③ The World as Will and Representation, pp. 389-391、411-412.

了人生最愉快和无罪的一面，因此是人生的花朵。只不过审美中的认识并没有成为意志的清静剂，人们也不能在其中获得永恒的解脱，而只能在一瞬间获得幸福。而对意志的否定则是一生的幸福。[①] 此外，意志的自我否定与动机之具有必然性是无矛盾的。当意志作为自在之物将自身客体化时，也就有了每一个个体的性格，这是意志客体化的级别，也就是理念。因而作为理念的性格不随表象世界中的动机而改变，相反它规定了哪些动机会对个体发生作用。人的个别行为按照性格而发生，正如每一自然现象按照自然律而出现一样。而无论何种性格均会寻求个体的生存，这是意志的本质，然而现在却出现了否定生命意志的行为，这仿佛存在着矛盾。解决这一矛盾的关键就是指出：这一转变不是从某一动机而是从一个改变了的认识方式出发的。当主体局限于个体化原理时，服从的是根据律的认识，这时它从属于必然性，因而性格是不可为外部环境所改变的。而当他看穿个体化原理，则产生了欲求的清静剂，此时他不是作为理念的表现，而是自在之物自身，因而是不受任何规定的。性格虽然是不可改变的，但在意志的自我否定中，性格不是局部地被改变，而是被完全取消了。[②] 也就是说主体的地位由表象世界中的个体变为了自在之物。

叔本华的伦理学在维特根斯坦的前期哲学中得到了完整的复制。维特根斯坦像叔本华那样认为事物只有通过其与我的意志的关系才获得“意义”，也就是被评判为善或恶的。他将善解释为使人幸福的东西，认为幸福的生活是善的，不幸的生活是恶的。幸福的生活本身就证明自己是正确的，是唯一正当的生活。然而世界是独立于我的意志的，即使我所希求的一切都会实现，那也只是偶然的命运的恩惠，因为在意志和世界之间没有任何的逻辑联系能保证这一点，而我们又不能假定其间存在着物理联系（TLP，6.373，6.374，NB，p.73）。也就是说人要实现自己的意志必然要依赖于世界，依赖于异己的意志和命运，那么就不能保证意志在世界中可以得到满足，而且还会因此而产生痛苦。所以在世界中没有任何东西是完全适合于我的意志的，也就不会有绝对的善。在此，可言说的东西，即世界中的一切事态就相当于叔本华的表象的世界。世界的意义、价值必在世界之外。伦理是超验的。如果将上帝看作终极价值的根源，那么上帝不在世界中显现（TLP，6.432）。信仰上帝就是看到世界的事实还不是事情的终极，由此他理解了人生的意义。也就是说必须看到在可言说的表象世界之上还存在着不可言说的东西，叔本华将其称为自在

---

① The World as Will and Representation, pp. 178-180、266-267、390-391.

② The World as Will and Representation, pp. 286-290、402-405.

之物、意志。由于维特根斯坦没有像康德或叔本华那样强调先验唯心论，主张认识能力的先天形式构造了经验对象，因此他不可能明确地提出现象和自在之物的区分，但是在他的伦理学说中却明显地使用了叔本华关于自在之物的观点。正是因为他像叔本华那样将意志看作自在之物，才认为意志没有杂多性，是同一的，一块石头，一个动物的躯体，一个人的身体，我的身体，全部居于同一个水平上。当我意识到自己的内在本质就是意志时，我就是世界。所以，世界和人生是一回事(TLP,5.621, NB, pp.73、77、84)。这就意味着我们除了作为依赖于世界和命运的个体之外，还可以作为世界自身而存在。既然作为个体不可能获得绝对的幸福，那么要想得到幸福，或者说心灵的满足，只能放弃个体的生命意志，放弃对世界上发生的事情施加任何的影响，也就是说除了生活之外不再需要任何目标，才能使得自己独立于世界，从而在某种意义上支配世界。因为此时他就像叔本华所谓的自在之物一样，并不生活在时间中，而是生活在当下，无需考虑将来，因而没有恐惧也没有希望地生活着(NB, pp.73、76)，甚至不必忧虑死亡。可以说，这样的灵魂是不朽的。所谓灵魂不朽不应该理解为人在死后永世长存，因为死亡是对个体和现象而言的，个体在一定的时间空间中存在，而在永恒中生活的人并不生活于时间之中，无所谓时间的无限绵延，而是过着无时间性的生活，或者说生活于现在之中。这样的人，他的视野是无限的。对他而言，是没有死亡的，他的死亡不是世界中的一个事件，而是世界的终止(TLP,6.431-6.4312,NB,p.73)。这样的生活是通过知识的生活(NB,p.81)。这里所说的知识可以理解为智慧，就相当于叔本华说的对自在之物或者说意志的直观。如果将作为意志的显现的世界看作是我们所依赖的命运，看作上帝的话，那么当我超脱个体而站在意志本身的立场上看待世界和自己的生命时，我就是上帝，我与世界是一致的。这样看来，幸福的生活比不幸的生活更为和谐。但是并没有幸福的和谐生活的可描述的标志，因为这种标志不是物理的标志，而是形而上的、超验的标志。作为现象的意志只为心理学所关注，而作为伦理的东西的载体的意志则是不可说的。维特根斯坦曾对叔本华提出的看穿个体化原理以及意志的自我否定提出怀疑："但是人能够如此生活而使人生不复成为问题吗？人是否可能生活在永恒中而非生活在时间中？"(NB,p.74)现在他的回答是：意志是主体对世界的一种态度，要生活于永恒之中，首先就是态度的改变，也就是说放弃个体的立场，而站在世界自身或者说站在上帝的立场上看待一切。他认为真正的善是放弃对世界上发生的事情施加任何影响，这就相当于叔本华所说的因看穿个体化原理而否定意志。这种变化不是属于表象世界之内的，而是从表象转变为自在之物。所以对维特根斯坦而言，善或恶的意志活动如果改变世界，也不可能改变事实，而只能改变世界的界限，这时世界变成了一个别样的世界。因此，幸福者的世界完全不同于不幸者的世界。对于从永恒的眼光看待世界的人而言，因为他不是作为个体而*存在*，对他而言没有死亡，死亡只是对个体而言的，因此，当作为个体的身体死亡之时，他就停止作为意志自身来观察世界，这时世界也就终止了。但是死亡并不是世界中的一个事件，它并不改变世界本身，因为个体的消亡并不会改变世界之作为整体的界限。对维特根斯坦而言，解决人生问题的方法不是从生命中撤出，而是过一种新的生活。[①]

所谓伦理和美学的同一性就是指：审美和伦理一样是超验的。艺术品是在永恒的形式之下观察的对象，善的生活是在永恒的形式下观察的世界。所谓在永恒的形式下观察是连同整个逻辑空间一起观察。虽然维特根斯坦并没有像叔本华那样将审美等同于对理念的直观，但是他同样认为审美不同于日常的观看。日常的观看是从对象中间观看对象，是在时空之中观看对象，而包括艺术的观看在内的永恒的观看却是从对象之外，与时空一起，与整个逻辑空间一起观看对象，也就是说对这一个体对象的审美静观使得我们意识到了世界的整体和界限。维特根斯坦以火炉为例，在日常的观看中它是微不足道的，因为它只是许多事物中的一个，但是如果我对这个火炉进行审美静观，对之进行沉思，那么我在其中看到的不是世界之中的某个对象，而是超乎世界之中任何一个个体之上的世界本身，火炉就是我的世界，其他一切与之相对照也就黯然失色了。虽然艺术属于不可言说的东西，不能用命题加以描述，但它毕竟说出了什么。在这种意义上，“艺术是一种表达方式”，“好的艺术品是完美的表达”。而它所表达的恰恰就是世界的存在，是存在者的存在（NB，pp. 83、86）。在《逻辑哲学论》中，维特根斯坦曾指出：神秘的东西不是世界*如何*，而是世界*存在*（TLP，6. 44）。因为世界上的任何一个对象的存在必然预示着所有一切对象的存在及其联结的可能性，即所有可能事态的存在，而所有事态的可能排

---

① Brenner, W. H. Wittgenstein's Philosophical Investigations. Albany: State University of New York Press, 1999, pp. 160-161。此外，在叔本华关于意志的自我否定的学说中对自杀的态度是否定的，他认为自杀并不是否定自己的生命意志，而是肯定自己的生命意志，因为意志之自我否定的根本的表现是不避痛苦，而对生活中的享乐深恶痛绝。相反，自杀者要结束生命，只是对自身的生活条件不满，意志觉得自己在个别现象中被阻拦到这样的程度，以至于不能开展他的追求，因此通过消灭自己的肉体来消除痛苦。如果看穿个体化原理是道德的前提条件，那么自杀恰恰说明主体并未做到这一点，因此，自杀是不道德的（Schopenhauer, A. The World as Will and Representation, pp. 398-400）。在《1914—1916 年笔记》中，维特根斯坦也表述了同样的观点，他认为自杀是伦理中的根本的罪，如果自杀是允许的，那么什么事情都可允许了（NB，p. 91）。

列(也就是所有事实的存在)又是内在于事态之中的,因此对象的存在也就预示着整个可能的世界的存在。艺术既然让我们看到了作为整体而存在的世界,那么在进行艺术静观时的主体也就不是叔本华意义上的那个意志的客体化的产物,不是作为时空中的个体而存在的,而是与意志或者说与上帝同一的。当人们站在意志自身的立场上时,他因为超乎时空的限制而不会畏惧死亡,因为不再有个体的欲求,因而也不再为欲求无法得到满足而痛苦,因此,他是幸福的。所以艺术的考察方式的本质就是用幸福的眼睛看世界。“生活是严肃的,艺术是快乐的”(NB,p. 86)。[①]

现在我们可以解释维特根斯坦为什么用“世界是我的世界”来代替“世界是逻辑的世界”,为什么必须设置一个形而上的主体。维特根斯坦曾自问“假定有一个意志的主体的理由是什么呢?”(NB,p. 89),他认为叔本华意义上的那个认识的主体乃是认识的界限,因而并不属于世界,也是不可说的,而不可说的东西也是不可思的,因此没有理由假定这样一个主体的存在。但是确实存在意志的主体,否则就没有被称为自我并作为伦理之负荷者的那个世界的中心(NB,p. 80,TLP,5. 631)。也就是说没有意志的主体也就没有伦理的承担者。世界本身,也就是叔本华意义上的表象的世界,它既不是善的,也不是恶的,只有意志主体才有善恶。虽然按照叔本华的学说,世界就是意志的客体化,任何一个个体都是意志的显现,但是,他也指出,意志自身是盲目的冲动,它的本性注定了它不断寻求它的客体化,因而在作为意志客体化的个体中,都会体现出本能的求生欲望。只有人才有认识,虽然人的认识是意志实现自身欲望的工具,但他也可以通过看穿个体化原理认识到意志自身是不可分割的,从而为否定意志提供可能性。既然维特根斯坦认为只有完全放弃对世界上发生的事情施加影响才称得上绝对的善,用叔本华的说法就是:只有对意志的否定才是善的,而现在能对意志进行否定的只有人。如果承认有真正伦理上的善恶,那么就必须假定形而上的意志主体的存在。我的意志也就是作为自在

① 虽然维特根斯坦后期哲学与《逻辑哲学论》中的观点相比发生了相当大的变化,他放弃了图像论以及穷尽分析,但是他的伦理与美学思想却并未发生变化,仍然主张伦理价值是超乎经验世界的,价值存在于世界之为世界本身这一事实中,而不是在世界之中去寻找(WVC, p. 118)。像康德一样,他将价值区分为相对价值和绝对价值。相对价值符合某个事先确定的标准,因而当我们知道标准的时候,它可以不以价值判断的形式来表现,而以纯粹事实的陈述来表现。而在我们的行为领域,确实存在对价值的绝对判断。绝对的价值不是由语言界限内的任何命题来表达的。用语言正确地表达世界存在这个奇迹的方式就是语言自身的存在(LE,pp. 38-39、43-44)。这一点将在本编的第七章详细阐述。

之物的意志,它充满世界。意志是善的或恶的。善恶与世界的意义存在着关联。

第二节　我们究竟如何才能向善?

现在的问题是:如果说只有对意志的否定才实现了至善,那么我们怎么可能从个体的立场转变为自在之物的立场,从而否定意志自身呢?叔本华指出:至善与我们日常生活中的公道与美德有着共同的特征,它们之所以被看做是道德的善,就是因为它们都是看穿个体化原理的表现,也就是意识到自己作为意志的表现与万事万物同一的。在此,单纯的道德训条和说教是不起作用的。因为它不能成为动机,因此美德的实践无需抽象的意识。而有动机作用的道德训条是从自爱产生的,因而没有道德价值。因此,抽象的认识不能导致美德。[①] 既然生命就其本质而言就是意志,表现为意志的盲目冲动,那么何以能在没有对意志本质的清楚的认识之前就有美德的实践呢?叔本华认为是通过良知(conscience)发生作用的。比如当个体对他人施行非义之时,他就会感觉到"良知的责备"或"所行非义之感"。他意识到在自在之物的层面上,自己和对方是同一的,因而侵害他人就是与自己斗争,自食其肉。相反,在无私行为后,良知感到满足,觉得自己的心胸开阔,不再限于个别现象,而是扩展至一切有生之物上。但是这一点不是通过抽象的认识,而是通过模糊的感受。良知是对永恒公道单纯"感"到的认识。而良知的存在恰恰说明在每一个人,即使是恶毒之人,他的内心深处都有潜伏的冥悟,即对自在之物的意识,知道事物的本体不同于现象,在本体上自己和万事万物都是同一的。[②] 良知作为居心的纯善,无私的美德和纯洁的慷慨仗义的根源是一种认识,它是一种直观的认知而非抽象的认识,因而不能传达,只能由每个人自己领悟。正因为这是直观而非抽象的认识,因此意志的否定不是在抽象的概念中,而是在行为事迹中才有完整的表现。[③]

维特根斯坦与叔本华一样主张是良知引导我们过有道德的生活。如果说我们确实应该行善,那么必须有伦理上的赏罚,赏是某种令人愉快的东西,罚

① The World as Will and Representation, pp. 367-368.

② The World as Will and Representation, pp. 335、354、357、364-367、373.

③ The World as Will and Representation, pp. 367-368、383-384.

是某种令人不快的东西。但是因为伦理价值是绝对的价值，而不是相对于某种现实的目标的实现而言的相对价值，因此，行为的后果对于伦理问题是无关紧要的。也就是说，没有什么是真正的善行的外部动机，即行为的可以言说的目的，否则行为的善就是仅仅对于这一目的而言的善。所以这种赏罚就只能是在行为自身之内（TLP，6.422，NB，p.78），而这样的行为就是遵循良知的引导。良知是上帝的声音。我们每一个人都可以感受到自己作为世界之整体与上帝的同一。而当良知打破了我们内心的和谐时，我同世界就不一致了（NB，p.75）。也就是说，当我不是站在自在之物或者说意志自身的立场上时，我只是世界上的一个个体，不是与世界同一的，这时我的行为并不是道德的行为，而良知也会使我的内心不再和谐。维特根斯坦并没有像叔本华那样将良知看作是一种直观的认识，在他看来，重要的不是良知是什么，而是良知的作用。因为伦理问题是超验的，因而是不可言说的，即使一切可能的科学问题都被解答了，人生的问题还是全然没有触及。当然那时已不再有什么问题留下来了，而这就是解答。人生问题在消解中看到了自己的解决（TLP，6.52，6.521，NB，p.74）。但是不可言说并不意味着不重要，或者说可以不必留意，而是说他既然不是认识的问题，就应该重新将它放回实践的领域来解决。人生的价值既然不能用命题来表达，那么就只能由行动表现出来。对于这个不可说的东西，无谓的讨论是没有意义的，重要的是"幸福地生活吧"（NB，p.75、78）。也正是在这种意义上，维特根斯坦才强调"对于不可说的东西，人们必须保持沉默"（TLP，7）。

然而现在叔本华和维特根斯坦必须面对这样的问题：既然良知或者说对自在之物，对自身与万事万物同一的意识在每个人身上都存在着，那么为什么有些人会成为善的，而另一些人会成为恶的，对同一个个体而言，为什么有时会作出善行，有时又会作出恶行呢？进一步可以问我们如何可能使人变得更善，如何可能使得人们脱离作为个体的立场而转向与世界同一的立场呢？

要解决这一问题，我们首先要考察"良知"究竟是什么。因为既然人的正义行为和道德行为是在良知作用下的结果，那么也许通过对良知的了解，可以把握它起作用的方式，从而引导人们凭良知行事。在叔本华看来，良知就是看穿个体化原理，这是一种直观的认识。正因为它是直观的认识，因而不能借助概念传达。但这种认识是在每一个人，即使是恶人身上也存在着的冥悟。[①]现在的问题是，既然良知不是依赖说教而发生作用的，抽象的概念不能成为行为的动机，那么这种直观又是如何被明确地意识到，并且对人的行为产生作用？叔本华提供了两条道路，首先是对痛苦的单纯认识，也就是认识到痛苦是生命的本质。但这条途径并不能保证我们弃恶从善，因为生命意志的否定并非不可动摇，必须以不断的斗争时时重新争取过来。身体既然作为意志的客体化依然存在着，那么生命意志的可能性也还存在着，可能会被重新燃起。对生命之痛苦的意识所产生的对个体生命的弃绝随时会被求生意志所替代。第二条道路则是通过本人所感受到的痛苦，尤其是临近死亡时的痛苦达到对意志的否定。因为在痛苦中人们容易认识到生命意志只是借个体化原理使它的自相矛盾客体化。[②] 但现在的问题是：为什么有的人能清楚地认识到个体化原理，并能够始终克制生命意志的作用，而有的人却只能一时地让这种直观认识发生作用，无法持续，有的人甚至根本无法使这种冥悟对他的行为发生任何作用？如果痛苦能达到对意志的否定，那么为什么有的人在经历了极度的痛苦之后会向善，而有的人却不能。对此，叔本华的解释是：由于意志的自我否定是从认识出发的，而认识不以人的意志为转移，因而能否摆脱个体的立场，站在意志自身的立场，从而进入自由的领地不是按预定的意图强求而得的，而是从认识对欲求的最内在关系中产生的，是突然地犹如从外面飞来的，因而教会称其为天惠之功。[③] 这里事实上存在着一个逻辑上的混淆。认识不以人的意志为转移固然没错，但它是指被认识对象的实际情况是客观的，而不是说我们以什么作为认识对象，主动去认识什么也是不以人的意志为转移的。看穿

---

① The World as Will and Representation, pp. 364-368. 首先需要指出的是：叔本华对概念的使用颇为随意，因为在此前，他曾将“直观”一词与“概念”相对应，认为直观认识是概念性的抽象认识的基础，是对时空中当下客体的形象性的把握，是遵循因果律的认识方式，而现在直观认识又用来指对自在之物的意识。这种直观何以可能，借助何种认识能力，叔本华并未给出任何说明。他曾经批评黑格尔、谢林等人的“理性直观”的概念，认为它的后果是将哲学等同于神学，不再诉诸于人的认识，而是诉诸于信仰（见[德]叔本华著，陈晓希译：《充足理由律的四重根》，第 41 页）。然而如果没有对关于理念及自在之物或者说意志的直观认识何以可能的认识能力的批判，叔本华将会重蹈覆辙，像黑格尔那样不合法地谈论自在之物。

其次需要指出：叔本华认为抽象的理性认识对实践也不是完全没有作用，因为人既然作为意志客体化的结果，即使在认识到意志的本质之后，也随时可能让个体的生命意志重新发生作用。直观的认识是当下的，并不能保证持续地发挥作用，而如果将对意志作为自在之物的直观认识上升至抽象的理性认识，则可以对抗一时的冲动。（The World as Will and Representation, Appendix, pp. 518-519.）

② The World as Will and Representation, pp. 378-379、391-393.

③ The World as Will and Representation, pp. 403-405.

个体化原理既然是存在于每个人内心的冥悟，那么就不存在我们无法认识它的问题，而是我们是否将视线转向它的问题，这一点并不像对象的实际情况那样是不可改变的。如何可能看穿个体化原理并使之在我们的行为中表现出来，是叔本华的哲学中至为关键的东西，但叔本华却说它在本质上是不可回答的，这多少让人觉得遗憾。

同样的问题也出现在审美领域。首先，审美是对理念的直观。但我们如何可能直观理念？我们的感官为我们提供了认识对象的感性质料，知性通过因果性范畴将这些质料形成直观对象，但是我们又是通过何种官能来认识理念？对此，叔本华没有给出任何的解释。其次，审美愉悦产生于一定的内心情调和对象的形式。即叔本华需要回答：如何能够具有审美状态中的内心情调。审美活动中的内心情调表现为认识对于欲求占有优势，并且能在任何环境下唤起这种心境。但是，为什么有的人能进入这种心境，而有的人不能？这种情调是天生的吗？叔本华似乎确实这样认为：多数人缺乏客观性，缺乏天才，因此不能充分感受自然美。[①] 像叔本华一样，康德在谈及艺术时也借助于天才的概念，但是康德只是用天才来说明艺术创作，说明何以一个出于一定目的的作品能够显得像是无目的却又合目的的。但是审美欣赏并不是专属于天才的，而是可以要求于每一个人的。这是因为审美的共通性是人的认识机能进入彼此协调和自由嬉戏的状态。而认识机能既然在每一个人都是相同的，那么审美的共通性也就是应有之义。而一旦像叔本华那样将审美欣赏的能力归结为天生的，属于少数人的天才，那么对某些天生没有被赋予这一才能的人而言，审美欣赏对他而言就是不可能的。其次，我们要考察在叔本华的体系中，什么样的对象可以成为审美的对象，可以激起审美愉悦？叔本华给出的答案同样是含混的。他回答说，当对象以复杂、固定而又清晰的形态出现时，当对象本身具有重要的意味和明晰的形式时，它就是纯粹直观的对象，能够激起美感。[②] 但是什么样的形式算是"复杂、固定而又清晰"的呢？这样的描述事实上没有任何的作用。也就是说与伦理领域一样，在审美的领域，叔本华同样无法提供怎样使得审美欣赏成为可能的途径。

与叔本华一样，维特根斯坦同样要面对这样的问题：怎样才能使人的行为被良知所引导。这是维特根斯坦自始至终都在思考的一个问题。然而在叔本华的体系中他找不到答案。维特根斯坦后来重新反思叔本华的哲学时，曾指

① The World as Will and Representation, p. 198.
② The World as Will and Representation, pp. 200、210-211.

出：他对思想的提炼到一定程度突然终止。他的深度终止于真正的深度开始的地方(CV, p.36)。在与德鲁里的谈话中，维特根斯坦曾这样对比叔本华与康德、贝克莱。“康德和贝克莱在我看来是非常深刻的思想家”，而对叔本华“我似乎很快看到了他的根基”。[①] 在维特根斯坦看来哲学应该思考如何改变我们的生活态度的问题，然而恰恰是在这个关键问题上，叔本华只字不提，这促使维特根斯坦对自己的哲学加以反思，并寻求解决问题的方法，最终导致了他对自己早期哲学的批判。

---

① M. O'C. Drury. Some Notes on Conversations with Wittgenstein. Portraits of Wittgenstein, Vol. 3, p.174.

第六章 《逻辑哲学论》基本构架中的问题

促使维特根斯坦反思自己的哲学并最终发生改变的原因除了叔本华的体系中存在的缺陷之外，还有一个很重要的原因就是《逻辑哲学论》自身的构架存在的问题。我们可以将《逻辑哲学论》的目标概括为：通过为可言说之物划定界限来显示不可言说之物，显示那些神秘之物的存在，包括伦理和审美的问题。这一理论诉求具有明显的形而上的色彩。这也在维特根斯坦与德鲁里的谈话中得到了印证。“不要认为我轻视形而上学。我将过去的某些伟大的哲学体系看做是人类心智最高贵的产物之一。对某些人而言，需要超常的努力才能放弃这种类型的写作。”[①]虽然形而上学的理论在他看来是无意义的话语，但对形而上的追求从来就不是无意义的，否则对于人类就没有真正的价值可言。现在的问题是：我们真的可以为可言说之物划定界限吗？

维特根斯坦通过图像论向我们揭示作为事实的图像，有意义的语言只能是具有真假二值性的命题，是对经验事实的描述。可言说的东西限于自然科学的范围内。图像论之所以能够为我们划定可言说的世界的界限依赖于两个前提：首先，命题作为事实的图像，其意义就是由它所描述的事实来确定的，因此命题中的要素与事实的组成部分一一对应，并与它所描述的事实有着共同的逻辑形式。一旦组成部分没有指称，整个“命题”就没有意义。哲学中的无意义的胡说就是这样产生的。命题与事实的对应使得我们可以通过命题的界限来划定世界的界限。其次，为命题所描述的一切可能世界的总和必须是可以划界的，不仅在形式上，而且在内容上存在界限。而这一界限就是逻辑的界限。传统的逻辑只是从形式上规定了一切可能之事的界限，[②]但是内容上仍然没有被规定。维特根斯坦之所以能够依赖逻辑从整体上把握世界，触及其界限，就是因为在他看来，逻辑不仅包括形式，而且涉及内容。他构想了一个

① Conversations with Wittgenstein. Portraits of Wittgenstein. Vol. 3, p. 195.

② 应该指出康德的逻辑已经不纯粹是从形式层面考虑的，而且包含了内容，因此它能将我们的认识限定于可能经验领域。这与维特根斯坦通过逻辑为世界划界十分相似。

以对象为基质的世界,任何一个对象包含了与其他一切对象联结的可能性,因而一旦给出一个对象也就给出了所有的对象,同时也给出了所有可能的事态。而对象之间联结的可能性就是包含在逻辑之中的,因此他的逻辑绝不仅仅是就形式而言的。正因为对象是简单的,因而只能命名而不能定义,因此由对象联结而成的事态之间都是彼此独立的,任何一个事态的存在都不能得出其他事态的存在或不存在。而初始命题作为对事态的描述,也是彼此独立的,没有任何初始命题与其他初始命题相矛盾,也不可能从初始命题推论其他初始命题。每一个事态都包含了它与其他事态一切联结的可能性。而事态及其复合就构成了一切可能的世界。虽然对象实际的联结只能通过经验给出,而经验是无法穷尽的,因此我们不可能通过经验观察给出世界的界限,但是世界中的对象的存在,其联结的一切可能性以及事态的一切组合方式都是包含于逻辑之中的,因此,逻辑可以划定一切可能世界的界限。这两个前提中的任何一个得不到满足,我们就无法在可说和不可说之间划界。然而随着对自己的哲学进一步的反思,《逻辑哲学论》中的这两个前提在维特根斯坦的后期哲学中都遭到了质疑。

马尔康姆在他的回忆录中记录了维特根斯坦在剑桥大学的同事,经济学家斯拉法对他的影响。维特根斯坦坚持认为命题与它所描述的东西之间有共同的逻辑形式和逻辑多样性,对此,斯拉法做了一个动作,用一个手指在下巴上向外刮了一下。那不勒斯人用这个动作表示轻蔑。然后斯拉法问维特根斯坦:这个动作的逻辑形式是什么? 正是这个例子动摇了他对于命题必须是它所描述的实在的图像的观点。① 维特根斯坦本人也多次提到斯拉法对他的影响,认为斯拉法的反驳对他的作用就像一位园丁,他把一棵树几乎剪得光秃秃的,以便新的绿叶可以再次生长出来。② 在《哲学研究》的序言中他还特别对斯拉法的批评表示感谢(PI,px)。但是维特根斯坦的转变并不是这样一个单纯的事件所导致的,更是他的理论发展的内在逻辑所造成的。

第一节　简单对象与初始命题

最初的问题出现于对“存在真正简单的对象”的怀疑。作为世界基质的简

---

① Malcolm, N. Ludwig Wittgenstein: A Memoir, pp. 57-58.

② [芬]冯·赖特:《维特根斯坦和传统》,《哲学译丛》2001 年第 1 期,第 41 页。

单的对象的存在是从整体上把握世界，划定世界的界限的逻辑前提。因为如果世界上根本就没有简单物，那么对命题的分析就不可能达到完全确定的东西，分析得出的成分自身仍然可以进一步被分析。一个命题的意义总是会依赖于另一个命题的真假。相反简单物由于它自身中包含了与其他对象联结的可能性，也就是说它既是形式又是内容，因此它的逻辑结构不仅是稳定的，而且是可以先于经验被给出的。对象的存在为世界的固定形式提供了保证。唯其如此，初始命题之间才没有彼此的逻辑关联，我们才无需考虑具体的初始命题的偶然的特征，先天地由初始命题及其真值函项完全地给出整个世界的界限。所以在维特根斯坦的体系中，简单物的存在并不是由经验证实的，而是实现整体上认识世界这一目标所必需的逻辑前提。现在的问题是：假如事实上并没有简单的对象，也没有彼此独立的初始命题，那么从整体上把握世界就成为不可能的。然而确实也没有什么能保证简单对象和初始命题的存在，维特根斯坦回到剑桥重新开始哲学研究后，越来越明确地意识到这一问题。

说命题是初始命题的真值演算，也就意味着逻辑常项的句法可以在不注意命题之间的内在联系的情况下被设定，但实际情况并非如此。比如我们不能说一个点是红色的，并且这个点是蓝色的。分句中的两个命题不可能通过逻辑积被建构成一个命题。因此，逻辑积的用法必须考虑到它运用于其上的命题的内容。之所以如此，是因为分句中的两个命题并不是彼此独立的，而是从其中一个的真可以推知另一个命题的假。因此它们并不符合《逻辑哲学论》中对初始命题的界定。然而通常我们会将颜色看成是简单的，因为它不再包含别的东西。如果因为颜色仍然存在着程度的差别，因而并非简单对象，那么可以在其中引入数，标志其深浅，并将其进行进一步的分析。但是不同的数彼此之间也是相互排斥的，某物的颜色是这个度，就不再是那个度。因此，初始命题不可能相互排斥的观点就是有问题的。颜色问题对维特根斯坦的简单对象和初始命题的理论提出了挑战，并使他逐步放弃了这些观念，[①]并指出：在没有确定“简单”和“复合”的用法之前谈论简单对象是无意义的。同样，在没有确定分析基本命题的方法之前谈论初始命题是无意义的。正是对基本命题（初始命题）和简单对象的规定，才决定了我们将什么样的对象判定为简单的，

① 维特根斯坦在1929—1930年期间的《哲学评论》中指出“初始语言”在他看来不再是必要的，将自然语言进行完全的分析，试图发现初始命题并不会使得描述更为简单精确（PR，pp. 51、286）。将扫帚分析为扫帚把和扫帚头并不会使表达更为清楚（PI，pp. 21-23、29-30）。而1931年与维也纳学派成员的谈话中也说道，“过去我确实认为，初始命题在将来的某个时候会得到说明。只是在近些年，我才摆脱了那些错误观念”（WVC，p. 182）。

将什么样的命题认定为初始的(PG, pp. 210-211,AWL,pp. 10-11、130、PI,p. 21)。像过去那样不给出任何实例就假定届时会得到初始命题的做法是错误的,因为初始命题并不是不得不做的某种分析的结果。我们完全可以将表面上不包含"和""或者"等词的命题当做初始命题。

维特根斯坦图像论的最终逻辑结果是区分了可说和不可说的,并为可说的东西划出了界限。由于图像和它所表现的对象有着共同的逻辑形式,因而图像的界限,即可说之物的界限也就是世界的界限。通过对语言的反思,我们可以发现存在于语言中的逻辑,而这种逻辑恰恰就是世界的逻辑。掌握了逻辑也就从整体上把握了世界。如果像维特根斯坦早期哲学中所设想的那样,确实存在简单对象和由它所联结而成的事态,作为这些事态的图像的初始命题也必然是存在的。而对象与其他对象的联结的所有可能性都是对象的内在特征,正是这种内在特征使得我们可以从一个对象的存在推知所有对象的存在,并获得一切可能的事态。而事态既然是彼此独立的,不能相互推导,因此,事态内部包含了它与其他一切可能事态的联结,无需考虑其内容。这样,世界的逻辑框架就能够清晰地被给出。而一旦初始命题的存在出现问题,换言之,一旦简单对象和初始命题不是绝对意义上简单和初始的,而是根据对简单和初始的不同的规定而发生变化的,那么我们就不能不考虑命题的内容,才能将真值演算都运用于命题之上。而一旦涉及命题的内容,那么关于世界的逻辑界限就不可能通过整齐划一的逻辑坐标被给出。图像论最初的理论诉求在于通过对语言的分析,对可思的东西清楚地思,对可说的东西清楚地说,从而明确地显现世界的逻辑形式,也就是可说的东西的界限。然而一旦初始命题不复存在,那么先于经验,通过逻辑自身显示世界界限的希望就破灭了,而图像论的观点也就没有存在下去的必要了。随着《逻辑哲学论》中逻辑理论的崩溃,形而上学也同样地崩溃了。[①]

第二节　使用理论和语言游戏说

通过上述分析,我们可以理解为什么维特根斯坦在后期放弃了图像论的观点,而且将自己的前期哲学作为批判的对象。在《哲学研究》开头,他就复述了奥古斯丁的语言观,奥古斯丁认为词的含义就是词所指代的对象,而含义与

① P. M. S. Hacker. Wittgenstein: Connections and Controversies, p. 16.

语词一一对应。而这种观点恰恰就是罗素和维特根斯坦本人早期的图像论的观点。然而现在维特根斯坦指出:这种语言观事实上是一种“幻觉”,它只适用于解释某些词类,比如名词和动词,却不能解释诸如数词等其他词类。它以一些老生常谈的事例来说明命题,并在此基础上预设了普遍的理解,而事实上并非任何语词都有实指定义。而且即使实指定义要发挥作用也依赖于我们对整个语法规则的了解,比如当有人指着红色的方块说“这是红的”时,我们若不能将红色放到颜色系统中去,就不知道他所指的究竟是颜色还是形状。因此语词的意义不是它的指称,而是它的用法。图像和它所描述的事实之间存在的共同的逻辑形式与其说是存在于事实之中的,或者说客观地存在于世界中并具有普遍的有效性的,倒不如说是由语法规定的。只要改变语法规则,任何东西都可以是任何东西的图像。图像与它所描述的东西之间的一致并不是固有地存在于两者之间的,而是包含于我们对符号的使用方式中的(PG,pp. 163-164、212-214,AWL,pp. 50-51, PO,p. 448)。随着我们的语法规则或者说使用方法的变化,名称和事物之间的关系也并不总是相同的。以不同的方式看一个对象就可以得到不同的面相,这恰恰说明对象和表现它的面相之间并不总是一一对应的关系(PI,pp. 193-194,RPP1,953-954)。同样,现实和语言之间也不存在这种一一对应,不同的语言系统以各自不同的方式表现现实。

词的用法规定了词与对象之间的联系,这种联系并不是基于某种在语法规则之外的根据。维特根斯坦特别强调词的意义并不是它所产生的体验,不是它所对应的心理图像。对符号的理解是直接的,无需心理表象或其他原初符号作为中介,即使特定的感觉始终与一个词相伴随,这也只是经验性的,与词的意义无关。而符号与实在的联系只有在特定的语法体系中才能被理解。指出这一点的意义在于:首先,由于词与对象之间不是通过心理表象而产生联系,说明这两者之间的联系并不是自然的和不变的;其次,在否定了图像论关于词与对象一一对应的观点之后,进一步指出词的意义不是它所伴随的心理表象,这就防止了用词与心理表象的一一对应来代替词与对象的一一对应,并保留了图像论的基本框架;最后,既然词与对象之间不是依赖心理表象建立联系,那么我们必须在词的使用中将词与对象联系起来,而这也将人们引向了维特根斯坦后期强调的语言的意义在于它的使用的观点。正是为了摆脱早期的图像论的观点,否定词的意义来自于它所指称的对象,因此,维特根斯坦在后期哲学,尤其是在他的心理学哲学中反复强调:表示心理活动的意指、相信、意图,表示某种心理感受的愉快、烦躁等并不对应于某种代表性的体验,表示身体感觉的疼痛也不是对应于某种特定的感觉。在《心理学哲学评论》、《关于心理学哲学的最后著作》以及关于关于私人经验和感觉材料的讲演和笔记中都反复谈及这些问题。除了指出词并不对应于特定的对象或心理表象之外，维特根斯坦进一步指出：语句也并不对应于特定的事实或事实的心理图像。我们并不是基于将命题和实在作比较才知道命题的意义，知道命题的意义意味着能够正确地使用命题。

如果词与对象之间并非是一一对应的，进而图像论的观点也无法确立，那么语言的意义究竟如何确定呢？语言指涉现实这一点是不可否认的，那么这究竟如何可能呢？维特根斯坦在后期哲学中提出了证实原则。对命题的证实方法规定了命题的意义。采用不同的证实方法，句子就有不同的意义。看起来似乎我们是在用不同的方法证实同一个句子，但事实上这并不是同一个句子。基于证实原则，他指出：谈论对象的句子事实上并不是单个的命题，而是假设。因为只有直接经验，也就是现象才是第一性的，是最终使得句子得以证实的东西，而任何一个关于物理对象的句子都包括无数的直接经验，由一系列直接经验共同验证。它容许将来去证实，因而产生了一种期待，但对它的证实是永远不会终结的。比如，“乌鸦是黑色的”这句话就是一个假设，我们每次看到这样一种样子的鸟，看到这种鸟的颜色都属于直接经验，这些经验对假设证实或证否。假设是描述现实的方法，新的经验符合或不符合一种假设，或者可能导致假设的改变。它为我们组织和描述直接经验提供了规律，因此比直接经验表述了更多的东西， 方面它总可以由直接经验证实或否定，另一方面又不能被直接经验完全证实。以上面所举的“乌鸦”的句子为例，因为我们不可能确认自己及他人看到了所有的乌鸦，因此这个句子并不能被“所有”观看乌鸦的经验所证实。正是假设理论帮助维特根斯坦避免了罗素及其他经验论者的困境。经验论者认为对象就是感官印象的结合，但是何以这些感官印象能够成为一个对象，这一点他们恰恰没有给出有说服力的解释。维特根斯坦的假设理论既避免了关于自在之物的假设，又回答了感官印象何以结合为一体的问题。

如果说证实原则只是对于已有的句子如何能够具有意义的解释，那么进一步的问题就是：我们如何可能用语言表述事实？维特根斯坦的回答是：我们通过使用一个命题而理解这个命题，同样词的意义就是它在语言的计算中所起的作用，也就是它在符号体系中的地位。这就意味着使用是第一性的，我们在追问为什么这样使用之前，就已经这样来使用语言了，这种使用是不言而喻的。而词的作用和语句的用法都是属于语法层面的东西，语法是使得我们的语言成为可能的前提条件，既然我们的思考是借助于语言而进行的，那么我们只能在语法的限度内进行思考，而不能对语法本身，即它何以如此进行思考，因为思考语法就意味着我们必须超出语法本身的界限之外来思考。语词和句子的使用既然是语法层面的东西，那么它们就是不可言说的东西，我们也就无需追问符号和现实如何可能联结的问题，只要按照使用规则正确使用即可。我们之所以把哲学中那些毫无用处的东西当做命题，就是因为没有考虑其应用。

从早期的图像论强调语言中的要素与事实中的对象一一对应，而句子中的逻辑形式则与事实的逻辑形式保持一致，到现在强调语言的使用，维特根斯坦并没有彻底放弃图像论的观点。直到30年代，维特根斯坦还主张：命题或思想是实在的图像或投射，我们将命题、思想与实在相比较。期待与它所期待之事，命令与它所命令或指示的行动有同样的逻辑复多性（PR，32-33，LWL，2，4，93，AWL，26-27）。强调语言的使用观点与前期图像论的观点并不是截然对立的。理解一个命题或语词是一种演算，是对它们的应用，这和弗雷格开创的语境原则仍然是一致的。首先，日常生活中使用的名称可以看作物体上贴上的标签，说对语词的理解就是知道如何应用这个语词，就意味着能够将这个标签运用于它所对应的物体之上。这与《逻辑哲学论》中关于名称意谓对象相对应。其次，对语词的理解就是对它的应用，还包含这样一层意思：对象以及它所对应的语词的理解就意味着理解其内在本质，即它与其他对象和语词联结的可能性，因而可以根据规则配置成一个命题，这就是一种演算。与早期的图像论观点不同的是：首先，图像论的观点认为理解就意味着能在符号和对象、事实之间建立起对应关系，现在则认为理解并不是将命题与事实加以比较，而是直接将命题运用于一定的事实，这种对应关系不是在理解过程中建立起来的，而是包含于应用过程中的。其次，确切地说应该是整个命题系统是实在的图像或投射，而不仅仅是单个的命题（WVC，pp. 63-64、76）。因为颜色问题使维特根斯坦意识到：语言的意义不是来自于它所指向的现实，而是来自于它在语言系统中所占有的地位和它所起到的作用。比如红色的意义不仅在于它指称现实中的某一种颜色，而且在于它在语言系统中与其他颜色之间的区别。使一个符号成为符号的东西属于一个符号系统，一个命题只有出现在一个语法体系中才成为命题。不同的语言系统以不同的方式投射现实，将现实表现为不同的形态，而恰恰是各个不同系统的规则使得对现实的投射成为可能。因此，把词比做机器的构件，把句子比做机器是完全不恰当的。我们毋宁说：语言是机器，而句子是机器的构件（RPP1，40）。也就是说，整个语言系统以它特定的方式投射现实，而句子是其基本的单位，语词的用法是在句子中通过它与其他语词的联结而被确定的。词指代一定的对象并不是不以我们为转移的神秘力量所赋予的，它具有人们赋予它的意义。也正是在这种意义上，维特根斯坦用工具说代替了图像论，认为我们称之为“描述”的，是服务于某些特定用途的工具（PI，p. 99）。使用不同的工具，现实就会以不同的方式得以描述。

在此基础上维特根斯坦发展了后期哲学中的一个重要的概念：语言游戏（language game）。在30年代初，维特根斯坦就试图用下棋等游戏来和数学作比较，指出数学不是说明实在状况的知识，而是一种游戏和应用，同样语言也是计算，因而也可以看作游戏（WVC，pp. 163、170，LWL，p. 117）。而真正明确提出语言游戏这个说法最初是在《蓝皮书》中。在那里，维特根斯坦认为语言游戏是儿童由此而开始使用字词的一种语言形式，它让我们关注符号的操作（BB，pp. 16-17）。而到了《褐皮书》和《哲学研究》等作品中，他将语言和语言编织而成的活动的整体称作语言游戏。以建造一座建筑物中的两个人之间复杂程度不等的交流活动为例，这些交流系统都称为语言游戏。“语言游戏”这个用语主要是为了强调，用语言来说话是某种行为举止的一部分，或某种生活形式的一部分（BB，p. 81，PI，pp. 5、11-12，PO，p. 260）。儿童就是通过语言游戏学习母语。而参与游戏的人在其中有着基本一致的反应。语言作为一种游戏，与作为图像最大的不同就在于它并不是一个统一的系统，而是各不相同的许多体系。它是我们理解逻辑的线索，通过它可以发现我们使用“语言”、“命题”和“句子”的方式是模糊和不一致的，而像早期哲学中那样首先将命题界定为具有真假二值性的，并在此基础上建立逻辑是成问题的。意义的获得总是与具体的使用领域相关，没有什么比太大的普遍性更值得怀疑。语言游戏并不是整个语言的一些片断，而是一个自我封闭的交流系统。欧几里得空间与视觉空间就属于不同的语言游戏。而视觉空间和感觉空间又不一样。同样用第一人称说出“我牙疼”和用第三人称说“他牙疼”也是属于不同的语言游戏，因为前者是无需证实的，后者则可以证实。对主观所见之物的描述与对一个对象的描述虽然有着或近或远的关系，但却属于不同的语言游戏，并起着不同的作用，因此不存在谁更精确的问题。这些交流系统有的较为简单原始，有的则相对复杂。但前一种语言游戏并不是后一种语言游戏的雏形和准备，它们属于不同的语言游戏。不存在唯一正确的、本质的描述，也不存在最为完善的语言，而只有不同的游戏中不同的描述方式（PR，216）。成年人的语言在我们看来像一团模糊不清的语言混合物，像一种被一些单个的、或多或少界限分明的技术语言所包围的日常语言（BB，p. 81）。其中存在着诸多不同的语言游戏,它们之间没有一个共同的边界。

但是现在的问题是:维特根斯坦最初提出图像论就是为了通过对逻辑的把握从整体上把握有意义的语言,进而从整体上把握语言所描绘的整个世界,并意识到世界之外的不可言说之物的存在。现在否定了图像论的观点,代之以语言游戏之后,最根本的变化就在于:原先他所假设的以实在为标准的理想的逻辑语言不复存在,那种语言中的语词与实在中的对象一一对应,而句子的逻辑形式与事实的逻辑形式保持一致,并且整个语言就是一个系统。然而取而代之的是许多各不相同的语言体系,它们有着各自不同的语法规则,并以不同的方式表现现实,这就是我们的日常语言。如果说并不存在那种以实在为基础的理想的语言,那么从根本上讲,我们就只有一种语言,就是日常语言。用某种形式的人工语言来代替日常语言只是出于一定的目的而使用另一种语言,而不是对日常语言的还原和清理。所谓的理想语言也并不比日常语言更好、更完善,它的作用只是为了促使我们对日常语言的用法加以反思(WVC,pp. 45-46,PR,3,AWL,p. 100,BB,p. 28,PI,p. 38)。这也就是为什么维特根斯坦在后期哲学中并不经常提到前期哲学中的重要概念“逻辑”,而代之以“语法”的主要原因。语法空间在此替代了逻辑空间的作用,因为“逻辑”往往被认为是各种不同的语言都必须遵循的,是唯一的,而语法则随着语言的不同而形成不同的体系。而一旦与现实相对应的统一的语言系统不存在,那么通过语言从整体上把握世界的目标就不可能实现。

第三节 保留前期哲学的基本构架

虽然维特根斯坦前后期的哲学有着迥然不同的形态,但是没有理由认为他改变了前期思想的基本构架,以及伦理和美学思想。我们可以在维特根斯坦中后期的著作中发现,在《逻辑哲学论》中阐述的叔本华式的学说在这里仍然反复出现。

首先,他像叔本华一样作出了先天知识和后天经验的区分,并以自己的方式重新诠释了康德的“哥白尼式革命”。在他看来经验不是根据谓词而同非经验的东西区分开来的,经验是一个逻辑概念。也就是说,经验和非经验的区别不在于它们偶然地具有不同的属性,而在于它们属于不同的逻辑类型。它们之间的区分也就对应于经验判断和先天判断的区分。前者的真实性是由事实来验证的,而后者的真实性则是由其意义来保证的(LWL,pp. 60、76-77)。然而在维特根斯坦的后期哲学中，意义是在用法中被给出的，而先天判断的用法不在于描述某个事实，而在于澄清事实之所以能被如此加以描述的前提和根据。构造一种关系，发现一种语词使用的不同方式不同于发现一种现象或事实，前者涉及先验的东西，后者则是一种经验。我们可以否认某个事实，却不能否定一个定义，因为它不是来自于经验，而是我们在某个游戏中必须遵循的规则。

正因为思想不能脱离思想的表达而存在，先天判断作为语法规则，同时也成为世界的规则。然而语法不是从自然的必然性中抽取出的规定，它没有进一步的根据，因而是任意的，但它规定了语言的界限，将无意义的语词组合排除在外，同时它也规定了自然事物的分类，并成为经验性的描述得以可能的前提，因此它和经验事实的关系就像视野与视觉对象之间的关系。被语言所描述的世界就像投射到平面上的球体，它呈现的样子受到平面的限制，因此语法不仅规定了语言的界限，而且也是世界的界限。“可以在语言的语法中找到思想和实在之间的和谐”(PR，66，CV，p. 17，Z，55、320-330，PO，p. 175)。包括几何学、因果律都是我们借以描述事实的物理表现时所遵循的语法规则，我们以这些概念作为中介看待事物，并发现了事物之间存在着的规律，而事实上，这种规律早已包含于概念之中。所以说，概念将自身强加于人，或者说“概念迫来”(LW1，591，PI，p. 204)。以颜色系统为例，经验中看到过多少颜色并不是关键问题，关键在于人们使用何种句法。而句法是先于并独立于经验而存在的。使用不同的语法的人具有不同的颜色系统。又比如在不同的概念系统中，人们可以将相同的视觉印象看作是不同的东西，对图形作出不同的使用，对面部表情、姿势等也可以根据不同的系统作出不同的解释。这就说明概念系统规定着我们看待对象的不同方式。事实的研究和概念体系的研究是难以区分的，概念在对象上铺上了井然有序的薄纱，使得我们的思想、判断和行动在这些轨道上进行。概念引导我们进行探索，它表达我们的兴趣并指导我们的兴趣。形而上学问题表面上看是事实问题，事实上却是概念问题(PI，p. 151，RPP1，949、961，RPP2，679)。这种思想与康德的哥白尼式革命是一致的，认为实在的本性与思想的本性相符合而不是相反。不同的是：康德和叔本华将这种相符的根源追溯到知性的官能，而维特根斯坦则将其追溯到语法，而语法何以会如此，则无法给出进一步的回答。[①]

---

① 施怀泽：《思想和实在：康德和维特根斯坦的形而上学》，见威瑟斯布恩等：《多维视野中的维特根斯坦》，华东师范大学出版社 2003 年版，第 3—4 页、第 11—14 页。

其次，他仍然以可说和不可说的区分对应叔本华关于现象和自在之物的区分。在《逻辑哲学论》中，维特根斯坦强调逻辑形式是语言得以成为事实的图像的前提，因此自身是不可言说的，否则对它加以言说的语言就站在逻辑形式之外了。而现在他用语法替代了逻辑，因为我们只能通过语言来描述我们的语言，任何语言都必须遵循语法规则，而语法规则是描述事实得以可能的前提，因而它自身不可能通过描述事实的方式来说明。① 虽然确实存在着语法命题，但是这些命题属于完全不同的语言游戏，而不属于我们进行描述的语言系统。而在描述经验的语言中，语法规则不是清楚地加以表述，而是通过事例，通过我们对语言的使用显现出来的，这就像《逻辑哲学论》中说的，事物之间联结的可能性是通过命题显现的。正如逻辑规定了世界的界限一样，语法也规定了世界和经验的界限。我们不能谈论经验的边界是因为我们不可能同时经历该界限的两侧。在这种意义上，由语法所规定的经验的界限属于不可言说的。像在《逻辑哲学论》中一样，维特根斯坦再一次指出人们的错误是在应当停止谈论的地方继续谈论下去(RPP2,402)。传统的唯理主义者和现象学的错误都在于假设了先天综合判断来说明经验之上的东西，而这些东西恰恰是不可言说的(WVC,pp. 67-68,LWL, p. 73,OC,35-37)。

最后，也是最关键的，维特根斯坦的伦理和美学思想并没有发生根本的变化。虽然他并不主张先验唯心论，也不像康德和叔本华那样认为经验是认识能力的先天形式的产物，因此也无需引入现象与自在之物的区分。但是他将意志作为超越于经验世界之上的东西，也就相当于叔本华所说的自在之物，并认为只有站在自在之物的立场上才可能发现真正的价值。"我"作为表象得以可能的前提条件，自身是不能加以言说的，视觉空间的描述表现的是客体，而

① 这里需要指出的是：语法规则不能用语言以描述事实的方式来说明并不等于不能有语法命题。与《逻辑哲学论》不同，维特根斯坦虽然仍将真假二值性作为命题的标准(LWL,pp. 22、45)，但他不再将逻辑命题和语法命题看作无意义的，不是真正意义上的命题。既然语言的意义是由它的使用来确定的，那么逻辑常项的符号也就在逻辑演算的过程中确立其意义，同样恒真的命题也有它自身的用途，它虽然不能描述事实，但却显示了语法规则，也就是语言的界限，因此可以将其作为语法命题(PG,pp. 55、128、129)。"命题"并不是一个严格限制的概念，真假二值性并不是在任何语言系统中都可以被看作是语言的本质(PG,p. 113、123)。在这种意义上，数学命题也可以看作是数学语言的语法规则(WVC,pp. 106-107)。语法命题不是无意义的，但必须意识到它和经验性的描述属于不同类型，它的作用不是描述事实。我们对命题的判定是"真"或"假"，对语法规则的判定则是"可行"或"不可行"(LWL,pp. 49-50,AWL,p. 70,PI,pp. 28-29、90)。关于事实的命题与语法命题的区分，可以与康德的对象性思维和反省思维进行对比。康德认为在批判哲学中关于认识能力的揭示属于反省思维，它对认识能力的先天形式的揭示并不是描述经验事实，而是经验得以可能的前提。我们也可以将语法命题理解为一种反省思维的产物，它不是描述世界之内的东西，而是世界的边界。

不包括主体的暗示，但是“我”却通过视觉空间显现出来。我的感官印象不是要与作为感觉对象的“我”，而是与意识建立联系，意识是经验的真正本质，因此“我”就是经验的整体，是一切可能经验的总和，也就是世界本身（PO，p. 255）。这种“唯我论”的思想正好对应于叔本华所说的“世界是我的表象”。而且“我”不仅是表象的主体，也是意志的主体，身体不仅是直接表象，也是意志客体化的显现，是与意志直接同一的。维特根斯坦在评述宗教学说的时候曾指出身体是人的灵魂最好的图画，而且认为这不是从比喻的意义上说的（PI，p. 178）。这显然是受到叔本华的影响。随后他又指出：善的本质与事实没有任何联系。伦理判断和审美判断一样都无法证实。善之为善是不可能进一步加以解释的。永恒和重要的事物像被穿不透的幕布遮起来一样，能为人们所意识，却不能清楚地加以说明（WVC，p. 115，LWL，p. 66，CV，p. 80）。这是因为伦理所要求的绝对的善在现象领域是不可能存在的，任何现象领域的善都是就某种特殊的欲求而言的。绝对的善只能在自在之物的立场上才能加以解释，而这就超出了表象世界的界限。有理由相信维特根斯坦在后期仍然主张叔本华的伦理学，认为只有当人们认清个体化原理，从而放弃个体的立场而转向意志自身，即世界之整体的立场时才真正实现了善。因为此时的“我”不受时空等形式的制约，因此它始终处于当下，处于无时间性中。而唯有体验到无时间性，才说明一个人进入了叔本华所谓的自在之物的立场。维特根斯坦在30年代的作品中指出：“只有当前这一瞬间的经验具有现实性”这句话是无意义的，因为它说了不可说的东西。这个当下不是与过去、未来对立的，附着于表象上的东西，而是指无时间性，或者说时间本身，这显然是像叔本华那样将这种体验解释为自在之物立场上的体验。而且他认为：能够说出真理的，只是那些安宁地生活于真理之中的人，而不是那些仍然生活于谬误之中或者那些偶然走出谬误而走向真理的人（CV，p. 35）。之所以如此，是因为生活于真理中和生活于谬误中是两种完全不同的生活方式和立场。安宁地生活于真理之中的人是站在意志自身或者说自在之物的立场上，相反，生活于谬误之中或偶然走出谬误的人仍然没有让形而上的本体占据主导地位，仍然作为意志客体化的一个现象而存在着。而一个表象是不可能把握这个世界本身的。这里的变化不是个别动机的变化，而是整个立场的变化。

叔本华的伦理和美学思想成立的前提是现象和自在之物的二元对立。由于维特根斯坦并没有假设先验范畴，因而不可能明确提出现象和自在之物的区分，因此对他而言，要说明自在之物的存在就必须指出在可以言说的东西之外还有更重要的东西，它是在经验世界的界限之外的。这就要求我们能从整体上把握经验世界，在此基础上意识到界限本身和界限之外的东西的存在。而在他的早期哲学中，之所以能对世界进行总体的把握是因为逻辑作为世界的界限是对整个世界以及所有语言普遍有效的，而逻辑又是不依赖于经验而先天地被认识的，因此只要抓住了逻辑也就可以从整体上认识世界。然而现在统一的语言被众多独立的语言游戏所取代，普遍有效的逻辑被只对某个特定的游戏有效的语法规则所取代。没有了普遍有效的逻辑，从总体上把握世界就无法实现，也就谈不上对界限之外的东西的意识了。而这种对界限的意识恰恰是维特根斯坦不愿意放弃的。因此，维特根斯坦必须在缺少统一边界的世界中试图对界限有所意识。也就是在这种探索过程中，他的哲学思考的形式发生了变化。因此他主张：只有与我过去的思想方式相对照并以它作为背景，我的新思想才能得到恰当的理解（PI，px）。虽然在后期哲学中维特根斯坦放弃了《逻辑哲学论》中的许多重要思想，但在他看来，恰恰是前期哲学的思考才将他引向了后期的思想。正如人们发现走出森林的道路不止一条，然而如果不沿着某条道路行走就不可能发现其他的道路。如果未曾经历过《逻辑哲学论》中表述的某些东西，后期的思想就将处于完全不同的情况中。[①] 维特根斯坦的后期哲学正是对前期哲学的反思的结果。

① James C. Klagge, Alfred Nordmann. Ludwig Wittgenstein: Public and Private Occasions, p. 387.

第七章　作为生活和哲学基本态度的审美反思

现在我们可以将维特根斯坦前期哲学在伦理问题上存在的困难概括为如下两点：首先，叔本华的伦理思想并没有在如何可能引导人们向善这一点上给出任何启示，而如果哲学不去思考如何引导人向善的问题，那么在哲学中谈论伦理和善将是没有意义的。其次，对简单对象和初始命题存在的质疑使得他从前期的图像论转向了后期对语言游戏的研究。而失去了图像论中关于普遍有效的逻辑的假设，代之以只对某个游戏有效的语法规则之后，通过逻辑从整体上把握世界并对界限之外的东西有所意识就不可能了。然而维特根斯坦在后期哲学中仍然反复强调伦理是不可说的。如果伦理的本质只能通过某种理论才能解释，那么伦理学的东西就是毫无价值的。然而伦理又与存在着的东西不无联系。正如神学中所说：神性与世界是分离的，但又被看做是一种存在。因此，如果我们将伦理解释为绝对的价值，解释为具有神性的，那么它与世界就必然存在着某种联系。这就意味着我们借助语言无法将伦理的本质解释清楚，但是在世界中确实可以显现出伦理。这仍然是早期哲学的观点，伦理作为不可言说的东西，在经验世界中可以显现却不能描述。为此他仍然需要有某种东西代替逻辑来划定可说与不可说的界限。但是语言游戏并不像过去所设想的那样是统一的，有诸多的游戏以不同的方式与世界发生关系，不可能一劳永逸地给出语言游戏的规则，从而窥见世界的界限。那么在经验世界中显示绝对的伦理价值又如何可能？维特根斯坦在后期哲学中试图找到一种方法能同时解决上述两个问题。

维特根斯坦的语言观从早期的图像论转向游戏说之后，代替逻辑的概念是语法，或者说语法规则。语法在很大程度上带有早期哲学赋予逻辑的特征。首先正如逻辑是具体的描述得以可能的前提，语法也是某个语言游戏中具体的步骤的根据，它们独立于用语言所描述的事实，并且是不可能进一步加以辩护的，也就是说语法规则不能得到逻辑根据。我们如果想进入语言游戏就必须遵从先在的规则，并没有选择的余地。不是词的意义，或者说词所指称的现实规定了语法，相反，是语法规定了词的意义。作为普遍的规则，它不是通过描述，而是在应用中显现自身。其次，就像逻辑预设了对象的存在却不包含对象的偶然性质一样，语法既然是实在投射在命题这一图像上的投射规则，其中包括对名称与对象的对应关系的规定，因此指示定义事实上属于语法规则。从这种意义上讲，语法同样包含了对象的存在，而不包含对象的偶然性质。这就说明语法像逻辑一样是描述现象的先在规则，而且这种规则不仅仅是形式层面的，而且包含了内容的非经验的方面。最后，正如逻辑规定了逻辑空间中的一切事态，语法作为游戏规则也规定了这个游戏的一切可能性。规则给出了它所规定的体系某种自由度，告诉我们哪一种结合是允许的，哪一种是不允许的。知道规则，就知道了规则所规定的整个系统。掌握了语法规则就可以说出规则规定的范围内任何可能的话语。所以说，知识就是知识之水不断流出的蓄水池。所以说，语法中没有空白，语法永远是完全的（WVC，p. 216，PG，pp. 49、114-115、126-127、LWL，pp. 16、17、41、46-47、48）。它像逻辑一样具有先在的、对内容的非经验层面的规定性和对系统整体的限定性，唯一和逻辑不同的是：它只对它所规定的语言游戏有效，而不是任何意义上对整个世界有效。

通过对逻辑的把握，我们能够将世界作为一个整体来看待，意识到世界的界限和界限之外的不可说之物，包括伦理。那么语法是否也能通过对界限的意识而将我们引向伦理这一不可说之物呢？为此我们首先需要回顾维特根斯坦对伦理上绝对的善的看法。维特根斯坦像叔本华一样将绝对的善看做是人站在意志自身的立场上对生命意志的否定，是由个体的立场转向自在之物，或者说世界之整体的立场造成的。叔本华认为：我们认识的经验世界属于表象的世界，因此对经验世界的描述无论如何不可能帮助我们认识自在之物，因此这种认识无助于我们转向绝对的善。这在维特根斯坦的早期哲学中通过可说与不可说的区分也有所表现，也就是说：对可说之物的言说无助于我们站在世界之整体或者说意志自身的视角上看问题。现在虽然由语法代替了逻辑，但是关于伦理无法通过对世界的描述加以表达这一点仍然得到了坚持，无论在何种语言游戏中描述世界，我们所描述的只是世界之中的某种事实，而世界自身，乃至于整个的语言游戏并不能通过描述加以表现。因此伦理上的绝对价值是在诸种语法所规定的语言游戏的界限之外的。然而与前期哲学不同，逻辑一劳永逸地规定了世界的界限以及世界之外的东西，而语法规则既然只对某个语言游戏有效，那么它所规定的就只是这个游戏的界限，而要给出世界的界限，并由此意识到界限之外的伦理价值，就不可能只通过对某些语法规则的考察来实现。那么语法如何帮助我们实现对界限之外的伦理价值的意识呢？在解决这个问题的过程中，审美问题逐渐步入了我们的视野。

第一节 艺术和审美的特征

维特根斯坦在后期著作中经常将语言与艺术，尤其是音乐进行比较。这与维特根斯坦所处的家庭环境和他本人良好的艺术修养不无关系。关于维特根斯坦的传记和回忆录中都谈到他从小受到良好的艺术的熏陶，并且在音乐和文学方面都表现出很好的艺术修养。[①] 而维特根斯坦本人在笔记中对舒曼、莱伯、门德尔松、勃拉姆斯、瓦格纳、舒伯特、马勒、布鲁克纳、巴赫、莫扎特、贝多芬、海顿等人的音乐的评价也颇有见地，在文学方面，他对莎士比亚、托尔斯泰、陀思妥耶夫斯基、歌德、席勒的作品都非常熟悉。

将音乐与命题进行比较的想法在维特根斯坦的早期就有所表露。在《1914—1916年笔记》中他就指出：音乐的主旋律在某种意义上也是命题。因此，对逻辑的本质的认识会引向对音乐的本质的认识(NB，p. 40)。之所以可以进行这样的比较，主要是因为首先，音乐像命题一样有所言说；其次，音乐中有着像命题一样的基本结构。而到了后期哲学中，这种对比成了一个反复出现的话题。如果在早期哲学中，对于音乐的基本结构还无法给出确切的解释，它不是世界的逻辑形式，但又像逻辑形式一样规定着音乐的结构和对音乐的理解，那么到了后期哲学中，由于普遍有效的逻辑被诸多各不相同的语法规则所取代，音乐的基本结构也就不再是无法定位的东西，它就是一种语法规则，是音乐语言的语法规则。这样，音乐及其他艺术与句子的相似性就更进一步地得到了强调。他认为，理解一个句子比人们所认为的更像是理解一段音乐。音乐的强度、节奏、速度，都像语词一样是有意义的，而对音乐或诗的理解能帮助我们认识对句子的理解究竟是怎么回事(PG，p. 41，PI，pp. 143-144，RPP2，503，Z，172)。

C. Falck认为维特根斯坦的这种观点容易将诗歌等艺术看作逻辑的东

---

① Georg H. von Wright. A Biographical Sketch. Portraits of Wittgenstein. vol. 1，pp. 64、66. Desmond Lee. Wittgenstein 1929-1931. Portraits of Wittgenstein. Vol. 2，p. 196. J. R. Henderson：Ludwig Wittgenstein and Guy's Hospital. Portraits of Wittgenstein. Vol. 3，p. 147.

西，将解释活动看作对逻辑模式的揭示。[1] 如果说艺术与语言的比较关键在于指出艺术像语言一样遵循语法和逻辑规则，似乎确实容易造成 Falck 所说的这种倾向。然而笔者认为，维特根斯坦进行这种比较的关键不只是说艺术像日常语言一样遵循规则，更是为了指出日常语言有着像艺术一样的特征，而正是这些特征使得对语法规则的考察具有伦理的意义，那么在维特根斯坦看来，艺术和审美究竟具有什么特征，而我们的日常语言又在何种意义上可以被看做艺术作品？[2]

首先，美不等同于愉悦感。对艺术和语言的理解，并不等同于某种内心感觉。因此，不能用某种特定的心理活动的内容来解释艺术的意义。虽然理解确实可以通过行为、表情等形式表现出来，但这种行为和表情本身并不能等同于理解。有人将审美等同于愉悦感，然而审美对象引起的愉快感存在着程度和种类的差别，它们的表达也以各不相同的方式进行着，它们与其他对象引起的愉快感没有根本的差异，因此并没有专属于审美的愉快感，也不能用愉快感来定义审美。比如就音乐而言，对音乐的理解既不是一种感受，也不是感受的堆积（AWL，pp. 34-35、38，LC，pp. 11-13，CV，pp. 51、69-70，Z，163、170）。如果说理解艺术作品是一种体验，那么它只能是在特定的意义上讲的。就音乐而言，它是指音乐旋律在音乐的游戏规则及环境中获得意义，就绘画而言，是指特定的笔触在完整的绘画语言中具有意义。

其次，对艺术的理解不仅仅是一种经验性的适应过程。它不像我们经过一段时间就能适应某种气味，这种适应不可能要求他人的赞同，就像休谟所说的那样：口味无可争辩。[3] 但是美之为美可以给出理由，而正确的美学分析必须在分析者与得到这种分析的人之间达成一致。经验性的适应是一种生理的反应，谈不上意义，然而主旋律正像面孔一样具有面部表情（RPP1，434），也就是说它表达出一定的意义，这种意义对于懂得这种审美活动规则的人而言是具有共通性的。美学也不属于心理学。心理学研究的是原因，而美学研究的

---

① 法尔克：《维特根斯坦与诗歌》，见《多维视野中的维特根斯坦》，第 311 页。

② 维特根斯坦说：一个概念在不同语境中的使用并不存在共同的本质特征，它们之间的关系是家族相似的关系。强调这一点主要是为了避免将语词的意义与所谓的本质特征一一对应，回归到前期图像论的观点，并由此指出我们应该关注差异性，关注具体的用法。但这并不意味着任何关于共同特征的概括都是不合法的，只要这种概括不是为了指出这一概念的本质。笔者在此概括审美判断或者说艺术的诸特征并不是为了对美之为美进行界定，而只是对审美判断中的共同特征进行描述，并试图发现它在其他领域的启发作用。

③ David Hume. The Sceptic. The Philosophical Works. Vol. 3，p. 217.

是理由。美学不是对因果规律的经验研究，它考察的内容不是“你喜欢它吗”，而是“你为什么喜欢它”。而这个理由只能在审美对象自身中寻找。对象中令人满意的东西和令人不满之处并不是我们的愉悦感和不快的统计意义上的原因，而是机制，是感觉的指向。正是这种机制使得艺术作品中的要素产生意义，一旦这些要素发生变化，作品的意义也随之而改变。比如在音乐中，以不同的节拍演奏一首乐曲的主题，这个主题就会改变它的性质。这是从量到质的改变(CV，p. 74)。理解与欣赏的过程不是分离的，不是欣赏作为原因而理解作为结果，相反，只有理解了的欣赏才是真正的欣赏。而这其中就包含着对审美活动游戏规则的掌握。否认对审美对象的评价是统计意义上的原因，事实上是要强调审美问题不能用科学的方法来研究，那种方法是用于研究现象间的联系，而审美研究的是理由，这是属于语法规则的层面。

再次，审美判断不是建立在可以明确表述的规则的基础之上的。

审美判断与伦理判断一样不是命题，因为它们不能被证实。这就说明它是一种不同于我们日常语言中描述事实的游戏。即使一首诗是用信息语言写出的，也不会在传达信息的语言游戏中使用它(Z，160)。因为虽然在艺术和日常描述性的语言中可以使用同样的物质材料或者说记号，但是由于游戏规则不同，这些记号会被赋予不同的意义。[①] 既然艺术不以描述现实作为自己的标准，因此艺术也不是必须忠实于生活，其真实与否有它自身的标准。比如莎士比亚的作品并没有忠实于生活，但他灵敏的手法和独特的笔触使得每个人物形象都很突出，值得观看(CV，pp. 40、84)。这也就说明，艺术有自身的标准。而因为在审美过程中我们不是研究引起愉悦感的原因，因此不是将对象看作物理的线条和声音，对其形式特征进行总结，认为这些物理特征引起了我们的愉悦感。按照节拍演奏并不等于按照节拍器演奏(CV，p. 80)，后者虽然符合物理特征，但是却不包含对规则的意识和把握。相反，对艺术的理解无需在欣赏之前先进行约定、定义，作品中的元素直接服务于诗意的目的。在艺术欣赏的过程中，我们可能发现一首旋律、一个乐句突然对我们表达了某种东西，诗人的语词可能使得我们深受触动，却无法对自己清楚地解释它究竟是什么，也无法说清原因，我们对诗的理解表现在我们按照这种用法让我们的思想

① 关于记号(sign)和符号(symbol)，维特根斯坦早在《逻辑哲学论》中就加以明确的区分。记号是符号中被感官感知的东西，两个不同的符号可以共同具有同一个记号，这时它们以不同的方式进行指称(TLP，3. 32，3. 321)。这就意味着记号只是就物质形式而言，并不涉及指称方式，而符号由于涉及指称方式，因而必然包含意义。给符号以意义的一切必要条件都是符号的组成部分。既然符号的意义来自于它的用法，因此，符号的使用就包含在符号之中(LWL，pp. 26-27)。

在这些语词熟悉的环境中随意漫游。也就是说审美和艺术判断没有一个明确的、可教的规则,可以用作我们审美判断据以执行的标准。如果将一颗星的形状看作它对于某条给定的线条而言是对称的,那么这颗星的形状的美就会受到损害(CV,p.71)。但是通过长期的艺术经验的积累,比如反复观察各位大师的大量画作等,我们确实可以培养艺术方面的专家的眼光。这就说明艺术欣赏或者说审美判断并不是没有标准的。一旦掌握了这种审美活动的规则,那么无需对规则加以明确的说明,我们也能理解作品中各个元素的意义。

艺术中的元素必须在整个作品中才有意义,比如音乐中的乐句只有在整个乐曲中才有意义。这就说明艺术中的符号只有在艺术的游戏中使用才能确定意义,而艺术的规则也只能显现于艺术作品之中,并没有关于"美"的统一的标准。在实际生活中作出审美判断时,"美的""好的"这些审美形容词几乎不起作用,这就说明这些概念并不是某种统一的规则的代名词,仿佛是我们一旦在艺术作品中识别出某种统一的规则就用"美的""好的"等形容词来加以标志。恰恰相反,审美在艺术的不同领域有着不同的规则,人们按照这些各自不同的规则作出审美判断或了解艺术作品的意义(LC,pp.1-5)。一个懂得鉴赏的人会在审美判断中作出审美反应,但是否懂得鉴赏的标准不是由于他使用了感叹词,而是由于他选择或选取的面对作品的方式与对这种艺术一窍不通的人存在着根本的区别,比如他能够对作品何以被判定为美作出解释,或者能够成功地再次演奏或复述作品。当人们试图对审美对象进行解释时,我们指向对象的某种现象(比如某个特定的用韵、某种特定的节奏等)并获得他人的认可,认为这种解释恰中要害,这就意味着我们对审美的机制有所把握(LC,pp.2-7、12、19、20,Z,162)。而要解决美学难题,我们实际上要做的是某种比较,把某些情况放在一起。也就是说我们不能明确指出规则来说明作品何以为美或不美,而只能通过作品本身的比较显现其中的规则。虽然在艺术中不乏背离规则而成功的例子,仿佛规则的意识对于审美反应是非本质的。然而维特根斯坦指出只有当一个人有着对规则的意识时,他才能审美地判断,正是这种意识使他能指出哪种对规则的背离是成功的。[①] 也就是说艺术的规则并不明确地加以表述,但确实存在。

最后,审美判断教会我们面对现象自身,并对规则产生意识,而对规则的

① David Novitz. Rules, Creativity and Pictures: Wittgenstein's Lectures on Aesthetics. Lewis Peter B. Wittgenstein, Aesthetics and Philosophy, Aldershot, Hants: Ashgate Publishing Limited, 2004, p. 60.

意识恰恰使我们超越于经验世界。

维特根斯坦曾指出：当人们发现一种花或一种动物丑陋时，人们往往说它们像人工制品。这种评价阐明了“丑”和“美”这两个词的意义（CV，p. 11）。这与康德所说的艺术的无目的的合目的性颇为相似。因为人工制品在制作之前就已经预计了它该是什么样子，这就是说它有着明确的目的，而这是与美背道而驰的。在对建筑的评价中我们也可以发现这种倾向。他认为建筑是一种姿态，并非人体的一切有目的的动作都是姿态。同样按照预定目的设计出来的建筑物也不一定称得上姿态（CV，p. 42）。也就是说作为艺术的建筑要显现的结构是不可言说的。审美对象，包括艺术的无目的性也就说明艺术的规则不能明确地加以言说，因此在艺术创作中就没有明确的规则可以遵循，但艺术作为人工制品又不可能完全没有任何目的，所以对于艺术中的这种无目的的合目的性我们只能依赖于天才加以解释。在此需要区分鉴赏能力和创造力，最精致的鉴赏能力也与创造力无关。前者是感受性的提炼，它不产生任何事物，而是一种纯然的接受。它能作出调节，而分娩却不是它的事情。在审美判断中，合乎规则的对象已经摆在面前，我们只要掌握并意识到规则就可以欣赏作品。而对于创造者而言，他需要产生出审美对象。维特根斯坦认为艺术家从别人那里接受的有形的东西只是蛋壳，并不能真正给我们提供精神食粮，重要的是他的个性或者说天才。天才是以特殊才能形式表现出来的性格，它让我们忘记大师的才能，忘记技巧，而就在技巧穿得单薄之处，天才才会显露出来。因为任何的技巧都是可以用规则明确加以说明的，这种人为的风格阻碍我们面对自然现象本身，发现其内在的规则（CV，pp. 23、35、37、43、59-60、65）。这与康德又是不谋而合。正像康德说的，真正美的艺术不是自然的，但却像是自然的对象。虽然没有证据证明维特根斯坦接触过康德的美学思想并受其影响，但他关于艺术的上述特征的概括，确实可以与康德的无目的的合目的性概念联系起来。

审美对象的形式不是人为地加以规定，这一特征就意味着我们并不试图用这种形式传达某种明确的概念。正如维特根斯坦所说，艺术作品并不在于传达其他事物，而只在于传达它自身。就像我访问某人时，我首先想访问他，此外当然也希望自己受到很好的接待。也就是说，创作和欣赏艺术首先就是要面对艺术作品本身，至于作品本身向我们提供的意义之外它还传达了别的什么东西，诸如作者的感情之类，那对审美和艺术欣赏而言是无关紧要的（BB，p. 178，CV，pp. 58-59）。正是因为艺术不是以引起某种感觉为目的的手段，因此我们无需在艺术作品之外关注目的，而是要面对艺术作品自身。人们在进行美学考察时经常使用这样的说法："你必须这样看，这便是它的含义""当你这样看时，你就可以看出错在哪里了""你要把这一小节音乐当作序曲来听""你必须按这个音调听它""你必须这样地把它分成乐句"（PI，p. 202，LW1，632）。理解诗歌或音乐的主题就意味着我们认识到特定的要素和排列才表达了这种思想，不能被其他的句子所替代。关注并意识到审美对象中的这些要点，或者说使得审美对象产生意义的现象就意味着我们意识到审美活动的规则。在自然界中我们更多的关注的是对象，我们在诸多语言游戏中无意识地使用语言来描述事实，对规则自身并没有自觉的意识，因此我们是在规则之内并受到规则的规定。然而在审美活动中，我们关注的却是形式自身，并由此产生了对规则的意识（虽然我们无法明确地对规则加以表述）。

那么艺术关注自身并在其中意识到规则究竟会有什么意义呢？我们可以回过头来考察维特根斯坦早期的美学思想，因为在后期哲学中他的美学和伦理观点并没有发生根本的变化。维特根斯坦认为艺术是一种表现，而好的艺术是完善的表现。那么艺术究竟是什么东西的表现呢？他随后就提出了心灵的概念，他借用了叔本华关于外貌是心灵的表现的理论，并将其加以扩展，认为"世界弥漫着我的精神"，我的精神与世界存在着平行关系。因为既然物理世界中对象的最内在本质就是意志，而意志作为自在之物又是不可分的。那么我的意志与其他一切对象的意志在本质上就是同一的，我的意志也就是世界的意志（NB，pp. 83-85）。同样我们也可以将艺术理解为心灵的表现，在这种意义上，艺术和世界一样，都是意志的显现。由于艺术不是指向对对象的认识，因此它将注意力集中在作品自身，从而意识到这种艺术的规则，而对规则的意识就意味着对界限和整体的意识。此时，心灵超越了个体的界限而站在世界之整体的立场上，因此从艺术中我们可以看到作为整体而存在的世界。[①]维特根斯坦曾这样评价 Unland 的诗：Unland 的诗实在精彩。这就是说：只要你不试图说出不可说的，那么就无所失。不可说的东西将会以不可说的方式包含于说出的东西之中[②]，而不可说的东西就是超越经验世界的界限。看到作为整体而存在的世界是维特根斯坦一直在关注的具有伦理价值的东西，现在在艺术中它发现了作为整体表现的世界，恰恰论证了他早期的观点：艺术上的奇迹是世界存在，是存在者存在。用幸福的眼睛看世界，这是艺术的考察方

① B. R. Trilghman. Wittgenstein, Ethics and Aesthetics: the View from Eternity. Basingstoke, Hampshire: Macmillan, 1991, p. 49.

② Paul Engelmann. A Memoir. Portraits of Wittgenstein. Vol. 2, p. 19.

式的本质。艺术立足于自然奇迹这个概念之上，对于自然界见怪不怪的事情（如花儿的开放）加以反省，从而产生惊奇（NB, p. 86，CV，p. 56）。人们通常认为科学家使人接受教育，而艺术家的存在是为了让人享受快乐。但艺术家事实上也给人启迪（CV，p. 36）。因为正是艺术教会我们从整体的视角看待世界。

审美对象之所以能给人启示，将人们引向超越经验世界的视角，关键在于我们在审美活动中产生了对规则的意识。在审美活动中我们经常觉得审美对象给了我们无法描述的体验，而去说无法描述的东西是由于被激起了某种兴趣，想要去描述它。审美判断的规则是无法明确加以表达，但又确实存在，并且是审美判断的根据。要想给出审美判断的解释，唯一的办法就是回溯到作品本身，对其重新加以审视，通过对审美对象的分析和比较，意识到其中的规则。因此美学是描述性的，它所要做的就是要引起人们对某些特征的注意，把事物挨个排列，以便展现这些特征。审美判断恰恰让我们学会面对对象自身，不作任何假设来考察内在于对象的规则。

第二节　日常语言的审美特征

审美对象的上述特征在日常语言中也有所表现，这也是维特根斯坦将两者加以类比的前提和基础。

首先，就像美不能等同于审美对象所引起的某种情感一样，词的意义也不能等同于伴随着这个词的感觉。

对意义而言，重要的是词的使用而不是它所引起的感觉。考察人们是否理解一个词或句子，也只需看他能否对词或句子加以正确的使用，无需考察思想的心理机制或心理过程，重要的是思想的内容，而内容就通过语言表达出来，因此我们只要研究思想的表达即可。人们为进入语言游戏所进行的预备性活动，同样也不能解释语言的意义。就像对音乐和诗歌的理解并不等同于某种内心体验，而只有在这样的意义上才可以说审美是一种体验，即：我们在特定的审美活动中来理解作品，同样的，如果说对语言的理解是一种体验，它也是指语言中的表达式也离不开它周围特定的使用环境及整个语言游戏。此外，语言的物质外壳在此也不是我们需要关注的问题。物质本身不具有意义，是游戏规则赋予它在游戏中的位置并使它产生意义。而对词的使用的考察，也就是对语法规则的考察。

其次，审美判断不是个人的经验性的适应，而存在着在这种游戏内部普遍有效的规则。而对语言的使用同样不可能是个人的规定，必然存在着公共的规则。

正因为语言不是个人的规定，因此不能将思考理解为头脑中的生理过程。对概念的了解既不依赖于对生理结构的了解和意识，也不依赖于生理经验，内在的生理过程与人的思想并不具有对应性。这在维特根斯坦反对私人语言的论述中有着集中的体现。所谓的私人语言并非是指不出声的自言自语，因为自言自语的前提是我们借助了一般意义上的语言，因此它可以被翻译成我们通常所使用的语言。私有语言是指其中的语词指涉只有讲话人才能够知道的东西，指涉他的直接的、私有的感觉的语言，因而也是另一个人无法理解的语言。认定私有语言存在的前提是，它指称的对象是私有的感觉。而"感觉私有"作为命题或者是错误的，或者是无意义的。说它错误是因为照"知道"一词的通常用法，别人同样知道我的感觉，因而感觉并非只是私有的；说它无意义是因为如果描述性的命题旨在陈述事实，那么这样的命题应该是具有真假二值性的，也就是说对它的否定是可能的。然而"我知道我疼"的否定是不可能的，因此就描述事实而言，说感觉私有是无意义的。它是语法规定而不是经验事实，说明从属性和位置看，别人不能有和我同样的感觉。但这并不意味着人们不能有同一的感觉（PI，pp. 89-91，PO，p. 286）。维特根斯坦在此强调的是：之所以有感觉材料的私人性这种观念是因为感觉材料不同于物理对象，存在着个体间的差异。但在日常用法中，人们并不总是认定这种差异的存在。也就是说表达感觉的词汇并不关注感觉在每个个体之间的差异。既然私有的感觉并不能借助语言来描述，那么也就不存在一个人通过为自己的内在感觉命名而形成的私有语言。此外，既然语言的意义不是个人的生理反应，也不是个体的心理体验，因此就像审美愉悦的产生有着一定的机制，对意义的把握同样遵循一定的语法规则，所以不存在私有语言还可以从以下几个方面加以论证。首先，语言作为系统有一整套语法规则，新的符号在其中担当一种功能，而单纯命名的方式不足以确立整套私有的语法规则；其次，语言必须有稳定的规则，遵从规则是人们共同的实践方式，不可能是一个人单独一次的行为。而所谓的私有语言在确立符号用法时只能依赖于将注意力集中于某种感受，依赖于主观的心理印象，它既无法验证，也无法保证其稳定性，没有什么能保证一定的发音必然是与同一种内在感觉相联系的，因而无法成为规则。所以，不可能"私自"遵从规则，否则以为自己在遵从规则就同遵从规则成为一回事了。一个"内在的过程"需要外在的标准（PI，pp. 80-81、92、93-95、117、153、RPP2，

645,PO,pp.291-292、295-296)。最后,语言的意义是由它在系统中的功能确定的,但语词若不依赖于现有的语言系统就无法确立其功能,而一旦借助现有的语言系统,它就不再是私有的了。比如说我们之所以能表达自己牙疼,并不是因为我们将“疼”这个词与我们在牙龈部位的感觉联系起来,这种个人的联系并不能确立规则,而是因为我们从小学习人们如何使用“牙疼”这个词,将这个词与他人牙疼时的行为表现相联系。而学会了该词的用法,才能用它来表达自己的感觉。所以不是借助于与我自己的牙疼的感觉的类比我们才知道他人的牙疼,相反,是因为知道他人牙疼,才可能表达自己牙疼。我们描述感觉印象所使用的语言都是共通的,用共通的语言证明感觉印象为私有的,只属于某一个人的,这显然不可能。

否定私有语言,事实上是在强调:描述感觉的词汇的意义不是由个体的内在感受给予的,而来自于这些词的用法。在这种意义上思想是符号化的思想,或者说作为符号过程的思想。也就是说,对思想的考察关键不在于内在的心理活动,而在于它的表达。之所以会有私有表象的观念,并将其看做是直接的知识,与描述感觉对象的间接知识对立,原因在于对“自我”的错误理解,将唯我论中的“我”,即世界的界限当成了植根于身体的我。在维特根斯坦看来,一切感官对象都是“我”的对象,“我”即世界的界限,这样的“我”并不与他人对立。只有植根于身体的“我”才与他人对立。后一个“我”与他人一样是世界中的对象,而前一个“我”则无法为任何图像所描绘。哲学思考的世界的界限就是唯我论的边界。这从“我”和其他人称的不同用法中就可以看出。“我”在此并不指示一个人。因为一切经验都是我的经验,因此“我”不与其他人称相互区别,它在语法地位上没有邻居,也就完全可以省略(PO,pp.228-229、259、262-263、292-293)。我是一切经验的总和,因而也就是世界的边界。我的经验就是世界,是一切对象的总和,因而不是私人的观念。但是,唯我论意义上的“我”是世界的界限,并不意味着居于身体中的“我”也高于其他人,他们都是经验世界中的对象。在语言游戏中,我和其他人处于同一层次。作为个体和对象层面的“我”的经验在语言游戏中并不具有重要性。指出这一点的意义在于强调:对于语言的意义和规则不是在个体的经验和感受层面寻求根据,而是要考察语言的规则。

再次,就像审美判断并非没有规则,但其中的规则并不能清楚地加以描述一样,日常语言也遵循语法规则,而语法规则并不总是清楚地被意识到并明确地加以表述。

如果说艺术中的元素无需经过定义和约定直接表达诗意的目的,那么通常的语言恰恰也服务于诗意的目的(RPP2,448)。因为语言规则在训练和实践中不是作为工具来使用的,但却在符号及其使用中表现出来,就像自然规律表现于自然现象那样。然而规则的普遍性是不可表达的,它在应用中显示自身。规则和应用之间不是相互独立的两个东西,因为,否则为了一条规则在某种情况下被使用,我们必须有另一条规则,而这另一条规则又需要别的规则,如此以往以至无穷。因此,规则是内在于应用之中的。比如推理必须遵循逻辑规律,但在我们明确表述这些以重言式表达出来的逻辑规律之前,我们早就在应用这些规律了。[①] 在我们的语言游戏中包含了基本规则,却不包含对这些规则的表述。要想使人了解规则,只能通过描述的方式(比如举例、重新构造例子、否定不属于这一类别的情况),让他人进入实践活动。人们学习这些语言如何在一定的环境中使用,但不学习对这种环境的描述。因为理解和规则就在这些例子之中,而不在例子之外。同样,使用语言的行为之被判定为遵守规则也无需给出根据,无法加以解释,而是直接表现于行为之中。只要掌握了语言游戏,对于游戏中出现的语词和句子的用法,我们都可以无需经过与明确表述的规则的比较就可以直接了解其意义,并加以使用,好像语法规则在某种意义上是一种我们在使用一个词时立即就能体验到的被揭示的某种东西。既然语言游戏的规则无法清楚地加以言说,而且对规则是否能加以言说也不影响游戏本身的进行,那么就无需说出比具有意义的句子更多的东西,在应当停止谈论的地方继续谈论下去(RPP2,402)。

最后,正如审美判断让我们意识到游戏的边界一样,对日常语言的反思也让我们意识到各种语言游戏的规则和边界,而要给出审美判断的理由就必须面对艺术作品本身,并对其中的规则加以反思。同样,要整理符号系统,我们所能做的一切就是描述这个体系。

由于审美对象并不以认识经验世界中的对象为目标,因此它让我们意识到审美判断中的不可言说的规则,而意识到规则就意味着把握了游戏的界限。

① 与审美判断不同的是:审美活动的规则是不可能被明确加以言说的,人们不可能像总结三段论式那样总结出美之为美的规律,而在我们的日常语言中有不少规律似乎是可以明确地加以言说的,比如数列的规律可以用一个算式来表达。但是维特根斯坦提醒我们:首先,规则并不总是被明确意识到并加以表达,比如我们对历史的各种描述基于这样的前提:地球在我出生以前就存在(OC,84-94)。这一前提就是我们的关于历史的表述所遵循的语法规则之一,但我们并不总能意识到它,而且类似这样的规则很多,我们不可能尽数列举;其次,即使像逻辑规律那样看似可以明确表达的规则也必须意识到对规则的表达与遵循规则的语言应用属于不同的语言游戏(LWL,p.50,AWL,p.70,PI,pp.28-29、90)。虽然规则的表述不像早期哲学所认定的那样是无意义的,但是至少在应用这种规则的语言游戏中,它确实是无意义而且不可能的。

与审美对象不同的是，日常语言旨在传达信息，因此我们关注的是它所言说的对象，而不是它自身所遵循的规则。两者之间的区别就可以概括为非对象性的反省思维和对象性思维之间的区别。但是对日常语言采取一种非对象化的态度，也就说我们更多地关注语言所表现的游戏规则而不是它所描述的事实，这并非是不可能的，而当我们对日常语言采取这样一种态度时，我们也就可以意识到各种语言游戏的边界。这一点将在本章的三、四两节中详细展开。

因为语法规则不能明确地加以言说，而要意识到语言游戏中的规则，唯一的方法就是研究语言游戏自身。在这一点上"命题的意义"非常类似于"对艺术的欣赏"的情况(LC,p. 29)。在论及"特殊"一词的不及物用法时，语言与艺术在面对对象自身并产生对规则的反思方面的相似性就表现得更为明显。"特殊"一词有及物(transitive)和不及物(intransitive)两种不同的用法，及物的用法是指我们用这个词为详细的说明、描述、比较作准备，而不及物的用法则仅仅作为强调加以使用，以便将注意力引向对象(BB,pp. 158-162)。这种不及物的用法与"这个"一词的情况类似，此时对对象不能用一种普遍的陈述来描述，而只能将注意力引向对象自身，并关注对象自身的特征。也就是说"特殊"一词指涉某种东西，但并没有什么预先存在的，可以明确地加以说明的模型，有的只是说出的话本身，并对其加以强调。而介绍了这种用法之后，维特根斯坦立即就拿旋律进行比较。我们说一段旋律说出某种东西，这也是一种不及物的用法，我们在此往往不能将旋律的意义置入某种模式，而只能面对旋律自身，通过重述对象自身的一些特征使我们领悟其中的规则，并对其作出反应。音乐是关注自身的典型，它既不是为了表达某种事实，也不是引起一系列感情的手段。而维特根斯坦在论及语言的时候恰恰就拿艺术作为对照，他告诉我们："特殊"的意义就来自于他具体的使用，我们只能对这种具体的使用加以反思才能了解其意义。这意味着我们不应该将句子的意义等同于外部现实，而应该面对语言自身。[①] 通过这样一个例子，维特根斯坦告诉我们日常语言除了描述某个事实之外，同审美对象一样需要关注它自身。他指出语词在不同的情况下使用状况各异，而我们要关注的就是这种各异性和语词的用法，而规则就从其中显现出来。因此，对日常语言采取一种反思的态度是可能的。

在此特别需要说明的一点是笔者对"反思"一词的使用。在上面两节中，笔者通过将审美与日常语言加以比较，指出对日常语言可以采取一种反思的

① 刘易斯:《维特根斯坦论语词和音乐》，见《多维视野中的维特根斯坦》，第 323－324 页。

态度，从而脱离对象性的思维而产生对规则的意识。对反思的强调也是维特根斯坦哲学最根本的特征。本书的目标也恰恰是为了揭示并倡导这种思维。但人们也许会问：科学哲学不也是一种反思吗？它不指向对象，而是指向我们研究对象的方式或话语。但是人们很容易将这种科学哲学与审美活动区分开来。如果说维特根斯坦哲学的特征在于对反思的推崇，那么仅仅从审美的视角切入并将其理解为一种类似审美的思考是否太过狭隘？对此，笔者需要指出两个问题：

第一，科学哲学作为人们对科学游戏的话语分析与日常语言的分析一样是对规则的意识，因而是一种反思，在某种程度上它也具有审美的特征。他曾特别强调物理学与现象学的区分，并将这种区分概括为对象性思维和反省思维的区别。后一种研究与他本人对日常语言的研究是一致的（WVC，p. 53，PR，p. 51）。而他本人的研究则与音乐相通。[①] 但今天我们所研究的科学哲学仍然不是维特根斯坦推崇的对日常语言的反思，因为它作为一个学科，本身也遵循某些基本假设，而这些假设作为科学哲学的规则却没有被这种哲学自身加以反思。从这种意义上讲，科学哲学指向科学研究这一对象，是对象性的而非反思的。

第二，维特根斯坦对日常语言的反思与审美活动很重要的相似之处在于：它们都是面对个别对象的反思，这也是它与科学哲学等的最大差异。正因为他面对的是个别对象（CV，p. 6），因此不必为了寻找对象间的共性而在关注某些特征时舍弃某些特征，从而又一次陷入一种假设之中。不必为了寻找对象间的共性而在关注某些特征时舍弃另一些特征，从而又一次陷入一种假设之中。而且个别对象是我们每个人在生活中时刻都面对的东西，因而是每个人都可以加以反思的，只要人们愿意转变立场。而科学哲学的研究对象则不是任何人在任何时刻都会触及的。

基于以上两点，笔者认为以审美作为切入点将维特根斯坦哲学与康德哲学加以比较是合理的。

① Some Notes on Conversations with Wittgenstein. Portraits of Wittgenstein, Vol. 3, p. 173.

第三节 哲学与反思——哲学中的审美态度

当然日常语言毕竟不同于审美。在审美欣赏中对象不指向自身之外的事实，不是为了说明现实世界如何，因此我们所关注的只是对象自身，并意识到美之为美的根据。只要是懂得审美欣赏的人，必然伴随着对规则的意识来欣赏对象，只要被问及作品何以被判定为美的理由，他必然可以指出作品的某些特征来加以解释。然而日常语言指向现实，它往往是为了说明事实情况而使用的，因此在使用日常语言时，我们更多地关注它所指向的事实，而不关注它自身的法则。科学中对语言的使用方式就是其典型。

对于这一差别，维特根斯坦在早期的哲学研究中就有所意识。他曾将一支曲子比作是一个重言式，因为它自满自足(NB，p. 40)。所谓重言式是指真值函项中其值恒真的表达式。由于在早期哲学中维特根斯坦认为命题是世界的图像，世界中的事实都是对象之间偶然的、经验性的结合，因而作为事实的图像，有意义的命题必然具有真假二值性。重言式既然是恒真的，那么它就和矛盾式一样，并不是真正有意义的命题。它是彼此没有任何共同的东西的一切命题的共性，是命题的无实质的中心点，它消逝于一切命题之内。它对现实无所规定，因而是无意义的。然而重言式之无意义不同于不合语法或组成成分为无意义的胡说。因为以确定方式联结的命题要给出一个重言式，它们必须具有特定的逻辑结构。而一旦它们联结为重言式，由于它们对现实世界无所表述，它对应于经验世界的一面完全被忽略，因而我们更容易注意其中的逻辑特征，维特根斯坦将这种方法称之为“零法(zero-method)”。逻辑命题作为重言式，其实是符号本性的自我陈述。而我们语言的界限就是世界的界限，因此重言式通过我们对符号间逻辑关系的意识而系统地显示了世界的界限(NB，AppendixⅡ，p. 107， TLP，5. 143，6. 12-6. 124)。将一支曲子比作重言式也就意味着审美对象不指向自身之外的现实，而指向自身。相反日常语言是对象性的，我们在其中更多地关注它指向的事实，而不是它自身的逻辑结构。人不可能从日常语言中直接获知语言逻辑。因为我们可以用语言表达任何意义而无需知道每个语词如何意谓和意谓什么，正如人即使不知道如何发出声音也能说话一样。也就是说，我们无需对规则有明确的意识就可以自发地使用规则。也正是因为缺少对规则的明确意识，才容易导致无意义的“语词”进入语言。

在后期哲学中，维特根斯坦依然认为：我们对日常语言的使用是自发的，并不明确地意识到规则并自觉地遵循规则。诚然，语言的意义来自于它的用法，然而使用概念的人并不一定能够描述这个概念的用法。我们本能地正确使用语言，也就是说掌握语言的人对这些概念自然而然地加以使用，不会对它的使用范围等加以思考。比如一个掌握了某个词的用法的孩子不会说"确信在他的语言中这叫……"(LWL，pp. 1、50，OC，527)。游戏规则使得我们的认识具有一致性，但这种一致性在游戏中是普遍的，因而根本不会被人们意识到，就像我们观察四周时并没有知觉到我们是从某个视角观察空间的。我们之所以不会注意到这个，就是因为我们的世界形式没有对立面，我们所观察到的东西的界限是受到视角的限制的，而在这种视角之下我们不能通过界限之外的东西来确定界限本身，仿佛这种界限是自然而然的，不可改变的。因此，我们在日常生活中从未感到：我们在使用日常语言时是被迫使自己接受某个东西(PO，p. 229)，我们只注意到游戏的进行，而并不对语法规则具有自觉的意识。正因为缺少对规则的反思和仔细的辨析，我们往往没有意识到各种各样的日常语言游戏惊人的多样性，因为这些语言的外表形式看上去都很相似。

"面相盲"(aspect blindness)或"意义盲"(meaning-blind)的存在充分说明了对语言的使用经常是自发和无意识的。维特根斯坦认为面相盲类似于缺乏音乐听力。面相盲并非缺乏获得感官印象的能力，而是不能以某种方式来看，不能将某种东西看作某种东西，因而不存在面相转变。比如他不能将双十字章看作白色背景上的黑十字章和黑色背景上的白十字章，但是他却可以像其他人一样胜任在图形中找出包含黑十字章或白十字章这样的任务(PI，pp. 213-214，RPP2，478-483)。也就是说他能够像其他人一样运用这些图像，但不能意识到自己观看图形的方式。相应的，意义盲并非不能正常地对语词加以使用，但缺少对意义的内在体验，不能带着某种特定的感受方式看待语言。在语词单独出现时，不能将其置于一种想象的情境和用法中。面相(aspect)好像是思想的一种发音不清楚的回响(RPP1，1036)，也就是说它是我们用思想构造对象的方式。通常情况下我们只注意结果，也就是只注意被构造而成的对象，而并不意识到我们构造它的方式，不注意我们是"以某种方式看"对象的。而只有在面相转变的情况下，我们才会使用"以某种方式看"这一表达式，才会意识到同一对象可以有不同的面相。原因就在于看出某种面相既与所看的对象相关，也与主观对对象的解释相关，解释与看并不是相互独立的，解释包含于看之中。通常情况下，我们只注意到对象，但如果突然发生面相转变，这时我们不仅可以用新的方式描述对象，而且注意到新的视觉经验所对应的对象本身并未发生变化，于是，伴随着惊奇，我们的注意力从经验对象被引向了思想或者说观看的方式。面相可以服从于意志，也就是说我们可以主动地将某物看做什么。这时我们对观看的方式具有明确的意识，这就是一种自觉的观看。而面相盲则表现为对这种主观的观看方式的自觉意识永远缺失。相应地，意义盲能够自发地使用语言，但是对语法规则缺少自觉，对语词用于什么样的语境没有明确的意识。认出某种面相、体验某种意义的前提是知道图形或词可以以这种方式使用，然而仅仅知道其用法并在实际使用当中表现出自己对这一用法的掌握并不能保证对这种用法有自觉的意识。维特根斯坦之所以将面相盲、意义盲与缺乏音乐听力相比较，正是因为欣赏音乐的前提是对音乐自身的规则有所意识。

语言的使用是自发的，我们每天在极端物理的意义上使用语词，这是出于交流信息等需要。概念在语言游戏中犹如在自己的家中一样，被自如地使用着，然而我们却不会思考它的界限。人们没有明确意识地、自发地遵循某些规则。语言游戏的起源不在深思之中。然而，深思毕竟还是语言游戏的一个组成部分(RPP2,632,Z,391,CV,p.64)。也就是说我们除了自发地使用语言之外，也可以对语言自身的规则加以反思。如果说科学是自发地使用语言的典型，那么哲学则代表了对语言的另一种态度，即反思的态度。在维特根斯坦看来，哲学的困惑与我们的日常生活无关，它们是语言的困惑。我们本能地正确使用语言，但是这一使用对于理智是一个困惑。也就是说理智不仅要求能够自发地使用语言，而且要对语言的规则具有明确的意识，虽然哲学问题产生于对语言的错误使用，但这些问题的提出恰恰说明了我们并不安于日常的语言使用方式，而是试图去冲撞语言和世界的界限(LWL,p.1,PO,pp.185-187、189)。我们必须通过对规则的把握清楚地认识语言的界限，从而不是被动地受到语言游戏的规定和控制，而是从整体上看待某个语言游戏，只有这样才能消除理智的不安。

也正是基于这个原因，维特根斯坦对摩尔所提倡的常识哲学提出了批评。怀疑论者通过普遍怀疑提出我们并不能认识实在的对象，而只能知道自己的观念，这就是观念论的思想。摩尔针对这一点提出"我知道这是一只手，我不可能在这件事上弄错"，等等，也就是借助常识的观点指出普遍怀疑是不正确的。然而在维特根斯坦看来，哲学问题并非出自对常识的疑虑，所以也就不可能诉诸常识来避免哲学问题。常识哲学家没有揭示问题产生的根源，因而不可能解决问题，而只是跳过了问题。只有解决了哲学家的困惑，才能使常识免受哲学家的攻击(AWL,pp.108-109,BB,pp.58-59)。摩尔试图用常识对抗怀疑论者的普遍怀疑事实上是弄错了攻击的目标。怀疑论并不真正怀疑常识，他们的怀疑是针对常识的根据，即我们的认识何以可能的基础，他们试图通过怀疑为常识找到一个经过论证的可靠根据。要解决他们的问题就不可能仅仅告诉他们常识是如何如何的，因为作为有理智的人并不抱有某些怀疑。反驳怀疑论必须通过对语言游戏的反思向他们揭示语言游戏的规则，告诉他们无论是常识还是他们的怀疑都是建立在这种规则基础之上的，因而怀疑这种基础是毫无意义的。所以，摩尔和怀疑论者犯了同样的错误，就是对语言的用法缺少明确的意识，从而误用了语言。他的反驳弄错了"我知道"这一表达式的用法。它的用法应当是：它描述一种事态，这种事态保证所知的东西是事实。但是首先，"我知道 P"并不能保证 P 必然为真，更不可能由此确立知识的基础，来对抗普遍的怀疑并证明实在论。主观的确信并不是知识的基础，也推不出客观的情况，必须有客观的根据来证明 P 的正确性。"我知道"不容忍一种形而上学的强调，它并不能使被认为知道的东西更加确实，它的作用有时仅仅是为了主观上对确实性加以强调。其次，既然要通过证明 P 来证明"我知道 P"的正确性，那么 P 必须是可证明的，也就是说它必须是具有真假二值性的命题。而事实上，摩尔所列举的那些"命题"却是无需证明也不可证明的。在这些无可怀疑的情况下说"我知道……"是无意义的。摩尔所列举的东西虽然具有经验命题的形式，但它们的真实性其实是我们的参照系，在这些问题上给出相反的断言不是错误，而是幻觉，因此这些断言就是我们语言游戏的规则，属于逻辑的层面，我们无法为它们提供进一步的证明，相反它们是我们分辨经验中的真伪的根据，是我们最根本的信仰体系。而指出这一点恰恰也就击中了怀疑论的要害。任何怀疑都只能在一种语言游戏中进行，要使怀疑有意义的条件是存在怀疑的理由，也就是被怀疑的东西是可能出错的，然而出错的条件是人们能够确定什么是正确的，能够作出一致的判断。这本身就预先假定了确实性，如果想要怀疑一切就什么也不能怀疑。所以，我们必须从某个地方开始不再怀疑。一种语言游戏，包括怀疑只有在人们确实地信赖某件事情时才是可能的，这是我们科学研究的逻辑（TLP，6. 51，PI，p. 180，RPP2，341-343，OC，115、150、156、341-342、446-458、509、519、625），这些事实不能有意义地怀疑说明它们是我们的判断方式和行为方式，因此并不是所有的命题都可以加以验证。知识和确实性属于不同的范畴，后者作为语言游戏中诸多判断的基础，作为原始的想法是没有根据的，在这个语言游戏当中是无条件地可靠的。它们作为一系列相互依赖的经验命题得以可能的前提，否定它们在语言游戏中是不可想象的，它使得我们不能在语言游戏中获得知识，也不能真正进行怀疑。通过这种方式，维特根斯坦告诉怀疑论者语言游戏不是建立在理由基础之上的东西，因此通过普遍怀疑来寻找得到论证的基础不仅不必要，而且是错误的。在维特根斯坦看来，那些经常问“为什么”的人就像一群站在一座建筑物之前阅读导游手册的旅行者，他们如此忙碌于阅读建筑物的历史而妨碍了他们观看建筑物本身(CV，p. 40)。但要解决他们的问题，只有通过对规则的反思，清楚地指出这些规则就是我们的语言游戏的前提，而不是通过罗列常识。

对语言的使用和对它的反思事实上是两种不同的思维方式，用维特根斯坦自己的话说就是两种不同的语言游戏。在与维也纳学派的谈话以及一些哲学笔记中，他曾指出现象学(phenomenology)①与物理学之间的区别，认为物理学试图发现规律，它不关注可能的东西，而现象学关注可能性问题，即意义问题，而不是真假问题，它是对物理学理论赖以为基础的事实进行描述的语法(WVC，p. 63，PR，p. 51)。所谓物理学和现象学的区别事实上就是对象性思维和反省思维的区别。前者用语言描述事实，后者对语言自身的结构加以反思和揭示。

对语言进行反思主要是在哲学领域进行的工作，它试图对语言游戏的规则和边界加以揭示。为此，我们在哲学中需要考察语言游戏的语法或者说逻辑。在逻辑研究中，我们不是通过它学习任何新的东西，而是对敞开在我们面前的东西加以理解。正是因为哲学是对游戏规则的反思，因此它和遵循游戏规则完成的游戏步骤属于完全不同的类型，游戏玩得再好也不意味着对规则本身有准确的描述。所以数学问题的解决永远也不会对我们的哲学有所帮

---

① “现象学”这一术语在《哲学评论》中反复出现，而且在后期一系列著作中他的思想与现象学之间也有一系列亲缘关系。他在撰写《哲学评论》的时期曾对德鲁里说过：自己的工作可能会被看作是“现象学”(Conversations with Wittgenstein. Portraits of Wittgenstein. Vol. 3, p. 204)。维特根斯坦并没有对“现象学”这一概念给出明确的定义，但考察这一概念在其语境中的使用可以发现它是关于经验中被给予的现象的研究，其任务是描述而不是说明，其目的是把握经验的本质特征，因此与后期哲学中的“语法”概念类似。虽然维特根斯坦在后期放弃了现象学语言(phenomenological language)，即所谓的初始语言，认为这是一个不必要的假设，《逻辑哲学论》中强调初始语言的存在是出于清晰表达的需要，而事实上所谓绝对的初始语言是不可能的。只要区分不同目的的语言并分析其本质与非本质的东西，也就是它们的语法规则和实际的使用，同样可以清晰地表达。但这并不等于他放弃了现象学的分析方法，这种分析要指出语言本质的东西，也就是它的规则。随后他还指出要用现象学的颜色论替代物理学或生理学的颜色论，它研究的是颜色词汇的使用规则而不是颜色本身是如何产生的。这种方法对物理学既不赞成也不反对，它不向我们提供关于颜色如何可能的理论，而是提供了我们对颜色词汇使用的一种概观(PR，pp. 51、273、279-280、286-287)。另见施皮格伯格：《维特根斯坦的现象学之谜》，《多维视野中的维特根斯坦》，第112－113页、第120页)。

助。也就是在这种意义上哲学才是崇高的东西，因为只有通过对规则的反思和自觉的意识，才可能超越语言游戏的规定，从整体上把握游戏。然而对语法规则的表述在外表形式上与对事实的描述并没有显著的差别，而前者并不是世界中的某一事实。正是由于缺少对语言用法的明确意识，形而上学将对世界界限的考察当成了对世界中的事实的考察，从而造成了许多无意义的命题。[①] 维特根斯坦对传统哲学的研究有一个很形象的比喻，他说：哲学家容易处于一个不称职的经理的地位，这位经理不去干自己的工作，而只是把眼睛盯住雇员们，看他们是否好好工作，他接替雇员们的工作，雇员们却瞧着他，谴责他(CV，p. 16)。也就是说哲学的任务不是描述经验世界中的事实，而是进行语言批判，通过清楚地指出语言是如何使用，如何产生意义的，从而避免不符合语言的正确使用的情况。在前期哲学中，他借助图像论的观点，主张语言可以进行穷尽的分析，使我们意识到一切命题都是初始命题的真值函项，而初始命题中的要素与基本事态中的要素，即对象一一对应。然而到了后期哲学中，他发现简单对象、初始命题和真值函项的理论只是他对世界和语言提出的一种假设。他曾经认为自己唤醒了一种新的思想运动，但后期则认为这是错误的，他只不过是在使用一种旧的思想运动(CV，p. 20)。但是把哲学问题看做逻辑问题，这已经是一种进步。与此伴随而来的是正确的态度和方法。那么究竟怎样的态度和方法，才算是正确的呢？

在此，审美判断面对对象自身的态度给了维特根斯坦一定的启示。关于艺术对他的哲学的影响，维特根斯坦本人有着明确的意识。德鲁里记得维特根斯坦曾在一次谈话中不无担忧地指出："我不可能在我的书中稍稍言及音乐在我生命中所意味的东西。那么我如何能指望被理解呢？"[②]而通过上面的分析，我们可以看到，音乐及其他艺术对于他的思维方式产生的影响主要表现在：面对对象自身——主要是每一个个别的对象——反思游戏的规则。正如审美对象的目的不是为了传达作品之外的信息，美之为美的根据就存在于审美对象之中。同样，如果哲学试图考察语法规则，澄清语言的用法，那么它的答案绝不能是惊人的，在其中不会发现新的思想。我们已经实实在在地拥有了一切，我们的日常语言在语法的领域内进行，这种语法早已是现成的。早期

① 维特根斯坦为了区别自己的哲学与传统哲学的差别，对"哲学"和"形而上学"这两个概念进行了界定，哲学是概念研究，它的任务是把语词从形而上学的用法带回到它们在语言中正确的用法，而形而上学则模糊了事实研究和概念研究之间的区别(Z，458，PO，167)。前者包括他本人的研究，后者则是指传统哲学。

② Some Notes on Conversations with Wittgenstein. Portraits of Wittgenstein. Vol. 3，p. 173.

哲学所犯的错误就在于:认为初始命题在将来的某个时候会得到说明。而事实上这只是一个并不必需的假设。在哲学中真正要做的是将人们的注意力转到他实际在做的事情上来,戒作任何断言(WVC, pp.182-183、186)。哲学与形而上学的区别也就在这里。哲学并不是形而上学的科学,它不提供新的,不同于日常语言的理论。在哲学活动中必须像在审美活动中一样面对对象自身,发现其中的规则。它从混乱开始,通过整理概念,以便弄清哪些是关于世界的,哪些是属于规则本身的。所以哲学不是一种学说,而是一种活动,是一件技术性的事情。它不是打地基,而是整理一间屋子。因为语法规则并不等待哲学去创造,它只是通过哲学活动对自发地使用着的语言进行清理,从而被明确地意识到。因此进行哲学探讨就必须进入一种原始的混乱之中,并在那里感到舒适安宁(LWL,pp.21-22、24、42,CV,p.65)。哲学不可以用任何方式干涉语言的实际用法,这是观察的基本原则。因为杜撰出来的语词的理想的用法事实上没有任何用处。哲学最终只能描述语言实际的用法。它为了特定的目的采集回忆,将能够回忆起来的各种用法罗列出来,不解释、不说明,也不推理,它让一切如其所是,从而将语词从形而上学的用法带回到日常的用法,就像把语词从语言中取出来,送去清洗,然后再送回到交流之中。既然传统哲学中的问题产生于语言的误用,那么经过这种分析,一切的哲学问题应当完全消失。这种做法看似摧毁了伟大而重要的东西,实则没有摧毁任何东西,而是让语言的地基干净敞亮(BB,p.18,PI,pp.48、49、50、51, RPP1,690,LW1,830,OC,189,CV,pp.39、44,Z,314)。因为每个解释毕竟都是一个假设,而假设往往使得我们无法如其所是地观察对象本身,而是用我们自己的方式解释对象。正如歌德所说:不要寻找现象背后的东西,现象本身就是理论(RPP1, 889)。因此在维特根斯坦看来,不能根据假设假定语言应该是怎样的,并基于这种假定提出一种理想的语言。哲学的任务不是创造一种新的、理想的语言,而是阐明我们所使用的现实的语言。早期哲学的错误就在于受分析方法的影响误以为表达式存在唯一的充分解析的方式,揭示了它就充分澄清了表达,而它也就是表达的本质。因此,我们必须透过现象发现本质。但事实上这种所谓的充分的分析只是基于我们的假设,是一种晶体般纯粹的先入之见,它并不是我们真实的语言现象提供给我们的东西(PI,pp.43、46-47)。的确,我们可以构造一种逻辑上理想的语言,但它并不是一种比日常语言更好、更完善的语言,它属于为另一种目的而进行的另一种语言游戏,比如弗雷格等人通过符号逻辑建构的语言就只注意到它在数学上的应用,而没有考虑到它们如何成为实际事态的表现。而真正要对语言有所说,就必须说日常语言，对现有的句子进行分析。这种分析就是通过对我们实际使用的语言的罗列和比较，使我们意识到日常语言的语法规则。所以"清晰的表现"的重要性就在于它指向了描述的形式，即我们看待事物的方式(PO，p. 133)。正如艺术关注的是形象一样，哲学关注的是语言实际的用法。哲学的才能就在于从语法事实中得到强烈持久的印象的能力(PO，p. 183)。有了这种能力，我们就可以将这些语法事实并置并加以对比，从而澄清语言真正的用法。而通过这种澄清，就可以阻止不合法的问题的提出，而且意识到整个语言游戏的边界。

需要指出的是，维特斯坦的语法研究不同于语言学家所进行的一般意义上的语法研究。后者试图从个别的语言现象中总结出普遍性的规律；而维特根斯坦并不重视一般，他更关注的是个别，是看似相同、相似的用法间的差异。在他看来，总结普遍的语法规则不仅不可能，而且容易歪曲日常语言实际的用法。重要的是对个别的语言现象产生自觉的意识。也正是对个别的关注使得维特斯坦容易受到审美活动的启发，以审美的态度看待日常语言。

维特根斯坦对康德的赞扬就是基于这种理由。笛卡尔等人试图从"我思故我在"之类的命题开始，将自己的哲学建立在一个假设的基础之上，而康德不同意这样做，他从我们所知的如此这般的东西开始，从现象本身入手，考察其先在的条件，从而检验我们认识的有效性。此外，他通过辩证的方法，考察各种矛盾，发现语言中的不明确之处，从而消除矛盾(LWL，pp. 73-75)。维特根斯坦在后期哲学中试图采用康德的这种方法，他有一次曾以恶作剧的方式将自己比作康德，因为他将哲学作为一种活动而不是一个学科，因此像康德分析现象一样面对语言自身，对语言的使用加以描述，从而显现规则。① 语言的局限性表现在它不能描述那个与语句相对应的事实而又恰恰不重复这个语句。维特根斯坦认为这涉及康德关于哲学问题的解答(CV，p. 10)。之所以这样说，是因为一个语句何以是对某个事实的描述是无法加以解释，它就是这样运用的。而意识到这一点就触及了语言的规则，也就是语言的边界的问题。而康德区分了可能的经验与使经验成为可能的先验条件，而这些先验条件就是通过面对现象本身，对其加以分析而获得的。指出语言就是这样加以使用的，也就是对康德意义上先验条件的意识。

"家族相似"(family resemblance)概念的提出就是"面对日常语言自身"这样一种研究方法获得的成果。在维特根斯坦看来，认为在语词的全部用法中存在着共同特征这种想法对哲学研究起到阻碍作用，它会导致哲学家把具

① Wolfe Mays. Recollections of Wittgenstein. Portraits of Wittgenstein, Vol. 3, p. 132.

体事例当做无关紧要的东西加以忽视,而事实上恰恰只有这些事例才能帮助哲学家理解语词的用法。概念的用法之间并不一定存在一种共性,为各种用法所共同具有。它们之间的相似性是一种交叉重叠的相似性。所有这些用法共同构成一个家族,其成员之间的各式各样的相似性盘根错节:身材、面相、眼睛的颜色、步态、脾性等,某些成员在这一点上彼此相似,另一些成员却不具备这些特征,但却拥有其他共同的特征。就像是一条链子上的各个环节,两个相邻的环节可能有共同的特征,而且相互类似,而属于同一家族相距很远的两个环节不再有任何共性。这就是"家族相似"(PG, p. 75, BB, pp. 17、86, PI, pp. 31、32、36)。[①] 比如诸感官感觉之所以都属于感觉并不是由于共同的本质特征,而是由于彼此之间具有家族相似的关系。不仅用于指称实在世界中对象的概念具有家族相似的特征,而且包括句子、游戏等在维特根斯坦哲学中具有重要地位的概念也是如此。维特根斯坦认为哲学是一种语言分析的活动,从早期的逻辑学说到后期的语言游戏说,他的思路是:首先我们要面对语言,而语言可以看做是游戏,表现在它遵循一定的规则,规则往往不能明确地加以表述,并且不能依赖复述规则而进入游戏,掌握规则并进入游戏的方法是通过普遍的训练,从而具备游戏的能力,能够理解语言。然而句子、游戏、规则、训练、理解以及能力,没有一个概念有共同的本质特征,它们的用法无一不是家族相似的。命题并不能像早期哲学那样解释为事实的图像,用真假二值性来加以限定,这只是命题的一种类型,所有的命题并不具有任何共同之处,也无法给出它的普遍形式。句子的特征只能是"听上去像个句子"(AWL, pp. 67-68, PI, pp. 31、51-53)。就游戏而言,我们也很难在棋类游戏、牌类游戏、球类游戏、角力游戏等众多游戏中看出它们共有的单个特征,它们以各种方式互相类似,其间存在着许多不同的过渡(PG, p. 75, PI, pp. 31-32)。同样何为规则,怎样的训练才算是有效的,何为理解,能力都没有统一的规则,它们在各种情

---

① 说概念的用法之间存在家族相似的关系存在这样一个问题:是否所有的概念,其用法都是家族相似的?如果是,那么家族相似就是所有概念之间的共同特征,因而概念之为概念就至少具有一个共同的特征,因而不是家族相似的关系。这与家族相似的普遍性是矛盾的。(参见苏德超:《哲学的语言生活——论后期维特根斯坦哲学的核心问题》,武汉大学 2004 年博士论文,第 72—73 页)但要注意家族相似并不是概念之为概念的本质特征,正如维特根斯坦所说:尽管一种特征可能是家族所有成员所共有的,它不一定就是规定概念的那种特征(PG, p. 75),正如其他概念的使用具有家族相似的关系一样,"家族相似"这一概念本身用法也不是统一的,同样存在家族相似的关系,也就是说家族相似的情况在每个概念的用法中都不尽相同,因此说概念的用法是家族相似的,并不是指出概念用法上的共同的本质特征,也就是说家族相似这一提法并不是用于区分概念和非概念的一个标志,而是作为对概念用法的一种描述,用于指出这些使用的情形存在一种相似性。

况下有着不同的使用。维特根斯坦哲学具有一种强烈的自我指涉的特征，其中提出的任何一种学说不仅对分析对象有效，也对他自己的概念体系有效。将家族相似的提法用于这些关键性的概念阻止了我们去构造哲学体系，提出某种学说的想法，告诉我们没有什么确定的东西可以赖以建立稳固的体系，唯一能做的就是面对现实的语言，对其规则加以反思。

第四节　哲学反思的伦理价值

将语言与审美对象进行类比，指出它与审美对象类似的特征在伦理上究竟有什么价值？为了说明这个问题首先要明确两点：首先，哲学作为澄清语言的活动最初是要通过考察可说的东西的界限来划定世界的界限，从而意识到界限之外的不可说的，但却是对人生更为重要的东西。这种思想贯穿于维特根斯坦前后期的哲学中。在他看来哲学的魅力在于悖论和神秘（LWL, p. 63)，悖论来自于我们混淆了语言的用法，将语法规则等同于对世界的描述，由此而产生了困惑和不安，这种困惑与不安是由于事物不适用某种规则体系而产生的。当我们按照规则说明经验事实时，我们并不反思规则自身，而是以理所当然的方式使用规则，并不产生什么问题，因此，会感到满足。而哲学需要对规则加以澄清，这是对规则自身加以反思，而规则作为表达赖以进行的前提，又不像命题那样能够明确加以言说，因而它本身就成为难以解答的问题，由此产生了困惑和不安。因此，哲学上的这种不安恰恰表明了我们对界限的冲撞。而哲学工作的任务是全面地指出这种界限，以消除理智上的不安。对哲学问题我们会产生与日常生活中的问题不同的经验，它们似乎比其他问题更为根本。而这种经验就将我们引向了语言的边界。而这种对界限的冲撞可能产生两种不同的路径，一种是误入歧途，试图用语言去说不可说的东西，去表达世界的界限，这是由于不注意语言的实际使用所造成的混乱。哲学概念来自于对通常的概念的误解，反过来又使这种误解增强。只有在语言休假的时候，也就是当它被人们从日常的使用中抽离出来时，哲学问题才会产生(PI, p. 19)。要解决它就需要另一种路径，即真正的哲学，它丢开一切解释，而用描述取而代之。它试图通过语言分析洞察我们的语言如何工作，将看似事实的问题还原为概念问题，并意识到语言游戏的规则并对其感到惊奇，从而解决，或者更确切地说是消解哲学问题(PI, p. 4、7, RPP1, 949)。而哲学中的这种惊奇就是由于突然从对现象的日常的观看方式转变为对语言游戏整体的把握而产生的。它并非科学意义上的知识的增长，它只是让我们作为语言实践的驾驭者注意到业已知道的东西，它能帮我们摆脱错误图像的控制，也让我们不再盲目渴求理解那些不可说的东西。[①] 在这种意义上，哲学是在语言停步之处树立的一面墙，它揭示了理智在碰到语言界限时起的肿块，而恰恰是这些肿块让我们清楚地看到了语言的界限(PO，p. 187)。

其次，在维特根斯坦的后期哲学中，伦理价值仍然是不可言说的，是在事实的范围之外的。永恒和重要的事物往往被一块穿不透的帷幕遮盖起来。人们知道下面有某些东西，却看不见它们(CV，p. 80)。他认为伦理学是指对善的事物的一般性探索，也可以说是对有价值的东西、真正重要的东西的探索，或者说是对生活意义的探索，对正确的生活方式的探索。这里所说的价值不是符合某个事先确定的标准的相对意义上的善，而是绝对的善。相对的善可以转变为一个事实陈述，而绝对价值的判断则不能包含于任何事实陈述中。从科学的意义上讲，没有什么伟大的、本质的问题。没有任何命题在绝对意义上是卓越的、重要的或不重要的。我们的语言仅仅表达事实，如果存在伦理学，那么它就是超自然的，因而也是超越于我们的语言的(CV，p. 10，LE，pp. 38-40)。伦理学具有超自然的特征，这一点与宗教不无关联。随后维特根斯坦举了“怀疑世界的存在”和“绝对的安全感”这两个例子。怀疑某个事实意味着可以想像事实是另一个样子。但是想像世界不存在是不可能的。同样，安全是指某些物理事件不可能发生于我们身上，而说无论发生什么都安全则是无意义的。所以说“怀疑世界的存在”或“绝对的安全感”是错误地使用语言。这里出现了一种悖论：一方面上述两种说法确实是人们的伦理和宗教经验，它们与上帝的全知全能共同构成了宗教的基础；而另一方面既然是经验就应该是可以描述的，但对它们的描述却又是无意义的。解决的方法是指出用科学的眼光看事实并非奇迹，而奇迹出现于科学的方式之外。这也就意味着这种伦理和宗教的经验并不存在于物理世界中，因而在我们理解和描述物理世界的语言中是无意义的。但是它并不是在任何的语言游戏中都没有意义，比如在宗教信仰中。在维特根斯坦看来，谈论、写作伦理学和宗教的人是无望地反对语言的界限，而这是人类心灵的一种倾向。虽然人们借助语言在说不可说的东西，因而不可能有伦理的科学，但是它记载了人类心灵的倾向和灵魂的需要，是令人崇敬的(LE，pp. 41-44，CV，p. 33)。

---

① [英]M. 麦金著，李国山译：《维特根斯坦与〈哲学研究〉》，广西师范大学出版社 2007 年版，第 31 页。

事实上在这里维特根斯坦又回到了早期哲学中的伦理观点，认为真正的价值是在可以言说的东西之外的，也就是在事实之外的，而宗教和伦理的经验让我们意识到经验世界的界限。与早期哲学一样，维特根斯坦在这里仍然强调：事实并不包含伦理判断。但作为整体而存在的世界是一个奇迹，语言界限内的任何命题都不能表达这个奇迹，用语言正确地表达世界存在这个奇迹的方式就是语言自身的存在。联系维特根斯坦早期的叔本华式的观点，我们可以这样理解这里的表述：事实世界的整体是意志的表现，虽然意志的客体化本身作为经验世界中的事实不可能是绝对的善，但世界和意志是同一的，作为整体的世界就是意志本身，意志在世界之整体的立场上可以产生伦理上绝对的善。在维特根斯坦的哲学中，信仰更多地带有伦理的，而非宗教的色彩。他在与德鲁里的谈话中讲到自己并不是一个具有宗教信仰的人，但总是禁不住要从宗教的立场看问题。[①] 这里所说的宗教更多地是指在经验世界之上，即世界之整体的立场上看问题。他认为当生活变得难以忍受的时候，我们要改变的不是环境，而是我们自己的观点（CV，p. 53）。也就是说我们要从经验世界超脱出来，并站在世界自身的立场上。而语言的界限就是世界的界限，哲学通过对语言的反思就可以了解这一界限，从而帮助我们改变自己的立场。然而与早期哲学不同的是：早期哲学中图像论观点认为语言和世界存在着相同的，并且是唯一的逻辑形式，这种逻辑形式就是世界的界限，哲学通过语言分析揭示了这种逻辑形式，也就从整体上把握了世界。然而现在看来这只是一个假设，并非日常语言的真实的情况。在看似相同的语言形式中包含了诸多不同的语言游戏，每种游戏的规则是各异的，并没有唯一的逻辑形式。哲学研究通过语言分析只能意识到某一种游戏的规则，它只能从整体上把握这种游戏，而不能从整体上把握世界。而伦理判断不仅是超出某一种描述性的语言游戏，而且在一切对事实的描述之外。那么哲学研究如何能够具有伦理意义呢？

首先需要指出的是：要想使得行为具有伦理价值，就要从世界之中的对象的立场转向世界自身，或者说世界之整体的立场。而用语言描述世界和对语言的规则进行反思本身，就是两种完全不同的立场。如果先前关于世界的逻辑形式等只是一种假定，那么给出所谓的逻辑形式也只是给出了我们构想世界的一种方式，而并不是真正给出世界自身的界限，因此也不可能在它的基础上意识世界之上的价值。既然我们的语言包含着诸多不同类型的语言游戏，不存在统一的规则，那么就不要试图通过分析语言的统一而规整的界限一劳

① Some Notes on Conversations with Wittgenstein. Portraits of Wittgenstein. Vol. 3, p. 173.

永逸地给出世界的界限。我们所能做的只能是逐一地分析比较各种语言游戏。虽然我们不可能给出整个世界的界限，但是通过对边界的不断的反思，至少可以意识到每一种具体的语言游戏的边界，从而意识到伦理不能在这种或那种描述性的语言游戏中加以表达，从而避免在这些具体的语言游戏中产生无意义的胡说。这是从否定的意义上解释哲学的伦理价值。

其次，更重要的是：哲学在肯定的意义上同样具有伦理价值。

虽然伦理学不能用描述物理世界的语言来加以表达，在日常的语言游戏中它是无意义的。伦理价值也不存在于物理世界之内，我们所掌握的知识给我们提出新的伦理问题，却无助于问题的解决。因此，对于伦理和宗教的问题不能用科学中的合理性标准来评价。但它并不是在任何情况下都是无意义的。伦理价值不能用描述性的语言加以表达，但它作为一种信念却可以通过控制人的整个一生来得以显示。信念作为人的思维和行为方式的基础也就是思维与行为的规则，它虽然不能明确地加以表述，但却通过人的思维和行为表现出来。具有不同的信念的人会有不同的思维方式，会以不同的方式看待一个日常事件。信念是人们行为的理由，它被持有信念的人作为自己所追求的价值，而既然它规定了人的思维和行为方式，那么它事实上就是游戏的规则。一个不具有信仰的人与信仰者处于不同的游戏中，因此他们对"上帝"等概念的理解是不同的。宗教中对"上帝"这个词的解释事实上就是一种语法研究，同样关于一个事物是否为善的论证也是在反思"善"这个概念的语法。但在宗教中真正重要的是实践而不是神学，也就是说，神学表述本身必须依赖这些表述在生活的各个位置上所造成的区别来确立其意义，是宗教的实践赋予它以意义。同样在伦理中重要的是人们的行为，而不是对善的定义。然而，通过了解这个词的用法，我们知道自己的行为方式遵循的是什么样的游戏规则。因此伦理学命题和宗教教条如果不是作为对事实的陈述，而是作为行动的规则就不是没有意义的。

而伦理如果作为一种游戏规则规定行为，那么它就不是任何个体可以规定得了的，它必然是所有参与游戏的人共同认可的。因此，个体的欲望不能规定行为的价值。至于究竟什么被规定为善，维特根斯坦认为这是不可言说的。维特根斯坦认为自己的哲学与柏拉图的哲学有着相似之处，因为它们都是产生于对世界的界限的追问和反思。只不过新的活动取代旧的活动的地位，因为它解决了旧的活动所面临的精神困境。他所做的事就像是一个想用直尺和圆规将一个角三等分的人发现这是不可能的，就承认说这是不可能的（AWL， pp. 27-28)。[①]

现在的问题是:伦理作为规则既然是无法言说的,它不是物理世界中的一个明确的目标,因此"你不可能把人们引向善,只可能把人们引向此地或者彼地。善在事实的范围之外"(CV,p. 3)。正因为不能通过指出明确的现实目标将人们引向善,因此一切好的学说对于伦理都毫无用处,不可能凭借智慧将生活安排妥当。智慧是冷静的,在此范围内也是愚蠢的,它像冷却了的炭灰掩盖了炭火一样对我们隐瞒了生活。因为智慧受到语法规则的规定,将我们限定在经验世界的范围内(CV,pp. 53、56)。然而理智在伦理问题上无能为力却并不意味着没有什么能帮助人们改善行为,因为我们看到宗教信仰可以将我们引向另一种思维和行为的方式,此时我们不再受到经验世界的法则的制约,而是以对上帝和至善的信仰来规范我们的行为和思想。规则的改变意味着语言游戏的改变,当我们超脱尘世,站在世界之上,而不是世界之中时,我们学会了一种新的语言游戏,开始一种真正有信仰的生活。[②] 因此在伦理上转变立场的困难也就是转变语言游戏,或者说建立新的思想方式的困难。为了寻求生命的价值,我们必须改变自己的生活,或者说生活方向。而一旦改变了方向,就必须停留在转变过来的方向上(CV,pp. 48、53)。在这里起作用的是激情,是一种道德情感。这也是早期哲学中关注的问题,对于伦理,重要的不是思辩,而是行动。冷静的知识不可能成为行为的动机,那么怎样才能激发道德情感,使人改变生活的方向,使人的行为更加道德并由此获得真正的幸福?

在此,维特根斯坦又回到了叔本华哲学所面对的问题:如果真正的善是在意志自身的立场上的自我否定,那么我们怎样才能做到这一点?维特根斯坦发现叔本华并未给出答案。叔本华认为意志的自我否定是从认识出发的,而认识不以人的意志为转移,它不是按预定的意图强求而得的,而是来自天惠之功。对此,人们不免要提出这样的疑问:难道推进人类的道德只能是听天由命?如果我们的道德行为是受良心的引导,难道不能通过考察良心发生作用的机制来寻找将人们引向善的途径?维特根斯坦显然并不甘心像叔本华那样在此止步,从他对叔本华的批评中就可以窥见这一点,他认为叔本华"从不考察他的良心"(CV,p. 36)。那么哲学对于道德究竟有什么作用呢?我们仍然

① George E. Moore: Wittgenstein's Lectures in 1930-1933. Portraits of Wittgenstein. Vol. 2, p. 203.

② James C. Klagge and Alfred Nordmann. Ludwig Wittgenstein: Public and Private Occasions, p. 169.

要回到他的叔本华式的体系。绝对的善乃是由于认清个体化原理而离开个体的立场，站在意志自身的立场上实现自我否定。而要站在意志自身的立场上，前提就是离开个体的，或者说作为经验对象的立场，为此必须意识到作为经验对象而存在并不是我们存在的唯一方式，这就要求我们不只是作为个体自在地存在，而且要对其有所意识，这就需要进行反思。虽然确实如叔本华所说，道德实践并不依赖于这种抽象的认识，许多道德高尚的人也并不像哲学家那样知道现象和自在之物的区分。但是反过来说，如果我们总是能够对经验对象进行反省，从而意识到它的前提，并由此追溯到构成这些对象的语法规则，那么我们至少可以意识到作为个体和经验世界中的对象而存在不是我们唯一的存在方式，从而为走向意志自身的立场创造条件。而哲学通过对语言用法的澄清，恰恰让我们学会了对规则和界限的反思。虽然哲学训练对于我们在实践中使用语言并没有直接的影响，但是一个受过哲学训练的人显然更容易对语言中的问题有所意识。而正是语言中的这些问题将我们的注意力引向语法规则，也就是语言游戏的边界。在他自己的哲学讲座中，维特根斯坦正是通过向学生讲述他们所不熟悉的一片广阔风景的细节，也就是对语言中某些并不引起人们注意的东西加以描述，使得学生对语法规则，也就是语言游戏的界限有所意识（CV，pp. 29、56）。如果说维特根斯坦的前期哲学借助于可说与不可说的区分对应于康德和叔本华关于现象和自在之物的区别，那么到了后期哲学中由于语言游戏纷繁复杂，似乎难以通过语言规则找到对应于现象世界的整齐划一的界限。但是正是因为没有统一的语言游戏及其规则，哲学活动就没有终结的时候，对规则的反思是不可能终止的，我们就必须面对诸多各不相同的语言游戏，不断地考察其差异，发现它的规则。哲学活动使我们学会区分现象和现象的根据，从而能够对现象之上的东西有所认识，这恰恰就是走向至善的前提。如果说哲学问题产生于对不可说的东西加以言说的冲动，是对世界的界限的冲撞，那么这种冲撞就是伦理学（WVC，pp. 68-69、93）。维特根斯坦与学生的一次谈话内容，似乎证实了这一点。维特根斯坦说，哲学问题是有深度的，这是从一首诗、一张脸、一支乐曲有深度的意义上讲的。也就是说，除非我们了解其中的技巧，否则就谈不上什么深度。就哲学而言，不了解哲学的技巧就不可能了解使用这种技巧所表达的意义，技巧和意义是不可分离的。而哲学的深度与伦理事实相关。哲学的技巧应当就是指面对语言自身进行描述的技巧，这种技巧的目的就是为了真正意识到语法规则，这就是哲学的深度。当他的学生讲到消除了问题并不必然消除神秘性的时候，维特根斯坦给予了肯定，并认为这就是哲学的目的。[1] 所谓消除了问题但不消除神秘性指的是：通过哲学对语法的澄清，我们意识到诸种语言游戏可以描述的世界的边界，以避免说无意义的命题，同时消除了因为对语言的误用而产生的困惑，但正是因此，我们意识到游戏的界限。这种界限本身是神秘的，这种神秘性不但不随着问题的消失而消失，反而因为我们突然对它产生意识而使我们惊奇。而维特根斯坦说这就是哲学的目的，也就是说哲学要让我们学会反思规则和界限。哲学的分析方法与它对界限的思考和意识是联系在一起的，而对语言游戏界限的意识又让我们学会思考世界的界限，这就是哲学与伦理的关系。

另外，伦理学既然是属于规则，并规定着我们的行为，那么对规则有所意识，显然有助于我们在规则所规定的范围内行事。而对规则的认识依赖的就是反思，它不同于对规则无意识的运用，相反，它是主动地考察规则并明确它所规定的游戏的界限。而这种反思就是哲学所从事的工作。哲学中关于伦理问题的研究并不是发现某种新的事实，也不可能以知识的形式加以表现。所以说哲学中关于伦理问题的第一个错误就是问什么是善，第二个错误是给出一个定义或说它是不可定义的。关于善，不要去寻求在一切情况中的共同特征。这一概念的使用可能会存在相似，但没有可以指出的共同特征（AWL，pp. 34-36，PO，p. 367）。我们所能做的就是面对事实本身，考察“善”这个概念用于什么场合，由此窥见伦理规则。需要特别指出的是：对规则的反思不同于研究自然规律。前者属于反省思维，后者则属于对象思维，是对现象的抽象。我们通过对生命的反思意识到命运的力量。而命运和自然规律是对立的，人们探索并使用自然规律，对命运却不这样做。那么如何对我们的行为加以反思，从而对伦理规则产生自觉？维特根斯坦指出：我们对世界的描述常常带有感情色彩，这种感情色彩对现象来说并不是本质的，它以某种方式与意志而不仅仅与认识相关，因此对世界的表述方式显现了意志，不同的意志以不同的方式表现世界。而对表述方式的考察也就是对意志的考察。从这里我们可以看出，这种意志究竟是作为与世界之整体同一的意志，也就是叔本华意义上作为自在之物的意志，还是作为个体和经验对象的意志。由于良心作为一种冥悟存在于每一个人内心，只是缺少明确的意识而没有发生作用，如果哲学教会人们进行反思，那么我们显然可以更清楚地意识到这两种立场的区别，意识到除了作为经验个体之外，我们还可以作为世界之整体而存在，从而走向道德的生活。

[1] Ludwig Wittgenstein：Public and Private Occasions，p. 401.

维特根斯坦特别强调：哲学不是一种学说而是一种活动，所以不要希望在哲学中取得进步。[①] 哲学家诊治一个问题，就像诊治一种疾病。哲学只能面对现实中出现的对语言的混淆逐一地解决问题，就像在发痒的部位搔痒，谈不上进步，但确实解决了实在的问题。这种工作就像给苍蝇指出飞出捕蝇瓶的出路，而不是根本上解决语言的规则问题（CV，pp. 86-87，PI，pp. 91、103）。强调这一点不仅仅是说哲学要面对对象自身，不作任何假设，更重要的是指出哲学是一种生活方式和生活态度。正因为在哲学中绝不可能一劳永逸地指出语言的所有规则，因此无需对所谓的终极的问题产生不安，因此对语言的反思是一个永远无法完结的工作，这种思考应该成为我们的生活方式，我们应该平静地发展哲学。维特根斯坦时时忠告自己"不要解释——而要描述。服从于你的心灵，不要因为你必须经受这些而发怒"。他不仅自己爱上了这种思维运动的方式，而且通过讲座试图让他的学生学会"用正确的方式考察事实"，而不是同意他的特定的观点。[②] 哲学作为一种反思的活动，使我们改变日常生活中的思维方式。因为哲学的任务是减轻因无意义的问题而产生的痛苦。任何对这类问题不感兴趣的人都不需要哲学。[③] 对维特根斯坦本人而言，他对哲学的需要也正是源于他对那些无意义的问题感兴趣，也就是说，源于他超越日常生活，冲撞世界的界限的努力。虽然通过哲学对语言的澄清，他知道这一界限是不可言说的，但同时也意识到它的存在，从而可以从整体上把握某种语言游戏及其所描述的世界。正是这种哲学活动使得我们不再是盲目地处于世界和语言之中，而是站在世界和语言之上来看待它们。

哲学对日常语言的规则加以反思绝不只是为了满足自身的需要，更重要的是让这种反思在日常生活中发生作用。当有学生问及"哲学家"是指什么的时候，他的回答是"一位行为的教师"。在他看来，成为一个在道德意义上的行为的教师较之成为机敏的逻辑学家或出色的科学家更为重要。[④] 他在给他的学生马尔康姆的信中讲道："研究哲学如果给你的只不过是使你能够似是而非地谈论一些深奥的逻辑之类的问题，如果它不能改善你关于日常生活中重要

---

① 哲学的成绩不能用进步主义的标准来衡量，在维特根斯坦看来哲学竞赛中的获胜者是能够跑得最慢的人，或者说最后到达终点的人。哲学家们应该互致问候"悠着点儿干"（CV，pp. 34、80）。

② Ludwig Wittgenstein: Public and Private Occasions, pp. 109、191、343.

③ James C. Klagge and Alfred Nordmann, Ludwig Wittgenstein: Public and Private Occasions, p. 73.

④ Theodore Redpath, Ludwig Wittgenstein: A Student's Memior. London: Gerald Duckworth & Co. Ltd., 1990, p. 41.

问题的思考，如果它不能使你在使用危险的词句时比任何一个……记者都更为谨慎（而这种人是为了他们自己的目的而使用这种词句的），那么，它有什么用处？你知道，我懂得要彻底地思考‘确定性’、‘或然性’、‘知觉’等是很困难的。但是，要对或者力求对你的生活和别人的生活进行真正诚实的思考，如果可能这样做的话，那就还要困难得多。”[①]这封信说明两点，首先，哲学的反思使得我们清楚地意识到语言的使用规则，而这种意识应当在日常生活中发生作用。其次，哲学思考在日常生活中的作用除了思考并准确地使用语言之外，更重要的是学会用反思语言的方法诚实地思考我们的生活。因此哲学决不是与我们的日常生活分离的一种学说，它就是一种生活方式。“忏悔必须成为新生活的一部分”（CV，p. 18）。也就是说，对我们的生活方式必须时时刻刻加以反思，考察我们生活的根基，我们自身的立场，而这就是哲学思考中一贯的态度。在这种意义上，可以将《哲学研究》等作品看作是伦理学的著作。维特根斯坦本人努力实践的就是这样一种生活。他说“每天早晨，人们必须重新掀开那些无生命的碎石，必须接触那颗温暖的，生气昂然的种子”（CV，p. 2）。也就是说，我们应该通过沉思消除对生命的根基，也就是意志自身的遮盖，重新意识到生命的本源。维特根斯坦追求思想上的安宁，只有这样才能真正面对现实本身进行反思，而同时他又不愿放弃激情，放弃对形而上的东西的追求。在他看来教堂为这种沉思提供了环境（CV，pp. 2、43）。而哲学研究却是沉思生命的一种方式，他将自己的全部著作看作对自己的独白，其中所说的种种事情都是他与自己的密谈（CV，p. 77）。他相信一个能独立思考的人会对他的笔记感兴趣，因为自己即使很少击中目标，却一直在瞄准靶子（OC，387）。也就是说，他的反思始终没有停止。由此我们可以理解当他的姐姐在信中称他为“伟大的哲学家”时，他说“称我为真理的追寻者”，“那将使我满意”。[②] 这种沉思使他精神振作。“二战”期间，他在医院实验室工作时曾经给马尔康姆写信，写道：“出于外部的和内部的原因，我不能搞哲学了，而它是给我以真正满足的唯一的工作，没有别的工作真正地使我精神振作。”[③]因为就是在哲学的沉思中我们才能真正学会反思，从而通过对界限的思考使得我们超越经验世界，并开始意识到价值问题。这也是维特根斯坦怀念过去的生活方式的主要原因。他认为“二战”以后的生活方式与他父母在维也纳的生活方式几乎不属于同一个

① Malcolm, N. Ludwig Wittgenstein: A Memoir, pp. 93-94.

② Ray Monk. The Laboratory for Self-Destruction. Portraits of Wittgenstein, Vol. 1, p. 78.

③ Ludwig Wittgenstein: A Memoir, p. 34.

世界。那个时候生活被安排得相对简单，一幢房子，一个地点，那么些工具，一头牛，一个圈子里的人，在这种简单和稳定当中，人们依恋于一个限定的环境，这赋予生命一种特定的品质——根基。[①] 因为这种简单的生活方式更容易让我们从科学的进步主义的思维方式中挣脱出来，对我们生活的根基进行反省。相反，现代文明的高速发展使得我们无法对根基加以反思，从而使人与他的本原，与崇高之物和永恒之物分离开来。我们的文明环境与周围的一切仿佛被包裹在玻璃纸中，与伟大之物，与上帝隔离开来(CV，p. 50)。而一个人如果不能看清楚自己，如果他在自己面前遮上了一层烟雾，他就绝不可能是伟大的(CV，p. 49)。因此，现代社会很难诞生伟大的天才。

而且这种思维方式或生活方式的改变不仅仅是对维特根斯坦本人或者对哲学家才有意义，即使是科学家、数学家，他们像其他人一样会受到语言的诱惑，同样有必要抵制这种诱惑。这个时代仍没有习惯于过一种有反思的生活。当时的欧洲文明和美国文明是以进步为特征的文明，是科学主义的典型。它构造了一个复杂的结构，却对构造活动的基础不予关注。战争以及原子弹所引发的恐惧，就来自于科学一味地追求进步而缺少对人类自身价值的反思。而维特根斯坦追求的东西与这种不断发展的文明毫无关系，他更关注对可能的大厦的基础的清晰认识。然而“如果某个人只不过超越他的时代，那么时代总有一天会追上他”(CV，p. 8)，维特根斯坦期待自己反思的生活方式能够教会人们共同思考我们的生活，科学主义的潮流将被排挤并消失。

总之，哲学作为对日常语言进行分析的活动不是为了产生新的知识，而是对语言游戏本身加以反思，它一方面使我们意识到各种游戏的界限，防止对语言产生错误的使用，同时它使我们习惯于反省的思维方式，便于我们对现象和现象的根据加以区分，从而意识到个体，或者说现象的立场并不是唯一的立场，为我们转变态度准备了一定的条件。而且反省的思维方式运用于伦理问题上也使得我们能够对真正的伦理规则有所意识，并了解规则所规定的界限，以免我们的行为超越伦理的界限。而哲学的反思活动要求我们面对我们实际使用的语言现象，不要进行解释、说明，而是进行描述，通过对语言实际使用情况的描述显现规则，这与审美是类似的。维特根斯坦也意识到这种相似性，他说：我们的确应当把哲学仅仅作为诗歌来写。又认为哲学研究(也许特别在数学中)和美学研究之间存在着一种奇怪的相似之处(CV，pp. 24、25)。诗歌和美学并不是一回事，前者是一种艺术创作，后者更多地涉及艺术批评和理论，

---

① O. K，Bouwsma. Wittgenstein：Conversations. Portraits of Wittgenstein. Vol. 4，p. 110.

然而将哲学比做诗歌和将哲学等同于美学有着相同的原因，就是因为艺术是关注自身的典型。诗歌是为了表达某些思想，但这种思想除了借助诗中的语言之外，无法用其他方式明确地说出，要理解诗歌就必须面对其中的语言，同样哲学研究是为了考察语言的界限和规则，然而规则却不能明确地加以表述，只能在对语言游戏的描述中显现。哲学和诗歌作为语言的实践活动有一定的相似性。说哲学研究与美学研究相似，是因为审美对象的类型各不相同，不能给出美之为美的最终的根据，我们只能面对具体的审美对象来考察其规则，比如这件衣服哪点儿不好、它应该怎样等。同样哲学所面对的语言也不存在统一的规则，我们只能逐一地加以考察。在其他场合，维特根斯坦又认为哲学研究与建筑学研究相似，更是一种对自身的研究，是对自身理解和观察事物方式的研究（CV，p. 16）。在哲学研究中我们不再将语言作为用以描述世界的工具，而是考察语言自身的规则。当我们发现这种规则时，仿佛是发现一种自然本身的规律，于是日常语言突然从现象世界中超脱出来，我们仿佛在一个普通的句子中看到了世界本身，或者说看到了整个语言游戏，此时就会有欣赏一个审美对象一样的感受。帕斯卡欣赏数论定理的美就似乎是在欣赏一种美丽的自然现象（CV，p. 41），因为他在其中发现了算术的规则。哲学与审美之间确实存在着某种共通性，这一点不仅仅是维特根斯坦本人，而且他的一些朋友和学生也意识到了。他的学生认为他对哲学问题的解决方式从广义上讲是审美的，他有一种强烈的，几乎是不正常的想像，这种想像表现在他为了演示他的论点而在课堂上使用的奇怪的例子中。[①] 这说明维特根斯坦的讲演确实实践了他将哲学作为诗歌来写这样的目标，通过想像力将材料加以罗列，以显示其相似性和差异性。摩尔参加了维特根斯坦 1930—1933 年期间的讲座，并指出哲学作为对琐屑之事的概观以消除心智的不安，而正是这种概观，才使哲学与美学和伦理学相似。[②]

维特根斯坦将哲学作为一种生活方式，而哲学又具有美学和艺术的特征，因此他的生活态度就是一种审美化的、反思的生活。像叔本华一样，维特根斯坦认为艺术是在永恒的观点下把握世界，除了艺术作品之外，以这种方式把握世界就只能通过思想。思想飞翔于世界之上，它在飞翔中从上空进行观察，让

① James C. Klagge and Alfred Nordmann. Ludwig Wittgenstein: Public and Private Occasions, p. 353.

② G. E. Moore. Wittgenstein's Lectures in 1930-1933. Portraits of Wittgenstein. Vol. 2. p. 203.

世界保持它的原状。这里所谓的思想并不是日常生活中的认识活动，并不是叔本华意义上的对现象的认识，那种认识使我们无法对生活产生丝毫印象，因为我们将它看作自然界中的一个片断，它与自然界中的其他个别对象的存在一样平淡无奇。艺术品却迫使我们从正确的角度观看它，也就是超出经验世界来观看。能够使得我们超越经验世界的思想只能是对经验世界的反思。如果说叔本华并没有真正向我们提供这种思想如何可能的途径，那么维特根斯坦在他的后期哲学中却努力想要告诉我们，这种思想就是一种艺术化的哲学反思，以这样一种艺术化的哲学思考作为一种生活方式，我们将会对日常生活中平凡的生命和普通的事物产生惊奇。人们并不对所有遇到的现象产生惊奇，只有当我们对现象进行反思，清楚地意识到它的前提和根据时才会感到惊奇。因此惊奇是思想成熟的标志，它说明我们超越于对象化的思维方式，超越于现象本身，而开始思考更为根本的东西。科学取消了对现象根据的反思，同时也就取消了惊奇，使人重新入睡。维特根斯坦正是试图用自己的艺术化的哲学思考对抗科学中对象化的思维方式，教会人们重新发现现象世界之上的东西。唯其如此，我们才能将平凡的生命看作是上帝创造的艺术作品，它与任何其他生命和事物一样值得探索。① 在这种意义上伦理学包括了美学的精华部分(CV，p. 5，LE，p. 38)。

---

① 虽然维特根斯坦说自己的哲学特色是直接追求具体之物的无诗意的精神(CV，p. 6)，然而面对对象自身恰恰就是艺术最基本的特点。这里所说的无诗意是指没有建立在假设基础上的宏大的体系。

第八章　无目的的合目的性与“美是德性的象征”

虽然没有证据表明维特根斯坦接触过康德的美学思想，并受其影响，但通过上文对维特根斯坦后期哲学的概述，我们看到他的哲学具有明显的审美化的倾向，而他关于审美的意义及思维方法，以及他在美学思想中表达的道德诉求确实可以与康德的美学思想作一比较，而且正是在审美问题上的相似的看法显现出两人共同的精神气质。

康德借助现象和自在之物的二元对立解决了审美判断的主观的普遍有效性问题，也就是说他为鉴赏判断中对象的无目的的合目的性找到了根据。虽然对象的形式并不指向任何确定的概念，因而也就不可能指向任何知性的概念，然而这种合目的性形式毕竟还是有根据的，这种根据只能是理性理念。因此审美超越了经验的界限，将人们引向了自在之物的世界。维特根斯坦对审美的看法至少在以下两点是与康德一致的，即审美判断的普遍有效性和审美判断中存在着无法明确表述的规则。然而他们两人更深刻的一致性表现在他们对审美判断中反思态度的强调以及对这种反思的态度如何将我们引向道德的思考。由于在康德的批判哲学中审美问题被赋予了强烈的道德色彩，因此在展开对审美的思维方式和意义的论述之前，首先需要对道德中人们的思维方式加以说明，以便进行对比。

第一节　理性理念与道德的前提

康德哲学具有强烈的道德倾向。他对经验论的批判不仅是因为这种理论在认识领域所导致的怀疑论和相对主义，更是因为对理性地位的挑战将会危及终极价值的确立。“他忽视了将理性的最重要的前景去掉所产生的的实际危害，因为只有这些前景才能使意志的一切努力有其最崇高的目的。”(Prolegomena，p. 65)同样在美学领域，博克(Edmund Burke)的贡献也只在于他所提供的丰富的材料。经验心理学试图将审美判断建立于经验性的基础之上，这不但取消了普遍必然性的追求，而且也无法赋予审美活动以绝对价值。而康德在审美判断力批判中寻找审美判断共通性的根据时，为审美找到了道德作为依托，这就为审美的绝对价值的确立奠定了基础。

在纯粹理性批判中，康德指出了知识的两个源泉，即感性的感受性与思维的自发性。知性概念有着相对于感性直观的独立性，[①]虽然知识离不开直观，但范畴对思维而言却不为感性直观的条件所限制，因而可以超越一切可能经验而形成理性理念。康德认为柏拉图恰当地指出我们的知识能力在经验领域之外有着更高的需要。不应当以理念无法在经验中实现而否认其实在性。尤其在实践领域，理性概念有着无可替代的作用。传统形而上学所关注的基本问题：灵魂不朽、意志自由和上帝实存恰恰可以归结为纯粹理性的三种先验理念，即：理性心理学、理性宇宙论和理性神学的理念。由于对范畴超验的使用，这些理念在思辨领域注定不会具有客观实在性，但从实践的利益着眼，它们却是道德和宗教的基石，并最终在实践领域内证实了自身的客观实在性。[②]比如在论及纯粹理性的第三组二律背反时，康德指出：传统的唯理论者在发展思辨利益的借口下，使理性在其更深刻的兴趣中变得支离破碎。[③]康德与传统的唯理论者的差异就在于他区分了现象和自在之物。在现象界，任何发生之事必有其原因，而这个原因作为发生之事又有其原因，如此以往以至无穷，因而在现象界没有自由，一切都是按自然律必然地发生的。而自由是另一种原因性，它自发地开始一种现象，但自身不受时间规定性的支配，因而它不能归属于现象而是属于自在之物，只有它的结果才是现象。我们无法用因果性范畴来规定这个自由的原因性，这是对范畴的超验的使用；但我们可以以类比的方式用因果性范畴描述它和现象之间的关系。所以确切地说，自由并非真正的原因，但它自发地开始了一种现象，并且是这些现象的根据，出于理解的需

---

① 康德讲到时空作为直观的形式只适用于经验，但纯粹知性概念则没有这种限制，而可以推及一切一般直观的对象，只要这种直观是感性而非智性的。但对我们而言，范畴的客观有效性只能建立于经验，也就是说只适用于时空的直观。但"范畴对一切可能的思维普遍有效"的命题是值得怀疑的。得出这一结论的根据似乎只是："范畴不受时空的感性形式的制约"，这并不能推导出"范畴对于时空之外的感性形式的直观同样有效"。前一命题只是后一命题的必要而非充分条件。

② 康德将四组二律背反分为两类，前两组属于数学的连结，其中知性概念所进行的是同质的综合，因而只涉及现象本身，解决冲突的办法是把对立双方的主张都宣布为虚假的，因为它在追求条件的总体时超出现象领域而对知性概念作了超验的使用，而后两组则属于力学的连结，它的情况就不一样了(Pure Reason, pp. 461-464、480-481, Prolegomena, pp. 145-149)。

③ [法]吉尔·德勒兹著，张宇凌译：《康德与柏格森解读》，社会科学文献出版社2002年版，第11页。

要，我们借助因果性范畴来解释这种根据与效果间的关系，以便为现象领域中受条件限制者找到一个无条件的原因，从而满足理性的要求。经验论者的浅薄恰恰体现在：他们否认了因果概念的先天性，而赋予它一个经验性的起源，从而将它的使用限定于现象领域，由此否认了自由以及经由道德法则向我们启示的理智世界（Practical Reason，pp. 320-321、331）。对经验论的这种批判，在许多年以后在维特根斯坦的著作中再次回响。维特根斯坦认为经验论缺少对不可言说之物的关注，而后者恰恰是人生价值之所在。

康德指出：我们不仅可以设想自由的原因性，而且只要有一种同时是现相和自在之物的存在物，自由的原因性的引入就不会破坏自然的必然性。这个存在物作为现相遵循着自然界的必然性法则，但它同时作为自在之物按照自由的因果性行事。人就是这样一种存在，一方面，他通过内感官被知觉为经验对象，另一方面，他作为纯粹统觉的先验自我完全可以被思维为自在之物，而理性则被当作它的机能。事实也证明了这一点：动物的行为完全是由病理的感性冲动所决定，是机械的必然，而人类则不仅仅受感官刺激的规定，还能凭借理性的利害观念克服感性的冲动，这就是实践的自由（practical freedom）（Pure Reason，pp. 633-634，Anthropology，p. 149）。它说明在现象的原因之外还有自在之物的原因性，因为我们虽然为感官刺激所影响（induced），却不为它所规定（determined）。[①] 但实践自由并不向我们提供普遍有效的价值，因为实践是指由自由而可能的事物，其中包括经验性的实用法则和先天的道德律（moral law），虽然凭借前者，人们就可以克服某些感性的冲动，但行使自由意志的条件依然是经验的，理性的任务只不过将欲望加于我们的目的统一于幸福这一唯一的目的中并采取相应的手段。而幸福的感受只能借助于经验的规定，不仅在不同个体间存在着差异，即使同一个体在不同的场合也有不同的理解，由此不能确立普遍有效的目的。于是，我们只能在先天道德律中寻求绝对价值。为此，康德提出了区别于实践自由的先验自由（transcendental freedom）。[②] 实践自由是指离感性冲动而由理性所表现的动机的决定；而先验自由则要求理性离开感性世界所有一切决定事物的原因而独立，由理性提供无上命令，即意志的客观法则，它与论及“所发生者是什么”的自然法则相

① ［美］亨利·E·阿利森著，陈虎平译：《康德的自由理论》，辽宁教育出版社2001年版，第47页。

② 《康德的自由理论》（第189—191页），强调立法机能的意志不等同于实践理性，后者除了定言命令（即法则）外，还包含着假言命令（即准则）。而准则只是因为法则的存在才可能的。

对，乃是告知我们“应当发生者是什么”的实践法则(Pure Reason，pp. 633-634)。以欲求能力的质料作为意志的规定根据的实践原则不可能成为实践法则，因为此时意志的规定根据乃是客体的表象与主体的愉悦感的关系，这是不能先天地认识的。此时，意志从属于自爱原则，其规定根据存在于低级的欲求能力之中。实践准则唯有在不是按质料而是按形式包含着意志的规定根据时，才成为实践法则。此时意志的规定根据完全不依赖于经验条件，而是先天的命令，这就是道德律。而意志既然独立于一切自然条件，它就是自由意志。[①] 反过来，自由意志虽然独立于一切经验性的质料的规定根据，但毕竟在法则中有着一个根据，因而只能以立法形式作为根据。所以自由和无条件的实践法则是交替的相互归结的(Practical Reason，pp. 297-302)，证明了其中之一，另一个也就相应地得到了确认。

对实践之事的认识不能从自由开始，因为自由最初是消极的概念，是无法直接意识到的，因而我们只能从对实践法则，即道德律的意识开始。它作为理性的事实最先向我们呈现出来，并证明了自由的实在性。[②] 我们能意识到纯粹的实践法则，正如我们能够意识到纯粹的理论原理一样，是由于我们注意到理性与经验性条件的剥离以及自身的必然性。道德法则表述为：“这样行动，使得你的意志的准则总能同时被看作一个普遍立法的原则。”(Practical Reason，p. 302)这种德性法则既然是实践准则的形式，它也就是一切欲求所以可能的形式条件，没有这一法则，一切意志的决定都将是不可能的。所以道德法则应当被看作先天的意志能力，只有这种能力存在，我们才能具体指向某一对象并使之成为意志的客体。这样一来，在康德的体系中，凡与欲望相关者无一不涉及道德问题，乃至我们日常的衣食住行的欲望，看似无关乎道德，但它们都是由于道德律这一意志的形式条件而可能的。一切关系到我们的意志决定的问题，只存在道德与不道德这两极，之间并没有过渡。所以意志自律

---

① “自由”概念在《纯粹理性批判》和《实践理性批判》中的用法并不一致，在前一个批判中多数是指实践的自由，而后一个批判中则主要指先验自由。这种用法的差异不应仅仅被归结为康德使用概念时的粗疏和随意，而应当注意到使用自由概念时所面对的不同问题。《纯粹理性批判》是在与自然的比照中提出自由概念的，关键在于发现一种不同于自然的机械因果性的自由的因果性，而实践自由就足以回答这个问题；而在《实践理性批判》中，问题变为：纯粹理性单就其自身是否是实践的，关注的重点由实践自由转向先验自由，更关键的是：经过考察，康德发现实践自由唯有依赖于先验自由才是可能的。这一点将会在下文谈到。

② 康德曾将自由称之为道德律的条件，这里又主张对道德律的意识是我们意识到自由的条件，对此他给出的解释是：自由是道德律的存在理由，而道德律则是自由的认识理由。这一思路在“纯粹实践理性原理的演绎”中有着充分的体现(Practical Reason， pp. 291、303、307-311)。

(autonomy)是一切道德律与之相符合的义务(obligation)的唯一原则,而他律(beteronomy)则与意志的德性相对立。就这个意义而言,先验自由是更本源意义上的自由。如果说在《纯粹理性批判》中,康德还只是为了发现一种与自然的机械必然性相异的原因性,因而将“自由”的名称赋予了实践自由的话,那么到了《实践理性批判》中,他发现实践自由之所以可能是因为它背后有着先验自由的作用,因此“自由”主要就被用来指称先验自由。至此康德通过道德法则的存在证明了自由这一理念在实践领域的合法性,并且通过区分实践的自由和先验的自由,将道德领域与经验认识的领域完全分割开来。接下去的问题是:怎样才能实现道德?换言之,如果我们的行为都是出于欲求,那么怎样的欲求引导的行为才可以算是道德的?这事实上涉及欲求对象的问题。而康德对道德客体的考察同时也向我们揭示了人们在道德的立场上采取什么样的思维模式,这一点对于我们考察审美的道德价值而言是至关重要的。

康德认为:实践法则同时向我们揭示了普遍有效的价值。由于客体只在其成为主体的欲求对象时,对主体而言才是有价值的,发现绝对价值就意味着找到一个对所有主体(无论他们存在怎样的差异)都成为欲求对象的客体。实践法则虽然不以质料为意志的规定根据,但毕竟要指向某一对象,而它的普遍有效性保证了它所指向的意志客体具有绝对的价值。所以,具有绝对价值的乃是通过自由而可能的结果这一客体的表象。纯粹实践理性的客体是善(good)和恶(evil)的客体。善的概念只能从实践法则推导出来,而不能先行于法则并且充任法则的基础,否则,法则就沦为主观的准则。由此作为意志之必然客体的善就与仅具有主观价值的福(well-being)区别开来,后者只与我们的愉快相关。所以说“并不是作为一个对象的善的东西的概念规定了道德律并使之成为可能,相反,是道德律才首先把善的概念就其完全配得上这一名称而言规定下来,并使之成为可能”(Practical Reason,pp. 314-317)。因此道德价值的本质取决于道德法则直接决定意志。为此必须区分行为的合法性(legality)与道德性(morality)。行为虽然合乎道德法则,但必须借助于某种被设定的情感才能实施时,它仅仅是合法的,但如果是由道德法则直接决定意志而产生的行为,则是道德的。道德法则不但无需感性冲动的协作,而且中止了自矜(selfishness),消除了自大(self-conceit),是对爱好(inclination)的否定。爱好是一种情感,否定情感的东西也是情感,人作为有限的、感性的、依赖性的存在者必然有着个人性的爱好,因而道德法则总是作为命令起作用的,其中包含了实践的强制性,即职责。作为对爱好的否定,道德情感首先表现为痛苦。但道德法则既然能够贬损自负,它自身就是肯定性的、敬重的对象。所以敬重(respect)既非愉快,也不是完全否定性的痛苦。它是唯一而无可置疑的道德动力(Practical Reason,pp. 321-323)。

通过上述分析我们看到纯粹理性的理念虽然无法被认识,但却是道德的前提,而反过来,我们对道德法则的敬重恰恰又说明在人身上存在着先验的自由,从而为纯粹理性理念确立起合法性。更重要的是:一种行为只有在它出于对道德法则的敬重时才可以称为道德的。这意味着道德的行为必然是自觉的行为,它出于对道德法则的明确意识和主动的遵守,而不仅仅是外部行为上的符合。正是在这一点上审美找到了通向道德的途径。

第二节 美是德性的象征
——审美中的反思及其道德价值

康德指出:纯粹理性将道德的善确立为普遍有效的绝对价值,并且只有借助对道德法则的敬重才能实现这一价值。这就意味着道德行为是自觉的,其中包含着对法则的意识。这一结论究竟给审美提供了怎样的前景?首先引起我们注意的是崇高的愉悦与道德情感一样被称为敬重。作为道德动机的敬重同时表现出肯定性与否定性,同样崇高判断中的情感是通过生命力的瞬间阻碍而后又更强烈地涌流而产生的消极的愉快。唤起崇高感的东西,其形式对于知性而言是不合目的的,对想象力是强暴性的,由此而产生了不悦。但正是对想象力的不适合性的判断却与理性理念协和一致,因而产生了愉快感。可见,崇高判断中的愉悦产生于我们内心状态对理性理念的合目的性。在道德领域,敬重的对象是道德法则,那么在数学的崇高中,敬重的对象则是我们表象能力无法达到的提供规律的理性概念。当想象力被某个表象推至极限,并对认识能力表现理念的局限性和不适合性有所意识时,超感性的使命也得以显现。因此,这里的敬重是对我们自身超感性使命的敬重。而道德律也属于超感性使命,审美与道德在此首次建立起了亲缘关系。在力学的崇高中,这种亲缘关系表现得更为明确。自然强力的不可抵抗性说明我们作为自然存在物在物理上是无力的,但它恰恰使我们意识到自身独立于自然界的能力,并揭示了胜过自然界的优越性。人们虽然不得不屈服于自然的强制力,但人格并不因此被贬低。我们知道,人同时是自然和自由的存在,而仅在他作为自由的存在物时,才能不受制于自然的因果性。而意志自由与实践法则,即道德律是二而一的,因而对自身的超感性力量的意识也就是对道德世界的意识。所以在力学的崇高判断中，我们的使命得以显现，精神得到培养(Judgment，pp. 405、501、503、506、511)。有论者指出，在关于崇高的评判中，理论理性的功能只在于引起一种导致审美情感的反思状态，而这一状态对于实践理性而言是合目的的。[①] 虽然崇高情感的内心情调要求对理念的感受性，因而需要对认识能力的教养，但它在道德情感中有其根基。道德情感的普遍性使在它的前提之下的审美判断也是必然的。由于崇高的情感必然与道德情感相结合，因而想象力不仅仅是在鉴赏中的游戏的自由，而更是合法事务之下的自由(Judgment，p. 507)。

总之，崇高的对象使得我们意识到潜藏在自身中的自由的力量，从而将我们从受规定的经验世界引向了自由的世界。这事实上已经可以看到康德的整个判断力批判的任务。在康德看来，道德理念要具有客观实在性，必须能在经验世界产生影响，至少它对我们的行为必须要有所规定。而判断力批判的任务就是要指出这种影响至少是可能的。而崇高对象的情感与道德情感的相似性多少预示了这一点，说明在崇高的审美判断中对象对于自由的理念是合目的的。随后，康德试图将道德与审美的关系由崇高的审美对象扩展至所有审美对象。这一论述可以分解为两个部分：首先，他证明所有审美对象都将我们引向自由的理念；其次，他对审美对象何以能将我们引向自由的理念加以解释，发现正是审美判断的反省思维帮助我们实现了这一目标，并由此赋予审美以道德价值。

康德借助理性理念为解决审美判断的二律背反提供了出路，现在他需要进一步得出这样的结论：审美对象不仅将我们引向超经验的理性理念，而且这个理性理念恰恰就是与道德二而一的意志自由。为此，康德需要为鉴赏判断找到一个类似在崇高的评判中的规定根据，在与鉴赏判断相结合的兴趣中，他发现了这一根据。鉴赏判断不以任何兴趣作为规定根据，但这并不意味着在纯粹的审美判断给出后，它也不能与任何兴趣相结合。这种结合是间接的，也就是说鉴赏和别的东西结合，以便对对象的单纯反思的愉悦能和对对象实存的愉悦相结合。与鉴赏相结合的兴趣可以是经验性的，也可以是智性的。前者源于社交性，在先验哲学体系中并无多大意义，后者则揭示我们的判断力从感官享受到道德情感的过渡(Judgment，pp. 520-521)。众所周知，有鉴赏力并不等于有道德，对鉴赏的兴趣也不能等同于对道德的兴趣，对艺术的美的兴

① Patricia M. Matthews. Kant's Sublime: A Form of Pure Aesthetic Reflective Judgment. The Journal of Aesthetics and Art Criticism 54: 2 Spring 1996，p. 171.

趣不能充当忠实于道德的证据，但对自然美怀有直接兴趣却是善良灵魂的特征，乐意于静观自然表明了一种有利于道德情感的内心情调。[①] 审美愉悦与道德情感间的亲缘关系也暗示着这两者联结的可能性。我们可以将出自义务的行动的合规律性表现为审美的而不影响道德情感的纯粹性，这就证明两种情感就其独立于感性利害而言是一致的(Judgment，p. 506)。正因为在对自然美的直接兴趣中，引起兴趣的不是对象的实存，而是美本身的特征，才使自身能够伴随着审美判断。

对自然美的鉴赏判断中，自然暗示在自身中包含着某种根据，从而使其产物与不依赖于兴趣的愉悦有着一种合规律性的协调一致，而我们的理性有着一种追求条件系列的无条件者的要求，因而对对象的合目的性必然寻求其作为条件的目的。于是自然的美的产物仿佛不是通过偶然，而是按照某个目的作出的合目的性安排，因而仿佛是一种艺术(art)。[②]所以，自然的美揭示了自然除了作为机械的必然性之外的另一种存在方式。通过对艺术，尤其是美的艺术(fine art)的分析，自然美的对象与道德理念间的关系就会表现得更为清晰。对艺术的界定是在与自然科学和手艺的对比中给出的，它是有理性的存在者按一定目的产生的，属于实践能力与技术而非理论能力和知识的问题，是作为游戏的自由的艺术，而非雇用的技艺。符合上述规定的艺术又分为机械的艺术(mechanical art)和感性的艺术(aesthetic art)，后者又可以分为快适的艺术(agreeable art)和美的艺术。只有美的艺术使愉快伴随着作为认识方式的表象，即一种无目的的合目的的表象方式，它的愉快不是感官享受，而是反思的享受。因此，只有它值得在关于审美判断力的分析中占有一席之地。而分析美的艺术将首先面对一个问题：一方面它作为艺术不同于自然，而是以目的为前提的；另一方面，它作为美的艺术。又必须像自然美那样是在单纯的评判中(而不是通过概念)使人喜欢的东西，因此目的不能被明确地意识到。或者说美的艺术虽然是有意的，但必须看起来像是自然(Judgment，pp. 522-

---

① 有论者指出康德对“自然的美”和“艺术的美”的不同态度源自卢梭(Jean-Jacques Rousseau)《论科学与艺术的起源》中的观点，卢梭认为艺术败坏了人类的道德。见[英]鲍桑葵著，张今译：《美学史》，第356页。但需要指出，这里所说的艺术并不仅仅是美的艺术，或者说天才的艺术，而更多地是指快适的艺术。它以愉快的情感作为直接意图，因而仅仅追求感官的享受，而美的艺术或天才的艺术却像是自然的，并且由于其中有着一种精神，因而在从感官享受向道德情感的过渡中有着与自然的美同样的价值。

② Paul Guyer. Kant's Conception of Fine Art. The Journal of Aesthetics and Art Criticism 52：3 Summer 1994，p. 277.

525)，这如何可能？康德用“天才”(genius)来解决这一问题。[①] 天才作为艺术家天生的内心素质属于自然，自然通过它给艺术提供规则。美的艺术就是天才的艺术。如果说鉴赏力是评判美的对象的能力，那么天才则是产生美的对象的能力。对自然美的评判无需先有对象的概念，否则就不是纯粹的鉴赏判断，而在评判美的艺术时，由于艺术在其原因性中是以目的为前提的，因而涉及以概念为基础的完善性的问题。自然美是美的事物，而美的艺术则是对事物的美的表现(Judgment, pp. 525-527)。美地表现一事物，除了要赋予作品以美的形式，更需要一种精神(soul/spirit)，[②]它是内心活泼生动的原则，它将内心诸力量合目的地置于焕发状态，而这正是审美理念的能力。它作为想象力的产物与理性理念相对应，前者是没有确定概念适合于它的直观，后者则是无直观的概念。在审美理念中，想象力利用自然提供的材料创造了又一个自然，这其中的合规则性指向着一个理性理念。在美的艺术中，一方面想象力的表象确实是某个对象概念的表现，这个概念作为目的是艺术作品的根据；另一方面，这一表象又引起了如此之多的思考，这是一个确定的概念永远统摄不了的，因而内心诸能力并不为目的所规定而是处在自由游戏的状态，并被引向经验界限之外的理念。在这里，康德借助对艺术的分析引出了象征的问题。象征是指某些形式并非被给予概念本身的体现，而只是作为想象力的附带的表象表达着与另一些表象的亲缘关系，在美的艺术中，审美理念就是理性理念的象征。自在之物是不能由直观来表现的理性概念，而象征则通过表现别的东西，这些东西为想象力提供了将自己扩展到有亲缘关系的表象的总量上的诱因，从而让我们思考比通过一个语词来规定的概念所能表达的更多的东西(Judgment, pp. 528-530, Anthropology, pp. 143-144)。象征既然是通过对被给予概念的相关表象的表现而指向这个概念的，那么对这个相关表象必须首先形成概念，在艺术中它就是作为艺术作品根据的目的。而在对自然美的鉴赏判断中，对目的的思考不但不是判断中的要素，而且是与这种判断相对立的。只有当自然被看作艺术作品的时候，我们才能对自然美的对象使用象征的概念。问题是：自然美作为无目的的合目的性表象指向的目的必然是无法直观的理念，这与艺术中的目的不同，后者必然是可直观的概念，否则在艺术中就不存在完善性的问题。现在以艺术作品来比附自然美的对象，就意味着

① 叔本华和维特根斯坦在解决类似的问题时所用的方法与康德这里的方法如出一辙。

② 单纯给予作品以美的形式并不需要天才，而只需要鉴赏力，但这种作品可能仅仅是机械的艺术乃至科学产品，而不一定是自由的艺术。

对象的目的必须被看作对象所以可能的根据并在对象形式中得到体现，这样一来，合目的性形式所指向的目的仿佛就成了可直观的了。

这一矛盾的解决需要依赖自在之物的概念。艺术与自然的确存在差异：艺术中的目的是真正人类所产生的，是可直观的知性概念，自然的目的并非是真实存在着的，而是我们出于理解合目的性形式而设想的超感性的理念。超感性的目的概念只能归之于自在之物，它既是现相得以可能的根据，也是对象的合目的性形式的根据。由于我们只有感性的直观，因而只能认识现相，而不能认识自在之物，并具有其实在表象，因而一旦自在之物被设定为目的，那么根据理性追求条件系列的无条件者的特征，一个具有智性直观的理性存在者也就必须相应地被设定。康德说：美是对不确定的知性概念的表现，而崇高是对不确定的理性概念的表现(Judgment，p. 495)。后一命题在“崇高的分析论”中已表述得很清楚了，而说美是对知性概念的表现，则可能引起如下问题：由于鉴赏判断的无目的性，对象形式的合目的性所指向的目的不可能表现为任何一个确定的知性概念，但想象力和知性在判断中又被置于某种比例关系中，如果说对象所表现的是一个知性概念，它又怎么可能是不确定的？但只要认识到康德是借助于与艺术的类比来理解自然美，这个命题也就可以理解了：自然与艺术形象一样被看作是知性概念的表现，只不过它不是我们的知性概念，而是一种能直观的知性的概念。这种思想在依存的美(dependent beauty)和美的理想(the ideal of beauty)的表述中体现得尤为明显。康德认为在自由美(free beauty)中，自然显得是艺术那样地被评判，而在依存的美中，则是就它现实地是艺术——虽然是超人类的艺术——而言，被评判的(Judgment，p. 527)。对依存的美的评判是以对象概念以及依据概念的完善性为前提的不纯粹的鉴赏判断。在其中，想象力的自由游戏受到某种目的的限制，鉴赏的愉悦与智性的愉悦相结合而使自身得到某种固定。正因为依存的美的对象被当作超人类的艺术作品，自在之物作为它的目的一方面是现相的根据，同时也是对象形式的合目的性的根据，因而也就有了完善性与美的结合。而当我们在审美评判中对对象产生直接的兴趣时，我们事实上已经对这个合目的性的根据，即理性理念产生了兴趣，从而超出经验的界限而触及智性世界。正是在这种意义上，依存的美成了善的意图的工具，“以便用这种自身维持并具有主观普遍有效性的内心情调，来支持和获取那样一种思维方式，即只有通过下决心费力才能维持而具有客观普遍有效性”(Judgment，pp. 525-526)。以同样的方式，我们也可以理解为什么只有人能成为美的理想。所谓美的理想是指通过个体而被描绘的鉴赏原型。当据以形成任何判断的基础中有着理想的一席之地时，在这个基础中必然有依据确定的概念的理性理念，这个理念先天地规定着对象的内在可能性建立于其上的目的。自由美没有任何概念，因而不可能成为美的理想，外部对象的依附的美就其现实地被当作艺术作品而言，虽然设想了自在之物的理念作为目的，但这个目的对人而言是不能确定的，因而它也不适于成为美的理想，而人唯一能确定的理性理念就是道德律，这是有理性的存在者所规定的自身实存的目的。因而，美的理想在于表达人的道德性。同样借助于自然美与美的艺术的类比，我们也不难理解为什么在自由的艺术中必然包含着某些强制性的东西，没有它，在艺术中自由的、并且唯一给作品以生命的精神就会根本不具形体并完全枯萎(Judgment，pp. 524、527)。这是因为正如自然美的对象，就其作为自然界的存在物而被直观时是现相，因而必然遵循着自然法则一样，美的艺术仿佛是自然的产物，同样必须遵循感觉世界的规律。

虽然艺术产生于人的目的，而自然则被设想为超人类的目的的产物，但这两者的异质性并不妨碍我们将两者进行类比。类比是指完全不相似的东西之间的关系的完全的相似性(Prolegomena，p. 158，Judgment，p. 602)。我们并不是借助于与艺术的类比来理解自然美的根据，亦即目的；事实上，就连自然美是否真正依赖于一个目的都无法确定；我们借助于它，只是试图使自然美所显现的合目的性成为可理解的。鲍姆加登在《诗的哲学默想录》中就进行过这种类比，并借此赋予艺术创作以一种类似神的创世一样的崇高性。上帝作为万物的充足理由创造了井然有序的宇宙，而艺术作品则以主题为充足理由实现了多样性的统一，并成为“对宇宙和谐本身的一种隐喻”，正因为诗人能像上帝创造宇宙那样创造艺术作品，因此可以“求助于诗来提倡善和宗教”。[①] 但这种思路必须首先证明上帝的存在及其与世界的关系，这恰恰是人类的认识能力不可企及的目标，所以建立在它基础上的艺术理论也是独断的。康德必须在这种类比中发现一个新的支点，以便借助它揭示自然美与美的艺术的意义。这个新的支点就是理性理念；在美的艺术中，它通过天才的审美理念以象征的方式加以表达。而在自然美中，则通过对象的形式的合目的性来表现。因为理性理念不可能诉诸感性直观，所以表象形式并非对它的直接表现。我们只能借助艺术与自然的类比，引入象征的概念来理解无目的的自然美如何表达理性理念。能为我们确立普遍有效的价值的理性理念只有道德律，善和恶的客体都是由道德律所规定的，因此，审美除非指向德性的善，否则就无法

① ［德］鲍姆加登著，王旭晓译：《诗的哲学默想录》，《美学》，文化艺术出版社 1987 年版，第 129 页、第 149 页、第 167 页。

具有绝对的价值，因而就有了"美是德性—善的象征"这一命题。

至此，康德完成了第一个步骤，即指出所有审美对象，包括艺术作品和自然美的对象都像崇高的对象一样将我们引向道德领域。接下来，康德的工作是指出：审美判断的思维方式是一种反省思维，它不是指向对象，而是指向我们自身的认识能力，而恰恰是这种思维方式使其具有道德意义。维特根斯坦对审美的强调，正是在这一点上与康德有着一致性。

康德认为按照象征一词的含义，形象所表示的概念与它所象征的概念间存在着相似性，美作为德性的象征，它与道德之间必然存在着某种亲缘关系。这种亲缘关系不是存在于内容中，而是存在于它们的判定根据，即反思法则上。判断力是将特殊思考为包含在普遍之下的能力，其中又包括规定性的判断力(determinative judgment)和反思性的判断力(reflective judgment)，前者是指普遍的东西先已被给予，而把特殊归摄于其下的判断力，后者则只有特殊被给予了，判断力需要为此去寻求普遍。规定性的判断力从属于知性所提供的普遍的先验规律，而只有反思性的判断力才是自身先天地立法的，所以判断力作为先天立法的能力集中表现于反思性的判断力之中。而审美判断力是唯一将判断力完全先天地用作对自然进行反思的基础的原则，因而是本质地属于判断力批判的(Judgment，pp. 467、473)。审美判断除了在直接性、无利害和普遍性这几点与道德判断相同之外，它最根本的特征就是自由的合目的性。由于表象能力(想象力和知性)没有被概念限制在特殊的认识规则中，所以处在自由游戏的状态。与认识中想象力服务于知性，将其确定的概念加以表象不同，在审美判断中是知性服务于想象力。想象力虽然由给予的感觉对象束缚于一种确定的形式上，但这种形式恰好与想像力放任自己并与一般知性规律相合时涉及的形式相同。想象力的合规律性是由知性提供规律的，但它并不被迫按确定的规律活动。在崇高的判断中，想象力的自由的合目的性虽然不合乎知性的规律，却合乎理性的规律。更重要的是：想象力的这种自由的合规律性具有自我意识，所以美的感情就是"在反思的直观中部分是感性，部分是智性的愉快"(Anthropology，p. 136)。在鉴赏判断中，愉悦的普遍可传达性必须预设共通感作为前提。共通感就是评判能力在反思中先天地考虑到每个别人在思维中的表象方式，而单纯愉悦仅仅是个人的，无法要求普遍性。因而鉴赏判断中普遍性的要求不是产生于愉悦感，而是产生于反思。或者说在鉴赏判断中我们的思维能力不仅指向对象，也指向我们自身的认识能力。事实上，知性和想象力的合目的性运用不仅存在于鉴赏判断中，也存在于经验性的认识之中，因为知识与判断是可以普遍传达的，那么在认识中，知性与想象力的合目的性运用同样是普遍可传达的。但不同的是：在审美判断中所意识到的是合目的性本身，而在经验中则指向了经验性的客体。每个意图的实现都和愉快的情感结合着，而在认识中知觉与按照普遍自然概念的规律的吻合之所以不对愉悦感产生丝毫影响，是因为知性此时是在无意中按其本性必然地行事的，并没有一种对自身能力的自觉，所以鉴赏比健全的知性更应该被称为共通感。

我们可以将审美愉悦与作为道德情感的敬重作一比较，审美与道德在其反思规则上的一致性就会更为明显。敬重不是作为结果从意志中推导出来，而是与自由意志的规定同一的，处在这种情感中人们必然对客观目的，即道德律有所意识，因而这种情感可以要求于每一个人；审美愉悦也不是作为结果而从对象形式的判定中产生出来，[①]而是与主体认识能力的协和一致直接同一的；这种情感中有着对主观合目的性的意识。这两种情感的相似性向我们揭示了审美与道德中最根本的一致性，即自律。审美活动作为想象力的游戏是我们用来接受大自然的好意，而不是大自然向我们表示好意。它与无意识的自发性不同，它对认识能力为自身颁布的规律（在道德中是客观目的，在审美中则是主观合目的性）有着意识。相比较而言，认识领域并非没有自发性的作用，先天直观形式与范畴的存在就说明我们并非被动地接受自然，有学者将康德所说的判断理解为一种“视取”(taking as)活动，[②]这说明认识的主动性，但这里只有对对象的认识而没有对认识能力自身的反思。因此，对自然的美和崇高的敏感性也就意味着我们不仅仅是自发地思维，并且习惯于自觉地思维，从而更易于接受自律原则，并且从爱好中脱身，从而促使内心对道德的感受性。[③] 既然审美与善良意志的理性规定都是自律的，那么对道德的自我立法而言，没有比美的东西更适合直观的了。人的自律在审美判断中成为可直观的。[④] 在审美当中，判断力将一个概念运用于感性直观的对象上，接着又把直观的反思规则应用到完全不同的对象（即道德律）上，使前者成为后者的象征(Judgment, pp. 546-547)。

由于人同时作为现象和自在之物而存在，因而具有自由意志而非神圣意

---

① 康德称审美愉悦以主体认识能力协和一致为根据(Judgment, p. 483)。这个“根据”不能像一般自然因果性的“因果”那样来理解，因此“愉悦”确切地说也不是真正的“结果”，而是本体的根据在现象世界中的显现。正如自由是道德律在本体上的根据，而道德律是自由在认识上的根据。

② ［美］亨利·E.阿利森著，陈虎平译：《康德的自由理论》，第43页。

③ Eva Schaper. Taste, Sublimity, and Genius: The Aesthetics of Nature and Art. The Cambridge Companion to Kant. Cambrige: Cambridge University Press, 1992, p. 377.

④ ［德］W·沃森库尔：《美作为道德的象征——论康德伦理学和美学的共同根源》，《哲学译丛》1993年第2期，第43页。

志，他始终有着个人性的爱好，道德法则必然是在克服个人爱好的过程中以命令的方式起作用的。那么如何使我们的意志更多地由道德律而非经验性的自爱原则来规定，就成了哲学必须面对的问题。鉴于美是德性的象征这一事实，深受康德影响的席勒(J. C. F. Schiller)曾试图以美育作为道德教育的途径，而这绝非康德的本意。他在《实践理性批判》中，甚至对此提出过严厉的批评。将行为表象为高贵的、慷慨的，并以此来教育孩子，这只是通过灌输对这类行为的热情来收服他们，从而使行为的动力不是建立在对职责的义务之上，而是建立在激情之上，因而有违道德教育的初衷(Practical Reason，pp. 358-359)。道德的愉悦就其不基于利害之上而言，虽然与审美的愉悦一致，但就其应当产生某种利害而言，当它要与审美愉悦协调一致时就会使评判仅仅通过感性利害而发生。也就是说，要是一种审美愉悦同时也是智性的道德愉悦，那么它们就有着相同的对象。而在审美活动中，对象就其形式而言是愉快的规定根据，审美与道德的一致性就使这种形式同时也成为意志的规定根据，这就违反了道德中意志自律的原则。试图以审美代替道德教育，就等于是以盲目的激情代替对据以规定自己的诸原理的冷静思考(Judgment，pp. 508、510)。可是，美育虽不能代替道德教育，但就审美能够唤起道德理念而言，它对于道德的培养毕竟还是有价值的。在创建批判哲学体系之前，康德就已经意识到审美有一种使灵魂趋向道德的冲动，表现了才智和理解力的优异。[①] 尤其是考虑到人作为感性存在者并不能保证自己永远出于法则而行动，那么如何在理性还没有达到足够坚强之前使自己至少能够合乎法则地行动呢？大自然将激情植入我们心中作为理性的临时代用品。而审美作为想象力的自由的合目的性，一方面在其自由中体现为无功利、无目的的，也不被任何确定的知性概念束缚于可能经验的对象之上；另一方面在其合规律性中，却体现出具有普遍约束力，可以要求于每一个人的形式，这与受义务原则支配的情形相同。也就是在这种意义上，我们称单有天才的艺术是“灵气十足的艺术”，是丰富性在其无规律的自由中所产生的胡闹，而唯有显示了天才与鉴赏力的艺术才配称“美的艺术”(Judgment，p. 531)。这就相当于“迷狂”与“天才”的区别。想象力的独创性唯有与概念相协调时才是天才，反之则是迷狂(enthusiasm)(Anthropology，p. 65)。[②] 审美判断中的自

① [德]康德著，何兆斌译：《论优美感和崇高感》，商务印书馆 2011 年版，第 2 页。

② 这种区分让人想到柏拉图，他将艺术创作称为灵感降临时的迷狂状态，人在其中失去了清醒的自我意识，这显然不是一种理性状态，因而艺术永远比不上哲学。但在灵感状态中由于神灵附身，其创作毕竟是有价值的。见[古希腊]柏拉图著，王晓朝译：《伊安篇》，《柏拉图全集》第一卷，人民出版社 2002 年版，第 304—315 页，这与康德对审美的描述何其相似。

由的自我规定使人习惯于道德上自由的自我规定，以抵制恶的偏好，因而审美具有从外部促进道德的倾向。所以，鉴赏判断中的情感甚至像一种义务一样地向我们要求着。[①]

道德的善具有绝对的价值，而审美作为从外部促进道德从而培养人们对道德的敏感性的方式也在先验哲学的体系中具有不可替代的作用，而审美的这种道德意义在许多年以后的维特根斯坦哲学中得到了回应。维特根斯坦的审美化的哲学正是基于审美的反思的态度而提出的，在他看来只有反思才能让我们意识到语法规则对我们的规定性，并对其产生自觉，从而使自己从无意识地被规定的个体的立场中摆脱，才能从经验世界走向道德。

从上述对康德和维特根斯坦哲学的叙述中，我们可以发现他们都意识到审美判断的共同特征：首先，它是普遍共通的，用康德的话说，它具有主观的普遍有效性，而维特根斯坦则认为在掌握某一种审美判断的游戏规则的前提下，人们都能欣赏对象；其次，判定对象为美的规则确实存在，但却不能明确地加以言说。康德将这一特征概括为无目的的合目的性，也就是说审美判断的对象并不是根据某个可以明确给出的概念来认识的，然而又不是没有任何概念的作用，因为审美判断要求主观的普遍有效性，这需要概念的作用，因此这个概念必然不是知性的概念。维特根斯坦则指出：审美判断作为一种语言游戏同样遵循游戏规则，而规则只能显现在游戏之中而不能在游戏中加以表达；再次，审美具有明显的自我指涉功能，它使我们在审美判断过程中学会使用反省思维。在康德看来，我们的任何认识活动都包含主体认识能力的作用，但我们的认识指向对象，因而缺少对认识能力的意识，而审美对象正因为具有无目的的合目的性，因此不是指向任何外部对象，从而更容易让我们意识到我们的认识能力给经验世界提供的法则。维特根斯坦同样指出我们的日常语言，尤其是以科学为代表的语言缺少对自身前提的反省，而艺术则让我们关注对象自身，而不是它所指向的实在世界，并意识到其中的规则。最重要的是，在他们看来，审美都有着明显的道德指向。康德将美作为道德善的象征，因为他始终认为道德的善具有绝对的价值，是否实现道德上的善不是以外部行为为标准，而主要是以内心是否存在着对道德法则的敬重为标准，敬重作为道德情感与自由意志的规定同一，处在这种情感中的人对道德法则必然有所意识。而审美判断作为自由的合目的性一方面使我们超越经验世界的限制；另一方面又在合规律性中表现出普遍的约束力，这与道德法则支配的情况相同。因此，审

① ［美］亨利·E.阿利森著，陈虎平译：《康德的自由理论》，第250页。

美有利于培养人们对道德的敏感性。而对维特根斯坦而言，绝对的善只有当人们超出经验世界中对象的立场而站在意志自身或世界自身的立场上，也就是叔本华所说的自在之物的立场上否定作为个体的我时才能存在，而要从现象世界中的对象的立场转变到自在之物的立场，首先要将世界理解为一个有限的整体，并懂得世界之外的不可言说的东西的重要性。而艺术由于面对自身，让我们意识到其中的规则，而这个无法明确言说的规则来自于天才的创造，它教会我们从世界之整体的视角理解对象。如果世界作为整体是意志这一自在之物的显现，是上帝的创造，那么艺术则是人类心灵的创造，是能够超越个体的立场意识到自己作为自在之物的人类心灵的产物，它同样可以通过显现不可言说的东西而向我们显现世界的边界。而意识到这一边界是我们从个体转向世界自身的立场，并最终获得人生意义的基本前提。

虽然康德和维特根斯坦在审美判断特征的确定方面存在着某些共识，但他们对审美问题的处理方式却截然不同。康德将审美问题作为反思判断力作用的一个领域，成为三大批判中判断力批判的第一个环节。而判断力批判在他的哲学体系中的作用，用他自己的话说就是为了沟通经验世界和道德世界，也就是说道德理念要具有客观实在性就必须能在经验世界产生影响，而鉴赏判断对象无目的的合目的性这一特征暗示着一种超乎知性概念的理性的理念确实规定着可感知的对象，因此审美使人从经验对象中超脱出来，并习惯于对超经验的概念的反思和意识，从而培养了对道德的敏感性。但审美判断力批判只是揭示了对象的形式对于自由概念的主观合目的性，而不是客观的合目的性，也就是说，通过审美判断，我们只是出于理解的需要主观地将理性概念设定为对象形式的合目的性的根据，因此只是说对象的形式看起来像是被道德理念所规定的。道德要能规定经验世界，单纯靠这一点是不够的，必须证明对象的实存也是受道德理念的规定。此外审美只是对道德的培养有所助益，但将它看作是实现道德的依据则显然是错误的。对康德这样一个强调体系的哲学家而言，唯有为道德落实到经验世界找到最终的可靠依据，并证明其可能性，他的哲学才算是最终完成，因此，审美判断力批判只是其中的一个步骤，要想真正实现这一目标必须重新寻找道德的依据。与康德不同，维特根斯坦显然不是将审美作为一个特定的认知能力的领域，而是将它作为诸多语言游戏中的一种。然而正是这种语言游戏提示了一种有效的方法，让我们始终能以反思的态度面对日常生活，这种反思恰恰是我们转变立场，开始过一种有道德的生活的前提。虽然这种方法并不直接引向道德，但是作为一种方法，它始终是有效的。

第三编　从形而上的假定到日常化的体验

维特根斯坦和康德在审美问题上表现出的共识与其说是学术思想的传承和影响,还不如说是由于他们共同的精神气质使他们关注审美问题,并对其作出了类似的评判。然而,他们毕竟代表着两个不同的时代。如果说康德哲学代表着传统,他将严密的体系建立在形而上的假定之上,那么维特根斯坦哲学则反对先验的形而上学假定,体系的建立对他而言根本无关紧要,重要的是哲学如何改变我们的生活态度。在本编中,笔者将要对两位哲学家不同的思维方式加以比较,附带地还将会结合当代哲学家对审美问题的评述,将维特根斯坦的哲学置入当代哲学思潮中加以分析。

第九章　道德世界与经验世界的分离及判断力批判的任务

康德认为经验世界和道德世界分别是由知性范畴和理性概念立法的。知性范畴只在用于可能经验的对象时才具有客观效力，而理性概念则超越一切可能经验，因此由它们立法的两个世界必然分属于不同的领地。然而康德批判哲学的目标不只是找到认识和行为的先验条件，更重要的是由道德改变我们的生活和世界，因此道德对经验世界的规定必须是可能的。这意味着两个彼此分离的世界必须是可以沟通并统一起来的，而这就是判断力批判的任务。

第一节　经验世界与道德世界的分离

康德在《纯粹理性批判》和《实践理性批判》中分别为我们的认识对象和行为找到了理性的先天形式作为根据。在《纯粹理性批判》中，他指出：我们所认识的对象是先天的感性形式和知性范畴构造而成，其中先天的感性形式，即时间和空间使得我们能够直观对象，而知性范畴将被给予的直观构造成对象，直观与知性的概念缺一不可，所以说"思维无内容则空，直观无概念则盲"(Pure Reason，pp. 92-93)。由于人类的直观只能是经验的直观，因此知性范畴只在用于可能经验对象时才具有客观有效性。经验世界既然是由我们的先验范畴来立法的，那么经验世界的界限也就由这些先验范畴划定，它是不可改变的。

随后，康德指出：在认识领域没有客观实在性的理性概念，却可以在实践领域成为客观有效的。以自由概念为例，虽然在经验世界中一切发生之事都有原因，而这个原因自身也有它的原因，如此以往以至无穷，没有自由的原因性。然而实践自由已经说明理性可以使人摆脱感官刺激的规定，因此机械的因果性不能完全解释人类的行为。当然实践自由如果指向实用法则，那么它只能说明理性能克服某些感性冲动，行使自由意志的条件仍然是经验的。而先验自由则要求理性离开感性世界所有一切决定事物的原因而独立，由理性完全地规定意志。只有先验自由才是真正意义上的自由意志,因为这时意志不被任何经验条件所规定。在《实践理性批判》中,康德通过人们对道德法则的意识证明了先验自由的存在,由此也说明理性可以单独规定行为。如果说知性范畴只能用于可能经验对象,那么理性概念则超越一切可能经验。人们遵循道德法则行事,则意味着他由超越经验的理性来规定,因此道德的世界与经验世界是两个完全不同的领地。

现在的问题是:如果道德世界与经验世界是相互分离的,那么道德能否改变我们的生活,使我们的经验世界变得更美好?对此,康德似乎只能作出肯定的回答,因为他的批判哲学具有强烈的道德诉求,其目的是为了向我们展示经验世界之外的道德世界,为了给信仰和道德留出地盘。如果说他所倡导的道德竟然对于我们实际生活的经验世界没有丝毫的改善,那么倡导道德的意义何在?而且康德相信广义的理性,或者说人的先天认识能力毕竟是一个统一的整体,因此由它立法的两个世界应当最终可以沟通。但现在的困难在于:道德世界和经验世界是分离的,道德世界的立法者是理性概念,它只可能规定我们的意志和行为,却不能规定整个经验世界,那么如何可能设想道德对现实的改善呢?判断力批判正是在这样的背景下被引入的。

第二节　判断力批判与自然的终极目的

在《判断力批判》的导言中,康德就明确地规定了判断力批判在整个批判哲学中应当发挥的作用。他指出:当概念先天地与对象发生关系,并为之立法时,这个概念便拥有自己的领地(realm);而该领地中对我们来说可认识的部分则是概念及其所需的认识能力的基地(territory)。由于我们是通过自然和自由的概念先天立法的,因而有自然概念的领地和自由概念的领地之分,但唯有可能经验才能被认识,因而只有可能经验的总和这一基地。自然概念和自由概念在同一个经验的基地中进行各自不同的立法,互不干扰,因而两个领地不能构成一体。但自然虽不能影响自由,自由却应当影响自然,因为由自由概念而来的效果在自然中的实存必须是可能的,因此就需要设想:自然界的形式的合规律性与依照自由概念可在它里面实现的目的的可能性相协调,从而使两种思维方式的过渡成为可能。这时人们自然会期待判断力批判能成为将哲学的这两个部分结合为整体的手段。规定着愉悦与不悦情感的判断力介于知性和理性之间,先天地包含着特有的寻求规律的原则,它虽没有自己的领地,却仍然拥有一个只有依赖这条原则才能奏效的基地。判断力作为先天立法的能力，集中表现在反思性的判断力中。因为它不借助于知性的立法而先天地为自身立法，并借以为特殊寻求普遍。而审美判断力批判又是其中最为本质的组成部分，它所要承担的职能正是要发现自由概念的规律在自然对象上实现其目的的可能性(Judgment，pp. 464-475)。① 而意志自由与遵循道德律是直接同一的，因而审美判断力必然试图去发现自然对象之形式的合规律性与道德律的规定之间的关系。而康德最后得出“美是德性—善的象征”这一结论，也就说明经验世界中对象的形式的合规律性适合于自由概念，也就是道德法则。

然而审美判断力批判只揭示了对象形式对于自由概念的主观合目的性，要想使自然概念的领地与自由概念的领地得以沟通，单凭这一点是不够的。自由概念的客观实在性唯有当它的效果能够在自然中实存时才能够被确认，这就意味着我们不仅需要证明对象的表象形式看起来像是可以由道德法则来规定的，还要证明对象就其实存对于道德法则而言，的确是被规定的，于是就有了从审美判断力批判向目的论判断力批判的过渡。在审美判断中，对象的表象不是与对象，而是与主体的愉悦和不悦相关，因而只是主观合目的性。但正是在这种对对象形式的判定中，我们发现了判断力有着完全先天地对自然进行反思的原则，遵循这一原则，人们为特殊寻求普遍。当这一原则被运用于理论认识，并发现质料的合目的性时就有了目的论的判断，它将表象联系到给予概念之下，使对象形式与对象自身具有合目的性关系，即客观的合目的性，并表现了自然目的。

对一个自然对象，理性追溯它之所以能够成为该对象的根据，因而必须解释对象的诸规定为何必然地以这种方式被联结，这种特殊性的东西借助于知性的普遍概念和机械的因果性无法解释，而只能求助于与目的的原因性的类比来理解。所以目的论原则不是构成性原则，而是调节性原则，它不是给自然颁定规律，而是为了反思自然而给自己颁定规律。客观合目的性又有单纯形式上的客观合目的性和质料的客观合目的性之分，前者无需采用目的论的解

① 就反思判断力的先天原则的发现而言，审美判断由于无目的性因而将目光引向主体自身确立的规律；而就内容而言，审美判断与目的论判断同样使用为特殊去寻求尚未确立的普遍的反思判断力。而正是反思判断力中发现的先天原则，向我们揭示了一切判断(就其作为判断)所以可能的根据。在这种意义上讲，反思性判断力中包含规定性判断力的深层的基础。参见[法]吉尔·德勒兹著，张宇凌译：《康德与柏格森解读》，第76—77页，但该书中译本的译者将“反思性判断”译成“反射性判断”是明显不妥的。

释。后者又分为自然的相对的合目的性和自然的内在的合目的性，自然的相对的合目的性是指有用性，即实现其他目的的手段；自然的内在的合目的性则将对象看作目的本身，仿佛它是艺术作品。在自然的相对的合目的性中，没有人能作出绝对的目的论判断，即为一切手段找到一个确定的目的，而自然的内在合目的性却能够在经验中找到例证，它就是有机物。自然目的之物必然是自己与自己处在交互的因果关系中，它表现为：结果的出现以原因为前提，同时结果的表象又是原因的前提。有机物作为自然目的之物首先表现为整体是各部分的根据，各部分只有通过与整体的关系才是可能的。其次，它的各部分互为因果并联结为一个整体，从而使各部分从其原因性中产生出整体。简言之，有机物是有组织和自组织者，在其中一切都是目的而交互地又是手段。这样，它就与人工制品区分开来。有机物为非实践的自然目的概念带来了客观实在性，由此理性被引入了不同于单纯自然机械作用秩序的另一种秩序中。我们虽然在自然的因果性之外引入了自由的因果性，仿佛自然是一个有理性的存在者意志的产物，但那只是在与我们的欲求能力类比的意义上使用目的概念，它作为调节性原则使我们对对象的理解成为可能，或者说只是出于系统的绝对统一的需要，以便将一切杂多纳入一个统一中去，却并不证明自然对象相对于自由概念实际的可规定性。这样在康德的批判哲学中，自然仿佛同时被解释为按机械规律和目的因而可能的。但机械论原则与目的因的原则互不相属，其解释方式互相排斥，它们何以能在我们评判自然时相互结合呢？康德又一次借助了现象与自在之物的区分，机械论原则用来解释现相，而目的论原则则用来解释自在之物与现相之间的关系。目的对应于自在之物，是现相的根据，而以目的为根据的事物必然预设了手段，机械规律恰好可以从属于目的而充当手段。从目的论的角度，我们更清楚地认识到自在之物与现相是结合为一体的，前者被评判为后者的规定根据。因而"对象"时而用来指称本体，时而用来指称现相也就不足为奇了。

与自然目的之物的概念相联系的是偶然性概念，因为此物之所以成为此物是出于"目的"，它的反面并非是不可能的。而自然目的之物的存在证明了自然整体的偶然性，这样理性又必须寻找自然整体何以呈现这样而不是那样的方式的根据，从而使自然整体也成为自然目的之物。这样一来，自然中没有白费的东西，乃至自然的美从目的论的角度也是客观合目的的。在审美判断中无法加以规定的自然美的目的，在目的论判断中被看作大自然的恩惠(Judgment，pp. 559-560)。由此我们可以理解为什么只有自然的美，而不是崇高或美的艺术才是审美判断力批判所关注的中心。因为康德关注的是作为经验对象的自然自身中是否显现出相对于道德目的的可被规定性，而自然美所显现的形式的合目的性正是通向道德目的的可能途径，相反，崇高却“不该在自然物当中，而只能在我们的理念当中寻找”(Judgment，p. 498)，它只是内心情状的合目的性，与判断力批判的主旨并不直接相关。同样美的艺术作为人工制品对于我们发现自然相对于目的的可被规定性也是无关的，“自然美确立了目的论的中心地位。只有自然美，而不是艺术，才能有益于目的概念在判断自然中的合法地位”。[①]

自然的整体如果可以被看作目的，那么单个的自然目的之物也是实现其他目的的手段，于是从内在合目的性过渡到了外在合目的性。我们可以问：作为自然目的的有机物是为什么而存在的？理性追溯条件系列中的无条件者的原理使得它必然要考察这个作为相对目的，即手段而存在的对象的目的论的根据，如此上溯，直到发现自然的终极目的(final end)，否则相互从属的目的链条就不会完整地建立起来，以满足理性的要求。然而通观整个自然界，并没有哪种自然对象能成为终极目的。“目的”概念是在与我们欲求能力的类比中所借用的一个概念，既然设想了一个目的，也就必然要相应地设想产生这一目的的理智的存在者。因而，我们必须在知性中询问无条件的目的。这个无条件的目的一方面不是作为自然物而存在的对象，另一方面又必须能在自然中实现，否则它就不成其为自然的终极目的，而这样的目的就我们所知道的而言，只有自由意志的对象。人作为具有自由意志的存在者，就被判定为自然的最后的目的。人的目的又分为幸福(happiness)和文化(culture)。前者是不确定的，无以建立终极目的，因而只有文化，即一种适应性的主观条件才能脱离对自然的依赖性而为自身确立目的，并将自然用作手段，从而使自身成为自然的终极目的(Judgment，p. 585)。

人被确立为自然的终极目的，是由于他具有自由意志，对自由意志的证明是通过道德律揭示了纯粹理性自身是实践的，能够单凭自身为意志规定目的，因而自然仿佛是由道德律这一无条件的目的所规定的。事实上使自然目的之链得以完整地建立起来的这个无条件的目的已经不是自然的目的，而是人类理性为欲求能力确定的目的。虽然康德小心翼翼地将自然的最终目的规定为文化、规定为道德的人，以确保它仍然是自然中的存在，但使这个同时为现相和本体的存在得以成为终极目的的原因依然是道德律。单从自然目的的角度考察，我们不可能得出这一结论。正如在纯粹理性的二律背反中，单纯靠思辨

① [德]伽达默尔著，洪认鼎译：《真理与方法》，上卷，上海译文出版社1999年版，第70页。

理性,我们只能无矛盾地假定自由的原因性和必然存在者的存在,从而使现象系列成为可理解的,至于它们的实在性,必须依赖实践理性才能证实。同样,假定自然的终极目的对于理性而言是必然的,但由思辨理性无从确定人就是这个终极目的。从思辨的角度讲,世界上没有人,或者说没有有道德的人并非是不可能的(但是的确如康德所说,即使最庸常的知性也能意识到:没有人,世界将会是无意义的。因为人是我们所知的世界上唯一有理性的存在者,而意义唯有对理性而言才可以被设想)。我们可以无矛盾地设想自然整体或是一个我们无法确切认识到的东西是自然的最终目的。因为终极目的的理念在思辨领域中只是一个调节性原则,以便引导我们认识自然,为此我们只需要假定有一个终极目的,而无需规定何为终极目的。假定道德的人是自然的终极目的也没有矛盾,但从思辨的角度,我们不能为之提供充分的证据,而只有出于道德的理由才能为这种假定提供力量。因为实践理性将道德确立为绝对价值,而它只在其能够在经验世界中有所表现时才能够确立起客观实在性,因而我们期待自然世界的合规律性能够显现出相对于自由概念之规定的适合性。现在自然目的之物向我们暗示自然仿佛可以由一种超出机械作用的根据来规定,而这个作为根据的目的或者自己就是终极目的,或者又指向其他目的并最终指向终极目的。终极目的必须在自身中包含着实存的无条件的根据,而作为自在之物的有道德的人符合这一条件。一方面从认识的角度需要寻找这样一个终极目的;另一方面从实践和道德的角度,作为自在之物的人又应当被赋予这样的地位,以便道德律对于经验世界的规定成为可能。

康德的论证似乎是充分的,但事实上,其中包含着未经论证的假设。诚然,道德法则必须在经验世界中有所表现才能确立其客观实在性,但这种表现仅仅是指它对我们的动机和行为的影响,而并不意味着经验世界中对象的实存就是受道德法则的规定的。而目的论的判断力批判却试图证明:有道德的人是世界的终极目的,经验世界中对象可以看作是为了道德这一最终的目的而存在,因而受到道德的规定。这意味着如果一个人的行为动机始终是道德的,就可以设想整个经验世界可以由他的欲望来规定。然而在现实世界中道德法则只能规定我们的行为,而不能规定世界。于是为了使世界的终极目的的结论成立,就必须预设至善这一概念以及超乎人类的理性存在物,即上帝的存在。

第三节 至善与上帝的存在

在《纯粹理性批判》中,康德分别对关于上帝存在的本体论证明、宇宙论证明和自然神学证明予以驳斥。所谓自然神学是理性要从经验性地被认识的自然目的中推论出至上原因,但自然神学无论推进到多远都不可能向我们展示有关创造的终极目的的任何东西。我们虽然基于自然目的之物的存在而将自然整体作为自然目的,并进而合理地假定一个理智的世界原因,但却不能对其作出任何规定,甚至无从确定他究竟是自然的创造者还是宇宙的建筑师。而道德(伦理学)神学则是从自然中有理性的存在者的先天被认识的道德目的中推论至上原因及其属性的尝试。如果说在自然神学中,我们从判断力的主观原则出发假定了有理性的存在者,并为神学的建立奠定了基础,那么道德神学则从客观上论证了这一假定的合法性。而且说明正是出于实践的目的,才驱动我们在思辨领域作出理智存在者的假定。我们正是借助道德目的,才将作为道德存在者的人确立为自然的终极目的。而这个结论就意味着自然作为按目的关联着的整体是适合着道德目的的。而作为有限的存在者,我们只能规定自身而不可能规定自然。道德律之所以能够不依赖于自然条件而在经验中实现,是因为它只规定着意志自身,从而规定自己的行为,却不考虑行为所产生的后果。现在说整个自然都是合乎道德目的的,那么就不仅是行为,而且连行为的后果都可以由人的善良意志所规定。这不是人自己的能力可以实现的,而只能看作是由于上帝的仁慈,从中就可以认识上帝的性质:它是全知的,以便知晓人们意向中最内在的东西;是全能的,以便使整个自然与最高目的相适合;这两种属性结合又知道他是全善的、公正的,此外还包括永恒性、全在性。为了与传统的独断论形而上学相区分,康德反复强调目的论的原则只是反思判断力的主观原则,只是用于规定主体对对象的思维方式,而不规定对象本身的属性;而且在关于终极目的的证明中,自然目的论偷偷地向道德目的告贷,由此而论证的上帝也仅仅是在实践的意义上有效。换言之,我们不能证明有道德的人事实上就是自然的最终目的,也不能证明上帝作为客观对象的实存,我们只是从主观上必然地设定这一终极目的和上帝的实存。但即便如此,将整个自然看作是适合着人的道德目的,意志在主观上似乎仍然对自然提出了过分的要求,既然纯粹的自由意志只规定行为而不考虑行为所产生的后果,又何须要求整个自然为它所规定呢?

问题的根源似乎就存在于判断力批判为自身设定的目标中。作为桥梁，判断力批判试图向人们揭示：自由概念应当使通过它的规律所提出的目的在感官世界中实现，因而自然形式的合规律性必须被设想为至少会与依照自由规律可在它里面实现的那些目的的可能性相协调(Judgment，p. 465)。也就是说：判断力批判试图向人们揭示：自由概念仿佛为自然提供了规律。对于维特根斯坦而言，使道德在现实世界中发生作用，从而改变我们的生活也是一个至关重要的问题，然而他似乎并不像康德那样认为需要假定整个经验世界都必须显示出可以为道德法则所规定的形式。道德对经验世界的改变主要是改变个人的立场，即从自然中的个别对象的立场转变为意志自身的立场，进而改变我们的思维和行为方式。而康德则坚信：理性最终的目标应该是一致的，因而道德的世界和经验的世界最终必须是和谐统一的。虽然这两个世界分别由知性和理性这两种不同的概念立法，因而是彼此分离的，但最终可以找到一种途径将它们统一起来，否则提倡道德就不能改善现实生活。

另外，要解决“如何使道德法则成为行为的动机”这一问题也需要至善和上帝实存的假设。康德指出人类是自由的，能自发地创始一种活动。自由的原因性作为行为的根据本身并不以更高的原因为根据，因而是绝对根据。这使我们能够进行道德判断，并对相应行为施以赏罚。自由是道德所以可能的根据，但人类拥有自由并不等同于他是有道德的，否则就不存在具有自由的人违反道德而应受惩罚的问题。道德法则是纯粹理性用以限制自由的纯粹原理，但这些原理并非必然地规定着自由意志。自由意志可以选择遵循它，或者违背它。实践法则唯有在同时是我们的实践准则时，就是说，它不仅仅客观地有效，而且对于行动的个体主观地有效时，它才真正规定着我们的意志(Practical Reason，p. 321)。① 而当实践的准则同时是实践的法则时，它只能依照形式而包含着意志的决定根据。这就意味着除了以道德法则本身作为动力，没有什么东西能使道德法则成为我们的实践准则。这里仿佛出现了一个矛盾：一方面道德法则并不必然成为意志的准则，这种转换需要一种动力；另一方面，仿佛道德法则本身就是这个动力，因而它应当必然地使自已成为准则。解决这个矛盾首先要意识到：是对道德律的意识而非道德律本身，才是实

① 但是我们必须注意：客观的实践原则不能解释为实践准则的候选者而与其他原则并列，它是其他实践原则所以可能的条件。虽然道德法则并不必然地规定着我们的意志，但只有存在者具有自由，即能够基于理性的根据而自我规定，设想他偏离这种规定才是有意义的。因此，即使在意志的他律的行为中，也包含着先验自由。参见[美]亨利·E.阿利森著，陈虎平译：《康德的自由理论》，第125页、第198页。

际的道德动机。[①] 但这还不足以解决问题，还必须考察这种意识为何能成为一种动机。康德本人的回答是：敬重的情感是使道德法则成为准则的动力。因为道德法则规定了欲求的客体，并将这一客体判定为善的；而对道德法则的敬重使在善恶名义下的行为作为质料，成为意志的主观规定根据；而行为被判定为善是因为道德法则本身已经作用于欲求能力，对道德法则的意识首先在客观上规定着对客体的判断，而敬重的情感则是同一个规定根据在主观上起作用的方式。因此，当自爱原则占上风时，道德法则作为意志客观的规定根据仍然被意识到，否则就无从产生"应该"的观念和配当惩罚的观念，但是由于没有敬重（敬重只在贬损自爱、自负时才显现出来），因此未能成为主观的准则。换言之，对道德律乃至对道德相对于其他意志客体所具有的无法比拟的价值的意识都还不足以使道德法则成为我们实践的准则，唯有当这种意识伴随着主观情感时，我们才可能确立起意志对纯粹实践理性的客体的指向性，并赋予人们遵循道德法则的动力。建立于爱好之上的欲望，其动力来自对象在主体中引起的愉悦感，克服个人的爱好必须否定这种愉悦，而能够否定一种情感的东西本身也是情感，这就是敬重。敬重与快适所引起的愉悦不仅存在强烈程度的差异，而且存在质的差异。为什么敬重的情感能够否定感官愉悦？康德试图用"良知"来解释。良知首先具有道德判断的性质，同时，它也是人之为人生而具有的乃至返回自身的道德要求，它具有内向性质和责任意识。"良知是一种自身就是义务的意识"，[②]换言之，它是对我们内在法庭的意识。"每个人都有良知，每个人都知道自己得服从某种内在裁决。这种裁决威慑着他，使他心怀敬畏（崇敬和畏惧相掺杂的一种情感）。"良知是固有的智性和道德能力，是使道德法则成为主体的实践准则的最终根据，它以对道德法则的敬重这一形式表现出来。[③] 然而"良知"这个概念的提出，并没有真正解决道德法则何以成为行为动机的问题。良知可以让我们对道德法则产生敬重，但是怎样才能让良知发生作用呢？良知是人之为人生而具有的，但并非每个人的行为都是道德的，也就是说它并不在每个人身上都能发生作用。因此，如何使道德法则成为行为动机的问题，必须从其他角度来考察。

笔者注意到：在《纯粹理性批判》的辩证论中，康德主要是从实践自由而不是先验自由的角度考察的。实践自由表现为理性使一切行为归摄于同一个目

---

① [美]亨利·E. 阿利森著，陈虎平译：《康德的自由理论》，第 178 页。

② [德]康德著，李秋零译：《单纯理性限度内的宗教》，人民大学出版社 2003 年版，第 197－198 页。

③ [德]康德著，刘克苏译：《伦理学的形而上学要素》序言，《康德文集》，改革出版社 1997 年版，第 377 页。

的，并制定实现该目的的手段。而当自由意志的条件为经验时，对意志对象的规定虽然受到经验条件的限制，但人并不像动物那样为本能所驱使，而是主动地决定将幸福作为目标，并使一切行为成为实现幸福的手段。正因为理性有幸福这一目标，而理性不与自身相矛盾，因此我们不但在道德领域可以合理地期待幸福，而且理性追求的目标就必然包含着幸福。这里所谓的幸福当然也包含着感官享受。因为当意志为经验条件所规定时，幸福就是感官的满足，而理性为了与自身保持一致，它为意志所规定的客体必须始终是一致的（即使并不必然是同一的），因而在道德领域，意志的对象也应该包含着感官的满足。追求幸福是每个经验个体行为的动机，如果道德行为将会带来幸福的结果，那么道德法则成为行为的动机就不成问题了。因此，康德提出：纯粹理性在实践应用中同样会产生辩证论，因为它对所有有条件者寻求绝对的条件总体。对于纯粹实践理性而言，其客体的无条件总体乃是至善（highest good）。其中所包含的至高（highest）一词，既是指至上的东西（supreme），也是指完满的东西（perfect），前者是自身无条件的条件。至上的善，并不能成为完整的善，对有限的理性存在者而言，道德法则并不足以使人完全摆脱爱好，所以唯有在德行之上再加之以幸福才是完整的善，即至善（Practical Reason，pp. 338-339）。当然康德也承认道德法则相对于幸福的期待具有优先性和相对独立性，但是为了使道德律不至成为空想，必须假定至善，也就是与道德律必然联系着的幸福。而唯有神才能将相应的幸福给予一定的德行，而与道德律相合的道德世界只在来生才被设想为可能的，因此神与来生的信仰是与道德情感密不可分的（Pure Reason，pp. 637-642）。当道德法则向我们颁布命令时，怀疑至善及其可能性根据也就等于怀疑道德法则本身。灵魂不朽和上帝实存是实践关怀的先决条件，甚至是使道德法则成为命令的必须条件。虽然我们不能证明它们的客观实在性，但它们却是一种必然的信仰，是对人类理性而言最合理的意见。所以理性所关心的事项除了“（一）我能知道什么”，“（二）我应该做什么”之外，还有“（三）我可以希望什么”（Pure Reason，p. 635）。[①]

无论是判断力批判的目标的实现，还是道德的动机问题的解决，都需要至善和上帝实存的假设。但是，按照康德批判哲学自身的逻辑，我们可以发现这些假设存在的问题。既然提出这些假设是完成判断力批判的目标和解决道德的动机问题的需要，那么我们就从这两个角度来考察假设是否具有合理性。

---

① 此外康德在《逻辑学讲义》，第 15 页中还附加了第四个问题：人是什么。这四个问题分别是形而上学、道德、宗教和人类学所解决的问题。

第四节　判断力批判的目标与“至善”概念的合法性

首先是判断力批判的目标。虽然康德揭示了自然概念立法的感性世界和自由概念立法的超感性世界之间存在着鸿沟，但这道鸿沟“只是为了被填平而存在”。[①] 作为桥梁，判断力批判需要发现自由概念的规律在自然对象上实现其目的的可能性。因为只有当道德法则对经验中的现象的规定性表现出来，它的客观实在性才能得以证明。道德法则对某些现象的规定可以通过那些出于法则的行为得以证实，但这只是指对行为的规定，而不涉及行为产生的后果。也就是说：我们并不需要证明整个自然相对于自由概念的合目的性，而只要证明自然对象中人类的某些行为可以被自由概念所规定，就足以说明道德法则的客观有效性。那么康德为什么还要对判断力批判的目标作上述规定呢？关于纯粹实践判断力模型(type)的讨论给我们提供了一些线索。实践判断力判定一种感性行为是否从属于道德法则，但它面临这样的困难：自由的法则是完全独立于经验的，但具体行为却在经验之中，那么如何使经验的行为归属于超经验的法则？在《纯粹理性批判》中，康德曾借助先验想象力的图型沟通了知性的范畴和直观，现在他同样需要一个类似图型的东西来沟通理念和经验，这就是范型，它必须同时与理念和经验直接相关，因此只有知性能担当此任。知性一方面作为统觉的综合统一的条件而与经验相关；另一方面它又作为概念与无从直观的道德法则及无条件的善相关。感觉世界中的可能行为一旦被纳入纯粹实践法则之下，那么这个行为一方面是现象世界中的一个事件，因而遵循着自然的规律；另一方面又是由自由的因果性所规定的，因而遵循着自由的法则。自由通过对行为的规定，使它的法则在自然中显现出来。虽然自然的规律和自由的规律各不相同，但就其作为法则而言，却是相同的。而我们在经验对象中不考虑任何直观的因素而只考虑自然的合法则性，这是完全可能的。于是对判断力而言，自然法则就成了道德法则的范型：如果你打算做的行为会通过自然法则而发生，你本身是自然的一部分，你能否把它看作通过你的意志而可能的。既然道德法则以自然法则为范型，它和自然法则必须是和谐一致的。实践理性的自律规定着超感性的世界，同时它又必须在感性世界中显现出来，于是自然界包含着意志作用的结果，它与超感性世界的关

① [法]吉尔·德勒兹著，张宇凌译：《康德与柏格森解读》，第50页。

系就可以看作摹本世界和原型世界的关系(Practical Reason,p. 308)。因此,一切道德法则都可以以自然法则的方式显现出来。当雅可布·西吉斯蒙德·贝克问及本身没有自然秩序但却由道德规律为它规定自然秩序的活动是否存在时,康德断然地回答说"当然不存在!"并且强调说:只有一种一般的自然秩序的形式,事件的联系是遵从道德规律的,就像自然规律纯粹遵从其普遍性一样。[①] 这个结论事实上包含着这样的假设,即:自由和自然的法则最终是一致的,彼此不会发生矛盾。

在这个问题上,康德不得不面对大量的质疑。比如有人提出:准则是否能成为法则不能借普遍化这一标准而得到确立。我们发现康德对贝克的问题所作的回答似乎是答非所问。贝克的问题是:是否存在这样一种规律,它像自然秩序一样普遍,但仅仅依照自然的因果关系是无法解释的,而必须引入了自由的原因性才可以理解。而康德的回答却是:道德规律体现在自然界中,仿佛自然规律一样具有普遍性。这一问一答恰恰显示出问题的两个层面:康德的回答显然只关注第一个层面,也就是:规律之为规律的普遍性。而贝克所关注的是问题的第二个层面,即:同样作为普遍性的规律,它是借助自然的因果性还是自由的因果性来理解的?康德混淆了这两个不同层面的问题。当他提出知性是沟通理念和经验的中介,自然法则是道德律的范型的时候,他所解决的是第一个层面的问题。知性的概念作为概念本身是非直观的,因而能够与理念统一,因此只有排除了一切直观因素后,知性才真正成为沟通经验和理念的中介。而排除了一切直观内容后剩下来的就只有自然的合法则性,但是不涉及任何具体的自然法则。也就是说,我们借以判定一个行为是否合乎道德的根据只能看它是否能被判定为是出于法则的,而这个法则不管事实上是道德的法则也好,是自然的法则也好,都像自然法则一样具有普遍的必然性。但是当康德试图借助例子说明自然法则是道德法则的范型时,他并未停留在经验的合法则性上,而是将本应搁置一边的直观因素也纳入其中。自然法则不仅在合法则性这一点上与道德相同,而且在内容上,仿佛也等同于道德法则。那么为什么会产生这样的混淆呢?我们知道,要判定一个行为是否道德,首先要求我们知道什么是道德法则,而道德法则又不能诉诸直观,那么我们凭借什么来确保这个不可直观的原则就是道德法则呢?也许正是这种困难使康德将第一个层面和第二个层面的问题混同起来,并试图用自然法则来验证道德法则。

---

① "康德1792年7月3日致雅可布·西吉斯蒙德·贝克的书信",见《彼岸星空:康德书信选》,第257—258页。

也许因为知性概念作为经验所以可能的条件最终是可以通过直观加以验证的，而道德法则以及它所规定的对象，即善和恶的客体却完全不能借助直观来验证，而道德对于人们的重要性却又是不言而喻的，所以这个问题备受关注。康德甚至不惜牺牲逻辑的严密性而引入自然法则来演证道德法则，试图让道德法则获得直观的明证，但其实它完全没有必要。因为虽然道德法则无法直观，但作为理性原则却对每个人有效，因此诉诸内心都可以觉察到它的存在。黑格尔指出：康德把实在性仅了解为完全是感性的东西，而自我意识、我的本身却不是实在性，仿佛主体不配具有这些规定。① 借助自然法则演证道德法则不仅没有必要，而且根本不可能成立。所以对实践判断力而言，并不需要自然与自由的协和一致，确切地说，并不需要自然从其质料而言的规律与自由的规律相统一，而只需要自然的形式规律与道德法则具有一致性。

康德预设自然和自由这两个世界的协和一致的另一个原因是：提出自由概念时的情况。自由最初是作为纯粹理性的理念在思辨领域提出的，在那里它只是一个调节性的概念，我们只能说假设自由的原因性是没有矛盾的，而只有在实践领域才能确立自由概念的实在性。现在自由的因果性被引入自然，它必须不违背自然规律本身的一贯性，否则就没有什么自然规律可言。为此康德引入了现象与自在之物的区分，人同时是感官和先验对象，那么因果关系就可以从两种不同角度加以考察而不至于相互矛盾。从现象的角度考察发现的是自然的因果性，而从自在之物的角度考察，则会发现自由的因果性。因此也就有了"智性性格"(intelligible character)和"经验性格"(empirical character)的区分。前者是自由的因果作用，即理性的因果性，它不为感性所规定，却规定着感性。后者则以智性的性格为其先验原因，是智性的性格在现象世界的感性记号，或者说感性图型。它作为经验世界中的现相，遵循现象世界的法则。这样自由的因果性和自然的因果性就可以并行不悖(Pure Reason, pp. 467-479)。自由的原因性一方面作为无条件的原因不再以任何现象为条件；另一方面，它又必须以经验性格的方式显现于现象世界，而经验性格作为现象又必然是被系列中在它之前的条件所规定，看起来这里出现了一个矛盾。康德是这样解决的：经验性格是理智性格在现象领域的表现，不同的理智性格导致不同的经验性格，而后者则直接导致不同的行为，这正是评判功罪的根据所在。经验性格就其作为现象而言，的确在自然秩序之中并且遵循自然规律，因此我们可以追溯这种性格形成的外部条件，但这并不意味着我们

① [德]黑格尔著，贺麟、王太庆译：《哲学史讲演录》第四卷，商务印书馆1978年版，第279页。

可以将一切的责任归之于外部条件。因为作为先验对象的主体是自由的，它可以为自然影响却不被自然规定，也就是说它可以主动地遵循纯粹实践理性的法则，从而使自然的必然性，或者说感性的规定根据对他来说成为无效的，当然他也可以不遵循道德法则的规定而屈从于自然的必然性，但他之所以能够违背法则，前提是道德法则必须能够实在地规定他的意志。[①] 纯粹理性并不等于自由意志，但是正是纯粹实践理性的存在使得完全不为经验条件所规定的自由意志成为可能。所以经验性格表现的理智性格，其形成包含着无条件的原因性，因此是自由的原因性所规定的；而就其作为现象，我们则可以从自然的因果作用对这种性格的形成所产生的影响来理解。[②] 对此，人们仍然可以提出疑问：如果说对于经验性格的形成而言，自然的原因所起的作用只是影响而不是决定，那么这个结果就不可能完全由现象的原因得到解释，因此自然的必然性也就受到了挑战。这恰恰是一直困扰着康德的问题。[③] 对他而言，或者承认自由意志的作用而牺牲绝对统一的自然规律；或者坚持自然规律的绝对必然性而牺牲自由意志。这两种结果似乎都是难以接受的。于是康德就在两种立场之间游移不定，当他需要肯定自由意志时，就强调自然对经验性格的形成只是产生了影响而不具备决定作用，而当他需要肯定自然规律的必然性时，则强调引入自由的因果性并没有违背自然规律的一致性，而只是作为自然规律的先验根据，因此自然概念的世界和自由概念的世界协和一致。但正是这种游移不定，导致了批判哲学体系中的诸多问题。

康德为了强调自然规律的绝对必然性，才必须假定自然规律和自由规律的和谐一致，从而引出了至善的概念。因为自由的因果性必须显现为经验性格，而经验性格作为现象要合乎经验的规律，因此道德的善的实现意味着感性本性与超感性本性的一致，而感性的本性是追求幸福，超感性的本性则是追求

---

① [美]亨利·E.阿利森著，陈虎平译：《康德的自由理论》，第198页。

② 康德认为，只有从这个角度才可能理解上帝的创造。人们会有这样的疑问：既然上帝是全知全能的，是原始的至善，那么为什么他创造的人却会犯罪呢？康德的回答是：上帝对自在之物的创造不是在时间中进行的，时间只是思维的被创造物直观的形式条件，是现象的条件。说上帝是本体的创造者，而不是现象的创造者，言下之意是说上帝给了人们自由意志，使人们能够通过纯粹实践理性规定自己的意志，至于在现象世界中面对着自然的影响，人们是遵守道德法则还是违背它，则是被创造物自身的责任(Practical Reason, pp. 334-335)。

③ 康蒲·斯密指出：要使因果原理的普遍性和整个自然所须作为基础的先验根底的无条件性相协调是比较容易的，而要使特殊的因果系列，或特殊的存在，如人的自由和其中每一部分都为其他每一部分所确定的一种自然系统的单一性与一律性相协调，便是很不相同的一件事情了。见《康德〈纯粹理性批判〉解义》，第535页。

道德，两种本性的一致也就表现为幸福与道德之间的恰当比例，这就是所谓的至善。

在这里，我们依然要问：康德说自由的原因性的引入必须不破坏自然的规律，这个自然规律究竟是指什么？自然法则包含两种必然性：第一种是形式的必然性，即所有的解释都符合经验的类推；第二种是质料的必然性，即关于具体的、经验地发现的必然性而不是因果性的一般联结的可能性。第一种可以没有第二种而存在，甚至第二种的某个陈述错了，第一种仍得到公认。[①] 道德法则与自然法则的一致，究竟是与自然的形式的必然性一致，还是和自然的质料的必然性一致？如果说这里的自然规律仅仅是指形式的规律，那么感性的本性就不应该理解为追求幸福，而应该理解为人的任何行为作为现象都是由系列中在它之前的条件所决定的，这是毫无疑问的。因为正是这些经验的形式条件使得一切认识的对象具有了客观必然性，一旦承认自由的原因性可以破坏自然的形式规律，那就等于承认现象的规律并非普遍必然的，也就等于说不存在任何的自然规律。没有自然规律，普遍必然的知识就是不可能的，那么整个纯粹理性批判就是一件全无意义的工作，这会导致认识上的相对主义。但如果说只有自然的形式规律能与自由的原因性保持一致，而质料的规律却随着自由的因果性的作用发生变化，那么自然的系统的完全统一就是不可能的，也就是说，我们不可能仅仅借助自然的原因来解释所有现象。自由概念作为纯粹理性的理念在思辨领域的作用本来就是经验系统的完全统一，现在随着对自由的原因性的证实，这种齐一性反而不复存在了。相反，如果说自然规律不仅是指经验所以可能的形式条件，而且是指涉及具体质料的因果规律，那么一切感性的存在都受到机械的必然性的支配，或者说受本能的驱使而行动，但自由意志本身就是在克服本能冲动中表现出来的，无论是在实践的自由中还是在先验的自由中。后者无疑是道德责任克服了自爱和自利；即使是在自爱原则占上风的时候，人也不再像动物那样完全受本能的驱使。现在，如果说自由的原因性的引入不仅不能破坏自然的形式的规律，而且不能改变在自由的规律作用以前的自然的质料的法则，那就等于说人作为动物，作为一个感性的存在，其本能的冲动是不可改变的。这不仅从根本上否认了道德法则，甚至还否认了实践的自由。事实上在先验自由中，意志脱离了一切经验的条件而完全由理性所规定，使感性力量顺从于超感性力量，或者说以理性的规则代替本能的冲动。所以在这里强调自由的原因性，不改变自然的具体的质料的规

① L. W. 贝克：《康德论自然的一致性》，《国外康德哲学新论》，第 99 页。

则，显然是荒唐的。

康德就在这两种选择间犹豫不定，但是当他在纯粹实践理性的二律背反中提出至善概念，并且在它的基础上在《判断力批判》中进一步证明自然的合规律性与自由概念的规定的和谐一致时，他等于承认自然的质料的规律不会由于自由的原因性的作用而发生改变。这意味着康德不愿意承认遵循道德法则时作为本体的人的存在方式（即理性的规定性）克服了作为感性现相的人的存在方式（即现象界的因果规定）。他坚定地认为人既然是感性的存在，就不可能脱离感性存在物的存在方式。这正是他的理论招致黑格尔的批评的根本原因。灵魂不朽和上帝实存的公设使自由与自然的矛盾持续存在着，善是一个与自然相对立的彼岸，两者被置于二元对立的状态不能得到结合。至善的理念使自由与自然的分离被设定了。①

第五节　至善与上帝实存可以成为道德的动机吗？

至善和上帝实存这两个假设为解释道德法则如何成为行为动机提供了根据，但是这样的根据是否有效？“至善”的提出是由于实践理性要为实践上的有条件者（即依赖于爱好和自然需求的东西）寻求无条件者，即纯粹实践理性客体的无条件总体。据此，我们可以分析出“至善”包含的两个义项。首先，它必须是实践理性的无条件对象，德行作为实践理性的无条件对象就满足了这个要求；其次，它必须是有条件者，即依赖于爱好和自然需求的东西的无条件根据，而德行显然不是爱好的根据，相反，德行是在出于职责并克服了自爱时才得以显现的。因此德行是欲求能力对象的无上条件，却不是完整的条件，于是就有了至善的概念。它意味着幸福也是欲求的合理对象，虽然不能作为欲求能力的规定根据，但是当欲求能力为道德法则所规定后，幸福依然是可期望的对象。人同时作为现象和自在之物存在，就其作为现象而言，对幸福的追求必然是他行为的动机。现在假定至善，并由上帝实存保证至善的可能性，这意味着道德的行为将可以期待幸福的后果，那么道德法则成为行为动机就不成问题了。

但在实践理性对象的有条件者，即依赖于爱好和自然需求的东西的基础上寻求所谓无条件者的做法是否恰当？我们可以将实践理性与理论理性作一

① ［德］黑格尔著，贺麟、王太庆译：《哲学史讲演录》第四卷，第 293 页。

比较。在理论理性中，当主观知觉即质料代替了客观的图型，即形式条件而成为判断的根据时，对对象的认识便发生了错误，而在实践理性当中，当质料代替了形式而成为欲求能力的规定根据时，规定意志的就只是主观的准则而非普遍有效的实践法则。在思辨领域，所谓理性对有条件者寻求无条件的总体指的是对被判定为客观对象的现象寻求无条件的根据，而不是为只具有主观有效性的知觉寻求无条件的根据。那么在实践领域当中，我们又何须为仅具有主观有效性的东西寻求无条件者？在康德的论述中，我们发现了两条相关的线索。首先，虽然当幸福作为欲求能力的规定根据时，它不能成为实践理性的客观有效的对象，但当幸福的追求无碍于道德法则时，它依然可以成为欲求的合理对象，而且作为感性存在者的人，一切取决于我们的幸福，因而理性确实有着感性层面的使命(Practical Reason，p. 316)。因此，与幸福相关的实践原则就并不一定只具备主观的普遍有效性。但对此，我们可以提出如下的反驳：首先，在何种情况下，我们能将幸福这一欲求对象判定为有条件的？当幸福是欲求的对象时，它与欲求能力的关系有如下几种情况：一是幸福单独地成为意志的规定根据；二是幸福不是欲求的规定根据，却是欲求能力可以期待的目标。在第一种情况下，意志的客体的确是有条件的，但却不是客观有效的；在第二种情况下，幸福作为质料不是欲求能力的规定根据，此时意志是受实践法则即道德律的规定，而幸福只是在此前提下可以期待的目标，那么此时欲求能力的对象不正是至善吗？当意志的对象是至善时，幸福虽然也包含于其中，然而却是必然地与德性结合着并且以德性为前提的，这样一个欲求对象，显然不能被判定为有条件的。而只有幸福单独地成为欲求能力的规定根据时，它才是欲求能力的有条件的对象。康德也许可以这样为自己辩解：至善作为欲求对象当然是无条件的，但其中所包含的幸福却不是无条件的。但我们必须明确：此时幸福究竟是欲求对象的一个因素，还是单独地就是一个欲求对象。如果我们将它看作至善的一个因素，那么它就既不是有条件的对象，也不是无条件的对象，因为它尚且不是意志的对象。如果它单独地就是一个欲求对象，那么它与意志之间建立起联系的方式只能是它成为意志的规定根据。因为除此之外，意志就只能为道德法则所规定，而道德法则指向的客体是善，而不是幸福。

另一条线索是对象的概念。在理论理性中，我们的确不会为主观知觉寻求无条件者，而只是为作为现相的客观对象寻求无条件的总体，而幸福确实是意志的对象，在它的基础之上寻求无条件者似乎也就是恰当的了。但我们需要注意理论理性和实践理性的差别。在《纯粹理性批判》中，康德分析的顺序是从感性到知性，最后达到理性。因为在进行思维之前，思维的材料必须首先被给予，但没有经过形式的统一的质料仅仅是主观的知觉，而不成为客观对象。知性作为判断能力在下判断的时候将客观的、普遍有效的形式给予了主观的知觉，从而形成了对象。因此在经验领域中，“对象”一词就意味着客观实在性。但在《实践理性批判》中，分析的顺序是从理性的原理到客体的概念，再到情感。实践原理作为对欲求能力的规定必然指向某个对象，这并不保证它所指向的对象在实践领域内具有客观实在性，除非规定意志客体的实践原则本身是客观的。这样的实践原则即道德律，而道德律指向的唯一客体就是善和恶的客体，它只关乎德性而无关乎幸福。也就是说，纯粹实践理性的对象只要是客观的，那么它本身就是无条件的。在认识中为有条件者寻求无条件的总体，首先要求这个有条件者被判定为客观有效的，那么在实践领域，对于本身并不具备客观有效性的欲求对象，我们是否有必要寻求它在实践领域的无条件总体？实践理性的无条件者不仅是指无条件的对象，而且是无条件的意志的对象。因此从建立在爱好基础上的有条件的客体追溯到意志的无条件客体时（如果说这种做法是合理的），我们要追问的不是这个欲求的客体作为现相何以可能，而是要追问这个客体成为欲求对象的最终根据是什么，也就是说，我们是为了什么而去追求这一客体，我们的欲求能力在什么对象上可以终止。幸福状态作为一种现相的确是有条件的，但我们现在寻求的不是为什么会幸福，而是幸福是为了什么。对此我们只能回答说：我们是为了幸福而追求幸福，再没有别的什么目的。这是否意味着幸福本身就是意志的无条件客体？这个结论，显然是康德无法接受的。道德法则的存在就已经向我们揭示幸福并非欲求能力的无条件对象，人们可以出于职责而放弃爱好，而只在不违反道德的前提下才追求幸福。康德说，它既然是有条件的，那我们就必须在它基础上继续追溯，直至无条件者。也正是出于这种考虑，他才提出了至善的概念。但是当幸福作为意志对象时，人们并不是为了至善才去追求幸福，而是将幸福本身作为目标。我们很难在幸福与至善之间建立联系。作为根据的无条件总体与有条件者之间无法在欲求关系上建立联系，这显然是荒谬的。这些困难提醒我们：现在的问题不是为意志的有条件者寻求无条件的总体，而是将这些有条件者作为一种只具有主观有效性的东西暂时排除在纯粹实践理性所必须考虑的问题之外，然后通过纯粹的实践理性重新界定幸福。当幸福成为欲求的规定根据时，主观的、质料的规定根据取代了客观的、形式的规定根据决定了实践原则。理性在此成为实现目的的手段，而目的本身却不是完全由理性所规定的。正如在认识中，当主观知觉取代了客观图型成为判断的根据时会引起错误一样，在实践领域，这同样是不恰当的。康德会为自己辩解说：只要幸福不是作为意志的规定根据，对幸福的欲望就无需作为主观的东西被排除在外。而且人既然是有限的感性存在者，就必然具有爱好，因而幸福不可避免地会成为欲求对象。但这个辩护的理由，显然是不充分的。

首先，即使所有人都以幸福为欲求对象，这也并不证明它是实践理性的客观对象。因为对象之被判定为客观并不基于普遍的同意，而是对象与表象的相符，也就是说，客观对象是由我们的主观能力构造而成的。对实践理性而言，它的先天原则就是道德法则，而道德法则所指向的唯一客体在至善得到证明之前，就只有善和恶的客体，幸福是不能被纳入它的视野之中的。而幸福作为欲求对象之所以对每一个有限个体都有效，其根据至少是部分地存在于自然法则中，而自然法则与自由法则的差异也就注定幸福不可能成为纯粹实践理性的客观对象。其次，说幸福不是意志的规定根据却又同时是意志的对象，这是如何可能的？意志的对象与实践原则之间的关系包括两种：或者是前者规定后者，或者相反。幸福既然不是意志的规定根据，那么它就只能由意志所规定，那就意味着被道德法则所规定。但道德法则指向的客体不是幸福而是德行，除非先肯定至善是意志的必然的客体，我们才可能在遵循道德法则的前提下，使幸福成为可以期待的，否则说幸福不是意志的规定根据而同时又是意志的对象这句话就根本无法理解。但是在这里引入至善，显然是把需要证明的结论当作前提。

正是为了解决道德法则如何成为行为动机的问题，康德才在道德领域思考幸福的问题，并提出了至善的概念，但是我们必须思考以下两个问题。首先，如果道德律不依赖于与之相比配的幸福就不具备命令的效力，那么它是否还能够被称之为道德律？我们知道道德法则对意志的规定是使意志脱离一切质料的规定根据而完全为形式所规定，因而作为欲求对象的幸福不可能提供遵循道德法则的根据。“道德意向规定了对幸福的希望，并使之成为可能，而不是反过来，对幸福的期望使道德意向成为可能”(Pure Reason，p. 641)。但他认为，虽然单纯以幸福为目标的行为是不道德的，但是在遵循道德法则的前提下幸福依然是可以期待的，正是这种与道德律必然联系着的幸福才使道德律具有命令的效力。这是一个奇怪的主张。“使道德律得以成为命令”的说法首先是指使道德法则具有客观的必然性，这是毫无疑问的，是否有一种与它必然联结着的可以期待的幸福是无关紧要的；其次它是指使这种客观的道德法则同时具有主观的效力，成为每个个人的行为准则。如果说道德法则单就其自身不具备命令的效力，而必须依赖于与之必然联结着的幸福才能获得这种效力，那么我们就不是为了道德本身而遵循道德，而是为了那与之必然联结着的幸福而去遵循法则，因而遵循道德法则本身就成了有条件的，它只不过是为了获得幸福所采取的手段，这在康德看来至多是合法性，而不是道德性。因此，不承认道德法则具有命令的效力就等于说根本不存在道德法则。承认上帝存在，的确可以使道德律赢得更多的尊重，但它与纯粹为了道德本身而尊重道德律的看法正相矛盾。[①] 也许是因为意识到这一点，康德在以后的两个批判中小心翼翼地避免这种说法，并且强调唯有承认纯粹理性不以情感为先决条件就能决定意志，才能找到一种客观的实践原理，遵循道德责任并不需要先确信上帝的存在，因为道德法则是无条件地命令的。但他仍然坚持对至善及其可能性的怀疑将会危及道德法则本身，正是至善才使人将道德律作为不可侵犯的条件来服从。尤其是在受到自然界的种种磨难时仍然坚守道德法则，就必须假定上帝的存在(Practical Reason, pp. 353-354，Judgment，595-596)。但既然道德法则无需依赖与之相比配的幸福就能够规定意志，那么对至善的怀疑又何至于影响道德法则对我们的命令呢？

其次，我们要问：在实践自由中幸福可以是意志的对象，而如果在先验自由中我们甚至不期待幸福，这是否就导致了理性的自相矛盾？通过前两个批判，康德指出自然概念和自由概念分别在现象和自在之物的领域内立法。在先验自由中，我们要求纯粹理性完全脱离经验而由自身规定意志，这时候理性是为自在之物立法，而在实践自由中，人一方面作为现象受制于机械的必然性，因而受本能的驱使而追求快感；另一方面，他作为理性和自由的存在又主动地认识到自然规律并且按照自然规律行事。感官的幸福之所以成为意志的对象是因为我们受到自然和自由的双重规定，并且理性放弃了自身的立法而主动地承认并遵守了自然法则，并以主观的原则代替了客观的法则。但理性在自然和自由的双重规定下以幸福为目的，并不意味着它在单纯由自由的法则规定的时候也必须包含以感官享受为标志的幸福这一目的。在不同的领域内，为自己确立不同的目标，完全不会造成理性的自相矛盾。

纯粹实践理性既无需依赖幸福而使道德法则获得命令的效力，也不是必然地期待幸福。道德和幸福之间并不能建立起必然联系，即使只是主观上的必然联系，这就使得自然与自由的统一在主观上也成了不可能的了。至此，我们对康德提出的“至善”概念的有效性，从而也对建立在它基础上的上帝的实在性提出了质疑。

---

① [德]黑格尔著，贺麟、王太庆译：《哲学史讲演录》第四卷，第293－294页。

在此，我们可以看到康德与后来的叔本华和维特根斯坦整个思维方式的差别。三位哲学家都意识到道德超越于我们现实的经验世界。然而对叔本华和维特根斯坦而言，转向道德的立场意味着对经验个体的立场的彻底否定，因此经验世界的个体的幸福感不再是行为的动机。康德虽然主张道德法则使得人们克服了自爱和感性的欲望，但仍然认为自爱和感性欲望是我们欲求能力中不可否认的组成部分，否则我们就不是作为世界中有限的个体而存在。也就是说，转向道德并不意味着必须放弃经验世界中个体的立场，我们可以同时站在道德的立场和经验性个体的立场上。站在道德的立场上意味着对道德法则的意识必须成为行为的动机，而经验性个体的动机则是幸福，这两者的结合就是至善。于是，至善就成为理性最终的目标。此外，康德需要解决道德法则如何落实到现实生活中，成为人们行为的真正动机的问题。人既然作为感性的存在就不可能脱离感性存在物对感官满足的追求，而如果存在至善，并由上帝的存在来保证这种至善的可能性，从而使得道德行为必然带来感官上的幸福，那么道德律当然也就具有命令的效力。而从上述论证中可以看出，康德体系中关于至善和上帝的假定并不具有充分的理由，这些概念建立于这样的假设之上：首先，理性的诸种能力最终是彼此一致的，虽然自由和自然这两个领域各自有着自己的先验概念，但仍然可以找到一种途径将两个领域加以沟通并实现统一；其次，理性能力的一致意味着作为感性的个体和自由的意志这两种立场可以是一致的；最后，既然自由和自然的世界可以最终设想其统一，那么道德价值在现实世界中的实现必须是可以设想的。然而，这些假设都是未经论证的，而要想使它们被接受，那么建立在它们基础上的至善、上帝等概念必须经得起逻辑的推敲，然而康德并没有做到这一点。可以说康德首先设定了自由和自然这两个彼此分离的世界，然后又要试图将它们统一起来，而这种统一的工作并没有完成。在下一章，我们将分析维特根斯坦如何避免康德哲学中所出现的问题及其所表现的不同的哲学态度。

第十章　实践、语言与反思

同样区分了经验世界与超验的道德，同样有着对道德的关注，同样发现了审美中的反省思维及其对于沟通道德与现实之间的作用，维特根斯坦却至少在以下两点上避免使自己陷入康德的困境。首先，维特根斯坦与叔本华一样主张人们一旦上升到意志自身的立场，他就必然放弃现象世界中的个体的立场，因此没有必要像康德那样寻找个体立场与道德的立场的统一，也无需借助至善、上帝之类的概念。其次，维特根斯坦特别强调并没有什么先验的概念，这与康德、叔本华都是不同的。在康德和叔本华看来，认识能力的先验范畴划定了经验世界的界限，这一界限是确定不变的，而康德又认为道德世界是由完全不同的自由的概念所规定的，现在要将这两个具有确定界限的世界加以沟通只能借助上帝的假设。审美只是沟通经验现实与道德世界的桥梁的一个部分，这种沟通最终的结论必须是论证上帝的存在。而维特根斯坦则认为没有先验概念为我们提供道德法则，而语法也不是认识能力的必然产物，而是随着生活发生变化的，因此它所规定的经验世界的界限也不是永恒不变的。维特根斯坦既没有设定界限分明的自然世界，和确定的概念所规定的自由的世界，更不存在将两者统一的问题。审美中的反思必须成为我们日常生活的一部分，并且因为只有这种反思才能让我们真正意识到变化着的世界界限，从而超越界限，走向道德的立场，因此反思本身就被赋予了道德意义，无需在此基础上进一步论证至善或者上帝。如果说康德哲学中至善、上帝实存等假设体现了近代哲学注重体系的特征，那么维特根斯坦的思路则显现了当代哲学面对变化着的现实加以反思的态度。下面我们将对维特根斯坦审美化的哲学反思与康德的体系化思想进行比较，并指出维特根斯坦哲学的现代意义。

第一节　否定先验概念

在康德看来，审美判断虽不具备客观的普遍有效性，但可以要求主观的普遍有效性。这种主观的普遍有效性的根据是对象无目的的合目的性，也就是说，对象虽然不是被某个知性概念所规定，却可能指向某个先验的理性概念，而先验的理性概念必然是每个人都具有的，这就保证了审美判断中的共通性。然而维特根斯坦并不认为审美判断具有超越时代和民族的普遍有效性，即使只是主观的普遍有效性。属于语言游戏的是整个文化，而审美作为一种语言游戏当然在文化中产生意义。审美判断的表达说明了一个时代的文化趣味，要描述它就要描述文化，其中包括孩子和女人是否举办音乐会，黑人艺术传统中的服饰，与服装相适应的人们的生活，如是否参加骑自行车、行走等激烈的活动等。总之，为了澄清审美语词，就必须描述生活方式。同样如果一个人欣赏一位作家，那他一定也会喜欢这位作家所属的文化，如果他觉得这种文化无关紧要或令人厌恶，那他对这位作家的赞美就会冷却下来（CV，p. 85，LC，pp. 8-11）。虽然维特根斯坦对审美的界定比康德要宽泛些，他甚至将“什么样的咖啡味道更好些”也称为审美判断，这在康德看来涉及感官刺激，因而只能停留于经验层面，而不可能具有共通性，因此被排除在审美领域之外。另外像维特根斯坦所举的关于服装式样的例子，在康德看来也只是一种社交趣味而不是审美趣味。康德所说的审美大致相当于维特根斯坦所说的“美学的精华部分”，也就是与伦理学一样作为对善的事物的一般性探索的美学（LE，p. 38）。因为只有这样的美学，似乎才超越经验世界。但是需要注意的是：在维特根斯坦那里，美学的精华部分与它的其他部分似乎并没有明确的界限，即使是经典的艺术，同样不能超越它的时代。不同时代的作品因为创作的环境不同，因此根本没有可比性。一部作品的伟大或平凡取决于它的作者所处的地位，许多颇有成就的作家会过时，因为他们的作品只在被他们那个时代的整个环境所充实时才会发出强烈的呼声（CV，pp. 49、67、79）。虽然艺术是关注自身的典型，就像音乐，在主旋律之外没有任何范式，但考虑到对艺术的理解与人类生活的其他方面相互交织，彼此关联，可以说在主旋律之外毕竟还有一种范式，这就是我们的语言、思想和感觉的韵律。主旋律与语言处于相互作用之中。音乐旋律成为我们语言的一个新的部分，我们学会了一种新的表达方式。而所有表达方式都是时代和文化的写照。因此说在音乐的旋律之外另有一种范式就是指它以整个时代的环境作为范式（RPP1，433-436，CV，pp. 51-52）。

否认审美的主观的普遍有效性背后的原因是：维特根斯坦否认康德所谓的先天的认知形式。维特根斯坦在早期就明确提出：正如从视野中的任何东西都不可能推知眼睛一样，从我们的认识对象也不可能推知认识的主体。主体既然是世界的界限，而不是世界中的对象，因此谈论主体及其先天认知形式是无意义的。因此,不能推论说主体的先天认知形式组织了经验材料。我们的经验没有任何部分是先天的,不存在先天的事物秩序。我们所看到的一切,以及我们作出的描述都可能是另外的样子。而到了中后期,他仍然反对先验范畴的假设。先验范畴意味着它对一切可能经验有效,因而具有绝对的确实性。而维特根斯坦认为确实性存在于游戏之中,但并不存在先验的确实性,只有在一定的游戏的界限之内才有确实性可言。我们不能把普遍性扩展得比我们合乎逻辑地预见到的东西更远,也就是:不能比我们的逻辑视野更远。而所谓的逻辑视野并不能涵盖一切可能的经验。在他看来,先验的确实性这一概念是与精神的概念联系在一起的。因为唯心论者认为先验范畴是确实性的标准,因而判定一个命题正确与否的标准乃是心理活动究竟是主观有效还是客观有效,即这种活动是否是由先验范畴整合的。为了反对先验论,首先必须反对语言的意义是人的心理现象和内心活动这样的观点,这也是维特根斯坦后期关注心理学问题的原因。他的后期著作中很大一部分就在完成这一工作。那么他如何解释逻辑规律的必然性呢?他也意识到像逻辑规则、数学规律等是描述实在的先在条件,经验现实无论如何不可能违背逻辑规则,也不可能与算术运算或者几何证明相违背。他认为唯理论者正确地看到哲学不是经验的,不是某类科学探讨。但他们错误地假定了先天综合判断。“他们致力于借助理性,靠在扶手椅里检查语词来确定一切事情”(LWL,p. 79)。如果逻辑和数学的必然性不是来自于先验范畴,又是来自何处呢?维特根斯坦的解释是:思维本质上是一种符号操作活动。是逻辑而不是先验心理学,组成了符号表象的先在条件。① 而所谓逻辑就是语法或者游戏规则,有些“命题”之所以看似必然的,是因为它们是游戏的规则。在游戏的范围内,这些规则是具体的游戏得以可能的前提,因此它们相对于游戏中的步骤而言是“先天”的,但这种先天性绝不是来自于一种心理机制,也不是绝对的,它只是对某一种游戏而言才是有效的。游戏规则原本只是一种约定,所谓的约定就是记号的用法符合语言习惯或训练。它当然不是指具体的语言反应和训练,而是指内在于符号的规则(AWL,pp. 89-90)。在不同的语言游戏中显然会有不同的约定。我们相信自己在讨论先验的自然规律,而事实上我们谈论的只是自己确立的表达准则。人们之所以误将其视为认知能力的先验的规定性,是因为我们在游戏中从未意识到它的边界,因而从来不对规则的有效性提出质疑。而给出一些例

① Hans-Johann Glock. Necessity and Normativity. The Cambridge Campanion to Wittgenstein, p. 200.

子就可以消除关于绝对的普遍有效性的幻象。正如在哥白尼之前，人们坚持地心说，而当我们以哥白尼的方式看待这一点时就完全不同了。这就说明我们的游戏规则并不是永恒不变的。

时间和空间在康德看来是先验感性形式，然而维特根斯坦否认普遍意义上的时间和空间。句子在不同的意义上包含时间。而空间也存在视觉空间和物理空间的差别。视觉空间是以"我"为前提的，而物理空间则由视觉空间和我的肌肉感觉共同构成的。因而，它们都是被我们的语言游戏构造而成的，是实践的产物。同样在康德那里，数学的必然性来自于先天感性直观，而在维特根斯坦看来，虽然数学不涉及经验事实，但也并不像前期哲学所想的那样是绝对必然的，它既不是对某个绝对必然的客观对象的描述，也不是同义反复，[①]而是被创造的一种游戏的语法规则，它本身则不存在进一步的根据，从这种意义上讲，数学的基础是任意的，它无非就是我们的一种表达体系，因而也不存在元数学。弗雷格和罗素为数学寻求逻辑基础的做法对于数学本身无所帮助。数学之所以是先验的，是因为数学中的命题形式是我们构建的，我们当然能够测算全部的可能性。而这种先验性并不是绝对必然性，改变规则而创造新的游戏并非是不可能的，甚至逻辑也是被构造而成的，并非绝对必然的。像刘易斯和华沙学派所说存在许多不同的逻辑，虽然构造这些逻辑只是一种游戏，但这种游戏的价值就在于它破除了偏见，表明逻辑并不总是需要某种固定的方式(AWL，pp. 138-139)。

否定规则来自于认识能力提供的先验范畴，随之而来的有两种后果。首先是语法规则的任意性，其次是要明确列出整个语法规则是不可能的。下面我们将逐一进行分析，从中看出维特根斯坦与康德思路的差异，以及这种差异如何帮助维特根斯坦避免康德的困难。

第二节　语法规则的任意性

康德为我们组织感官材料的方式提供了合法性的根据，因为它们是纯粹

① 关于数学是什么的问题，维特根斯坦在前后期哲学中有着不同的表述。在前期他认为数学既然是恒真的，就不是真正意义上的命题，而只能是同义反复，它显示了经验世界的界限。也就是说，经验对象的结合不能违背数学的规律(TLP，6.2-6.234)。这说明此时他仍然相信数学是先天必然的。而到了中后期哲学中，他就否定了数学的先天必然性，而将其看作一种特定的游戏。

知性的先验范畴，是我们的认识能力所赋予的，因此是唯一合法的规则。而对维特根斯坦而言，语法规则与认识能力的先验概念无关，因此无法为它们提供合法性的根据。在这种意义上，语法规则具有任意性。语法规则的任意性包括两方面。首先是符号的物质形态与意义之间没有必然的关联。会不会下棋与棋子的形状无关，同样，“我看见那儿有个黑点”，为什么使用这些语词，而不是选用字母表的前六个字母，并没有根据可言。当然如何用语词表达意义虽然无法给出根据，但却是约定俗成的，一旦成为规则就不易改变，而如果通过规则将名称赋予别的样本，那就进入了另一种语言游戏（PG，pp. 43-44、92-93、108-109，PO，pp. 266-267）。

其次，句子何以是对某个事实的描述没有根据。如果单纯指出语词的物质形态与意义没有必然联系，这与前期哲学并没有根本的区别。在《逻辑哲学论》时期，维特根斯坦认为语词与对象一一对应，而为什么选用这个语词与这个对象相对应则是任意的。但是句子与事实的对应则不是任意的，因为句子是事实的图像，它和事实有着共同的逻辑形式。也就是说句子之所以成为事实的图像是以实在存在的逻辑形式作为根据的。但是后来维特根斯坦意识到：每种投射都必定与被投射的东西有某种共同的东西，这并不意味着所有投射与被投射的东西之间有着唯一的共同根据。任何东西都可能是任何东西的图像，规定图像关系的根据不是实在中的逻辑形式，而是各种语言游戏中的语法规则，这些语法规则仅仅是约定而已。不同的游戏有不同的语法规则，也就以不同的方式规定着图像关系。规则不同于自然规律，它是任意的，规则变了，意义也会随之发生改变。而且与前期哲学不同的是：他不再认为先有语词与对象的一一对应，然后才将语词按照逻辑形式联结起来，相反正是整个语法规则规定着每个语词在语言体系中的地位，也就是它的的意义。如果说前期哲学中的“逻辑形式”被看作世界自身存在的前提，也是语言的前提，对逻辑形式的阐明也是对世界的阐明，那么后期哲学中的“语法规则”则没有责任说明现实。不是现实规定了语法规则，而是规则构成了意义。同时维特根斯坦又否认了语法规则与认识能力提供的先验概念有关。因此语法规则何以如此既没有客观的根据，也没有主观的根据。语言游戏不是建立在理由基础之上的东西。语法不像烹饪的规则是由它的目的所规定的，它的目的就是语言的目的，而语言表达本身就受语法的规定，这就相当于说语法的根据就在于它自身。换言之，语法规定着语言游戏，自身却无法给出进一步的根据。任何一个符号体系都并不比另一个更接近真理，因此无法证明其正当性。而语法规则一旦形成，它的使用却不是任意的，在它所规定的语言游戏的范围内，必须这样使用，否则就不产生意义（PG，pp. 184-187、192-193，LWL，pp. 49、58、86-87、111、114-115，AWL，p. 129，PI，pp. 136、138，OC，559，CV，p. 44，Z，331）。

仅从认定语法规则的任意性看，维特根斯坦的观点类似于索绪尔。索绪尔认为语言是建立在任意性基础上的符号系统。任意性首先是能指（signifier）和所指（signified），也就是音响形象和概念的关系不可论证，缺少自然联系；[①]其次概念的划分也是任意的，是语言的产物。“在语言中只有没有积极要素的差别”，每一个语言符号就在与周围符号的关系（区别和对立）中形成自己的价值，从而获得意义。[②] 语言不是以理性为基础，而是约定俗成地无条件地被承袭下来，“社会甚至不能规定单个的语词，它与现存的语言捆绑在一起”。[③] 维特根斯坦与索绪尔一样强调语言不以现实为依据，但与索绪尔不同的是：索绪尔在将语言描述为一个自足的体系的同时，无法解释语词究竟如何指涉现实；而维特根斯坦承认虽然我们也可以通过定义来了解某些语言的意义，但最终必然要达到这样的命题：它不指向其他命题，而是指向实在。命题毕竟是为了描述被描述的对象，而不是为了命题自身。语言指涉现实，符号不管以何等复杂的方式，最终要与直接经验相联系，事实的验证作用对语言而言是本质的（PR，67、68、85、225，PG，pp. 132、183）。而且思想与现实的关联是自然而然的，只有当我们对思想加以反思时才将它作为孤立的图画，产生了思想与实在如何联系的问题，而对思想本身，它根本不成其为问题。对思想的反思就是对思想之所以可能的根据的思考，这就涉及语法问题。于是这里仿佛出现了悖论：一方面语法不以现实为依据，是任意的；另一方面语法应该使我们能够表达事实的多样性，给我们与事实所给予的同样的自由度。也就是说，必须使得语言能够用来指涉现实。事实上，这里并不存在悖论。说语法规则与实在无关，因而是自足的，指的是语言不能通过自然规律加以规定。但语言只有在实践中起作用才能被赋予意义，而现实规定了什么样的语言游戏能发生作用。如果事实不同于实际情况，那么某些语言游戏就失去了一些重要性，而另一些游戏则变得重要起来。就像使用测量单位看似任意，但也受到被测量对象大小等方面的规定，在没有特定要求的情况下使用微米为单位测

① Ferdinand De Saussure. Course in General Linguistics. New York: Philosophical Library Inc., 1960, p. 67.

② Course in General Linguistics, pp. 117、120.

③ Course in General Linguistics, p. 71.

量房间的长宽高显然并不合适。同样某种语言游戏之能够用来描述世界，也是为事实所规定的，因而并不是完全任意的(PG，pp. 192-193，LW1，206，OC，63，PO，p. 449)。语言作为生活形式的观念就是在这种背景下被引入的。

由于语法规则只规定了语言如何指涉现实，但无法对它为什么这样指涉现实给出根据，记号的应用在记号之外，图像不包含它自己的应用。语言借描绘实在而与实在相联系，但这种联系不是由语言造成，也不能由语言自身来说明。那么，我们究竟如何解释语言指涉现实这种现象？维特根斯坦的回答是：约定以语言的应用为先决条件。就如同语词在整个语言系统中获得意义，一种语言游戏则在它的整个使用环境中获得意义。维特根斯坦提出语言游戏这一概念就是为了强调语言是某种行为举止，生活形式的一部分，它是行为的辅助手段，是这种行为的进一步延伸。而语言得以发展的基础就在于稳定的生活方式，经常的行为方式(PI，p. 11，RPP1，151，Z，545，PO，p. 397)。它一方面受到我们整个行为方式的规定，另一方面又以无限多样的方式影响着生活。想像一种语言就是想像一种生活形式，而语言的规则也显示了我们生活和思想的方式。人们之所以对一个命题往往会有相同的判断，不是因为意见的一致，而是生活形式的一致。正是这种一致使得人们以同样的方式使用语言。这也就意味着语言不仅仅是世界的图像，它本身也参与了世界的构成。掌握语言是进入生活的前提条件。这一方面将语言游戏放置到生活这一更大的背景中来考察；另一方面也为我们考察整个生活提供了一个良好的切入点。那么生活形式究竟如何规定我们采用什么样的语言游戏呢？我们可以将维特根斯坦对语法规则如何规定语言与生活形式如何规定语言游戏进行类比。语法规则本身是不可言说的，我们只能通过描述了解语言如何进行表达，但是不能提供语言为什么这样进行表达的理由和根据。同样，生活形式在维特根斯坦看来是理所当然的，无需为它提供进一步的根据。[①] 它是需得要接受下来的东西，是给定的东西。我们从来不是根据某种规则和理由来生活，规则留下了不确定的漏洞，所以实践必须为自身辩护(OC，139)。我们是先参与到生活中去，然后才会提出关于生活所遵循的规则的问题。生活才是第一性的。哲学家试图为生活提供规则，就仿佛是探险者试图为原始人的语言游戏发明规则一样，不能对实践自身产生任何影响。人们不能构想实践的发展，相反是实践构成了我们思维的基本框架(CV，pp. 41、59，PO，pp. 181、189)。而语言作为

① Newton Garver. Philosophy as Grammar. The Cambridge Companion to Wittgenstein, p. 164.

生活形式的一部分，同样是先于理由的，是第一性的，就如同行走吃喝一样属于我们的自然史。我们通常不是按照严格的规则使用语言，而且也不是按照严格的规则学习语言。我们先使用语言才对语法规则进行反思。实践是第一性的，语言作为生活形式的一部分，其本质是一种实践方法（行为方式），不是沉思，不是绕舌（PO，p.399），语言游戏作为一种实践先在于命名或指物定义，并且正是这种游戏使得指物定义成为可能。因此语言的根据，也就是语法规则不是一个没有理由的命题，而是一个没有理由的行动方式。它在整个实践中就是以这样的方式使用着，因此最为根本的是我们在生活中如此这般地使用语言，而不是我们为什么这样使用语言，换言之，问题不在于通过经验解释一种语言游戏，而在于确认一种语言游戏。“一种语言的语法要到人类已经说了很长时间这种语言才会被记录下来，才会形成。”（PG，pp.62-63）我们直接用语言进行思想，而思想既然是生活实践的一个部分，那么语言也就直接进入了生活。语言确实可以实现某些特定的目的，但这并不意味着语法规则是以这种目的为标准确立起来的，因为它并不是后于生活而产生的，不是实践发展至某种程度为了实现某个目的而创造的工具，相反它参与了生活形式的构成，正是因为有了语言游戏的存在，某些目的才成为可以设想的。不是实在中的某些事实使我们使用某个词，而是词与我们的声调、表情等一起参与到话语实践中。因此我们产生思想，而不仅仅是观察思想。思想不是从经验中掉出来的，相反它包含在经验里，也就是说，它不是僵死的被观察的对象，它本身就是经验的一个部分，是我们生活行动的一部分。使用语言就是参与到我们的生活实践中。也正是这个原因，我们无法充分地描述语言及其所表述的思想。因为它不是一个静止的被观察的对象，它本身处在被经验和正在构成经验的过程当中，是一个动态的过程，只要人类的思想仍在继续，它就没有最终的形态。语言既然能在生活中发生作用，那么也就由生活为它提供了依据。然而生活形式先于对理由的追问，因此这种根据是无法言说的。

正因为生活实践是第一性的，先于对理由的考察而实际存在的东西，语言作为生活形式的一部分，作为更原初的行动的延伸，并不依据先在的规则。从词过渡到行动，从行动过渡到词，是自然而然的（RPP2，603，CV，pp.31、46，Z，541），我们并不注意规则。因此如何能遵循规则是无法解释的，人们盲目地遵从规则。但既然语言是生活形式的一部分，它就必然要在生活中发挥作用，行动是语言游戏的根基，符号在使用中才具有生命，或者说使用就是它的生命，而规则也只有被包括在应用中时才会让人感兴趣。真正掌握语言，也就意味着能对语言进行正确的使用。因此规则只能显现于具体的游戏之中，它之作为规则就在于它在游戏中总以相同的方式起作用,而不能先于游戏明确地加以言说。对于什么是合乎规则,只能通过举例的方式,让他人进入实践活动来了解。这并不是由于缺少更好的办法而不得不采用的间接的解释,它直接向我们告知规则。"余此类推以至无穷"就是通过举例使人掌握规则,它不同于省略号,因为规则并不是被省略没有说出的东西,它就在这些例子之中(PI,pp.34、82-84、85,RPP1,303)。由于规则只存在于语言实践中,而不能单独地、先在地被给出,因此我们学会某些东西只有经过长期的经验,而不是通过学校里的一门课程。就像教儿童学习语言的途径不是总结出一套系统的规则(这本身就是不可能的),而是使他参与到语言游戏中来,以便在实践中逐步掌握规则。"指物识字法"就是引导孩子进入语言游戏的一种方式。

将语言看作一种实践,一种生活形式很好地解决了传统哲学中唯物论和唯心论的冲突。从某种意义上讲,唯物论和唯心论都试图为我们确立思想共通性的最终依据。唯物论主张这种依据存在于实在之中,实在并不因思想而发生改变,始终是同一的。思想描述了实在,因而也应该具有共通性。而唯心论则主张思想的共通性依据存在于主体先天的认知能力中。以儿童学习语言为例,唯心论者认为儿童先天就具有思考能力,所以才能学习语言,而唯物论者认为儿童首先是机器,语言只是一种刺激与反应的表现形式。在维特根斯坦看来,唯心论和唯实论的哲学是关于灵魂过程和象征主义的神话,前者将意义看作是心理过程,而后者将符号看成是实在对象的代替物,而事实上,意义来自我们对语言自然而然的使用(Z,211)。世界的本原是不可说的,是语言的表达形式所规定的世界的界限,因此关于唯心论、唯我论和唯实论的争论是错误地将表达形式当成了事实。唯心论攻击正常的表达形式,仿佛是在攻击一个断言,而唯实论保卫这种表达形式,仿佛在肯定每一个有理性的人都承认的事实(PI,p.122)。那么如果没有实在世界或先天的认知能力作为共通性的根据,交流又如何可能,语言又如何能够具有共通性呢?同样以儿童学习语言为例,维特根斯坦认为我们首先不要考察儿童究竟是纯粹的机器还是天生就具有思想能力,这些都是现象之外的假设,重要的是考察儿童如何学习语言。我们看到,儿童通过训练,首先进入语言游戏,正是在语言游戏中,我们通过儿童对语言的使用情况判定他们是否真正有了思考和理解。如果某些使用的情况被认为是进行思考和获得理解的标志,反过来,某些表现就被认为是不伴随理解的机械的发音。因此,机械的反应和思想是进入语言游戏之后才加以区分的。实践先于唯物和唯心的区分。

语法规则既不能在实在中找到根据,不是对世界的结构的再现,也不能在主体的认知能力中发现根源，那么它何以在人们之间具有一致性呢？将语言游戏作为一种生活形式，从实践的角度来看待语言，又如何帮助维特根斯坦回答这个问题呢？维特根斯坦指出语言游戏既然是生活形式的一部分，那么它必然在生活中发生作用。而要想让语言发生作用，就必然要求人们能够相互理解，具有一致性。人们长期的共同生活造就了他们共同的生活方式，仿佛行走吃饭是我们自然而然的生活方式，它就是一种习惯，或者说风俗、建制。这是人们在实践过程中建立的共同认可的东西。而语言既然是生活形式的一部分，它也就是一种习俗，当然不是私人性的。不是某个人现在所做的，而是整个一大群人，是我们在其中见到的每种行为的背景决定了我们的判断、概念和反应。传统不是一个人可以学习的东西，不是一个人只要喜欢就能拾起的一根线(PI,pp. 80-81,CV,p. 76)。对个人而言，它是先在于我们的选择而被强加给我们的。

这一方案既避免陷入相对主义，又与传统的形而上学区别开来。首先，说我们的语言游戏的规则是任意的，并不是说它没有任何根据，完全随意。语言游戏既然是生活实践的部分，就必然要在实践中发生作用。现实规定了怎样的语言游戏可以发生作用。之所以某些经验命题的真实性属于我们的参照系，是因为它是我们在与人的交往和与世界发生关系的实践和生活中最为基本的形式，因此就进入了游戏规则的层面。可见语言游戏仍然是受一个共同体的生活实践所规定的，虽然这一规定并不能保证语言游戏具有超越时空和文化的绝对的普遍有效性。从这种意义上讲，与其说维特根斯坦是一个相对主义者，还不如说他是自然主义者，他认为生活形式和语言游戏最终是由世界的性质来规定，世界教会我们某些语言游戏是无法进行的。[1] 正因为语言游戏的规则来自我们的实践，因此它并不是永恒不变的。我们可以有边玩边制订规则的情况，也可以有边玩边修改规则的情况(PI,p. 39)。维特根斯坦特别强调经验命题和规则之间并没有明确的界限。同样的命题有时可以当作受经验检验的东西，有时则可以看作是用以检验的规则。在语法规则、假设和命题之间确实存在着区别，[2]但也可以发生转换，假设居于描述实在的命题和语法规则之间，有时可以成为规则。原因在于在我们的实践过程中某些经验可能

① Hans Sluga. Ludwig Wittgenstein: Life and Work, An Introduction. The Cambridge Companion to Wittgenstein, p. 22.

② 我们对命题的判定用“真”或“假”为标准；而对假设，我们的标准是“正确”或“错误”，“可行”或“不可行”；而对语法规则，我们的标准是“可行”或“不可行”。

成为最为基本的，因此逐渐凝固为规则。而我们的生活和实践是一个正在进行中的过程，因此不断接触到新的经验，并不断地会有某些经验成为规则，相反也可能由于某些经验逐渐淡出我们的生活，而从规则变成了经验事实。因此，玩游戏可以比作规则和简单的玩耍或两者之间转换。当然这里所说的经验被凝固为规则并不是说经验经过抽象和归纳形成规则，也不是说经验本身就造成了基本的规则，而是说这种日常的经验是我们生活的基本形式，离开这种经验我们的生活就完全变成了其他样式。规则是在我们的实践过程中直接被我们意识的。如果将规则比作思想的河床，那么河床可能发生移动。但是我们对规则仍然会有所意识，因此尽管河床会发生轻微的改变，我们仍然能分辨出河床上的河流运动和河床本身的移动（AWL，pp. 69-71、160，OC，96-99、130-131）。也就是说规则是随着我们实践发生改变的，是我们的生活的基本形式，但我们总能意识到规则的存在。因此并不是只有数学、逻辑等被看作是先天的知识的东西才具有确实性，某些经验命题有着与数学等式同样的确实性，因为经验中同样有与数学中一样无可争议的支柱。这些确实性的差别不是程度的差别，而是种类的差别，而确实性的种类也就是语言游戏的种类。

在这里，我们看到了维特根斯坦与康德的差异。对康德而言，认识之所以具有共通性是因为认识对象是人类知性的先验形式作用的结果，人之为人都具有知性，因而认识的规则是超越时空、民族和文化，永恒不变的。评判人的认识的标准是唯一的，因此有理由对从古至今的不同文化和对世界各民族的观点加以评判，考察谁更接近真理，这也是文化进步论的根源。而对维特根斯坦而言，既然实践才是第一性的，语言规则是生活形式的集中体现，随着人类生活方式的变化，语言规定着的认识的界限也不可能是一成不变的。摩尔所列举的一系列具有经验命题形式的信念之所以不可怀疑，不是因为它们能被单个命题所证实，而是因为它们是一系列相互依赖的经验命题得以可能的前提，并被包含于诸多的经验判断中。因此这种确实性不是近似匆忙或浮浅的看法，而是一种生活形式，它们不仅是我们的判断方式，也是我们的行为方式。具有相同的基本信念的人们处于同样的科学和教育所联系的社团中。在不同的生活形式或者说人类的实践中会有不同的规则，没有一个永恒不变的规则可以规定真理，成为一切知识的评判标准，因此不要以为我们的概念是唯一可能和合理的概念（RPP1，643）。比如宗教是建立在一系列教条基础之上的，这些教条作为规则规定了宗教的话语体系，但它们自身是不可论证的，而在这种话语之外，它们也不是普遍有效的。我们不可能用科学的标准评判宗教，反之亦然。我们之所以难以想像一些与我们的概念不同的概念，是由于我们从来没有意识到某些非常普遍的自然事实(LW1, 209)。也就是说我们没有意识到在我们的生活形式之外还可能有其他的生活形式,而它以不同的方式看待事物。因此每个人都受到自己的生活形式,或者说自己所处的文化的制约。文化是一个集团的规章,或者至少预设了一种规章(CV,p.83)。社会生活中不同的团体就有不同的文化,根本没有一个共同的标准可以将两种不同的文化进行比较,因此在文化中也不应该采用一种本质主义的观点,不应该任意地确立一个原型,以之作为标准来评判对象。各种文化的相似性是一种家族相似的关系,它们各自在一定的社会情境中发生作用,而离开了这种情境就失去了效力。用西方文化的概念体系评价希腊和犹太文化是不恰当的。因此进行哲学研究时要不断改变姿势,不要让一只脚因站立太久而变得僵硬(CV, p.27)。典型的例子就是他对弗雷泽《金枝》提出的批评。在他看来,弗雷泽站在自身文化习俗的立场上对原始文化进行解释和评价,以进化论的立场认为原始人愚蠢是没有道理的。现代文明建立在科学的基础之上,科学作为一种语言游戏,其基础与原始文明一样是未经论证,也不可论证的。原始的宗教仪式和现代科学并不存在优劣之分,而只是属于不同类型的语言游戏,因此我们只能描述这些仪式,而不是将其放到时间进化的假设之中进行解释(PO, pp.119-120、131、141)。

另外,由于语言游戏是生活形式的一部分,是随着生活的变化而变化的,因此由语言所规定的世界的界限并不是一个确定不变的东西。而康德则借助知性范畴和感性形式将经验世界的界限规定为先天和永恒的。如果说道德是对经验世界的超越,那么对康德而言,要超越的是一个确定的世界,而且理性的先天概念将帮助人们完成这种超越;而对维特根斯坦而言,这种超越的东西对每一个个体、每一个历史情境而言都是不同的。

第三节　语言的非系统性

既然语言是生活形式的一部分,语法规则是在实践中确立的,而不是来自于认识能力的先天形式,因此不可能脱离具体的生活和经验先在地给出整个知识的体系。比如像康德那样,根据逻辑给出纯粹理性在量、质、关系和样式方面的十二个先验范畴,并且确保这是完整的罗列,在维特根斯坦看来,这是不可能的。由于实践是一个进行中的过程,是并未最终定型的东西,而语言游戏又属于实践的一个重要的环节,它同样是未定型的。因此,我们不可能脱离具体的经验给出整个语法规则的体系。哲学是对语言进行分析的活动，而在哲学中我们缺乏一种概略的看法。就仿佛我们在一个国家中能够很好地行走，却不能给出整个国家的地图，因为我们无法清楚地知道各条道路之间的全部联系方式，同样语言是一个相互联系的有机体，它在我们日常生活的方方面面以不同的方式发生着作用，语言中的一个问题可能会关涉到其他问题，我们不可能完全清楚地弄清所有这些问题之间的关系，因此，要给出整个语言的边界是不可能的。语言从来不是一个系统而规整的东西。它表现在如下几个方面：

首先，语言中的各个要素间不存在等级关系，一切都在语言游戏中获得意义。在康德的体系中，由于经验对象是由认识的先天形式构成的，因此时间、空间这两种先验感性形式与先验范畴相对于其他语词而言是更为重要的，它们代表着更为根本的东西。另外，像纯粹理性的理念由于对整个知识体系的形成而言是必不可少的调节性原理，因此同样在整个概念体系中占据着特殊的地位。而在维特根斯坦那里，语词的意义不是由它所指代的事物所赋予的，而是来自于它的用法，来自于它在语言中扮演的角色，因此，任何概念都没有超越于其他概念的特殊地位。包括像语言、命题、经验、世界等语词在语言系统中与其他语词的等级都是相同的，它们的用处一定像桌子、灯、门这些词一样卑微(LWL,p.92,PI,p.44)。“真理”在传统哲学中是一个具有至高无上的地位的概念，然而在维特根斯坦看来，企图发现一个真理理论是荒谬的，如果说命题与实在相符即为真，那么我们就必须考察什么才算是与实在相符，而“相符”同样是在不同的意义上使用的，因此，在日常生活中我们总是在不同的意义上使用“真理”或“真”这个词。而一旦真理并没有统一的标准，而是在生活中随时异用的，那么这一概念也不因为它所指代的绝对的标准而拥有特殊的地位。甚至在维特根斯坦的体系中最为重要的规则和游戏的概念也不是先在地被客观事实或先天的认识能力所规定的，它们同样是在实践中被赋予意义的。对规则的类的特征的了解(即使确实可以给出这样的特征)无助于我们使用规则，同样，对于何为游戏的明确界定也无助于我们更好地游戏。最关键的是：即使是“上帝”也不是指代谁，而是表明使用者意指什么(RPP1,475,CV,p.82)，也就是说这个在西方文化中至高无上的概念也是由语言游戏的用法所规定的。任何概念，包括在传统哲学中被赋予特殊地位的概念，都是在使用中获得意义，而它们的用法并不总是一致的，这些词的使用与其他语词一样具有模糊性。因此我们必须在具体的使用中考察这些概念与其他概念的联系与区别，它们作为概念并不超越其他概念，而是彼此相互依赖的。没有任何说明可以超出符号系统。在对概念进行解释的过程中，我们会发现概念不断地长出新的触角，不断地要对用以解释某个概念的其他概念进行解释。这就像德里达所说的"延异"(differance)，也就是说对概念的解释总是推迟的，总会牵扯出整个语言系统。因此我们不可能不依赖语言系统中的其他概念来理解。不存在一种在各种不同的语言中规定何为语言、何为命题的东西，也不存在研究具有特殊地位的概念所构造的元哲学。维特根斯坦将哲学问题的答案比做神话故事里的礼物，它在魔幻城堡里显得魔法无边，而白天在户外看它时，它不过是普通的铁块(或类似的东西)(CV，p. 11)。在哲学中被赋予特殊地位的概念在实践中都无非就是普通的语词。而传统哲学之所以会误用语言，就是因为我们并没有超级事实的范本，却被引诱去使用超级的表达式(PI，p. 77)。也就是说，我们试图超越一切可能经验的限制，概括出对一切经验都有效的基本规则，而事实上规则本身就来自于具体的实践，而且仅在这种生活形式中有效，并没有超越实践、超越任何经验的东西。

笔者在此所列举的语言、句子、游戏、规则等概念都是维特根斯坦哲学中核心的概念，但是他并没有赋予它们以特殊的地位。既然他说语言的意义来自于它在实践中发生的作用，而以上所列举的概念都是语词，也就理所当然要在实践中获得意义。在此我们看到维特根斯坦哲学的自我指涉的特征，也就是说他在哲学中提出的关于语言的看法同样适用于他自己所使用的语言。有学者指出哲学的自我指涉的特征来自于康德，康德在他的哲学中体现了这样的思想：若要避免独断论，批判的标准自身必须经过检验。如果它们由其他标准来检验，那么这个标准同样需要被证明，于是就会产生无穷倒退的问题。唯一替代的途径似乎只能是批判的标准由它自身批判地检验。[①] 而这一精神体现在维特根斯坦的哲学中出现了这样的结论：如果哲学又谈论"哲学"一词的用法，为此并不需要第二层次的哲学，就像正音法可以为"正音法"一词正音一样(PI，p. 49)。因此没有任何概念在体系中具有特殊的地位，任何概念都是在整个语言游戏的用法中确定其意义的。

其次，语言、句子、游戏等概念并没有清晰的界限。对于康德而言，既然我们的经验是由认识能力的先天形式所构成的，那么给出这些先验的感性形式与先验范畴，以及它们构成对象的方式，我们就可以为经验世界划定明确的界限。维特根斯坦认为世界的界限就是我们的语言的界限，然而语言究竟是什

① Newton Garver. Philosophy as Grammar. The Cambridge Companion to Wittgenstein, p. 163.

么只能在语言游戏中加以规定，而语言游戏是我们的生活形式，或者说是我们实践的形式，而我们的生活异常地复杂，实践的形式多种多样，因此存在着诸多不同的语言游戏的样式，在不同的语言游戏中，对语言、命题、游戏的规定都是不同的，其外延是由不同的目的来规定的。只有在特定的系统中，对应于特定的目的，语言、命题和游戏的外延才是确定的。我们无法谈论比具体的游戏更为一般的游戏。维特根斯坦经常指出任何游戏都要遵守规则，然而这并不为游戏划定明确的界限，因为何为遵守规则同样没有严格的界限。而且即使是特定的语言游戏，它的边界也同样是难以划定的，因为游戏的规则并不能明确地指出，而只是在具体的使用中表现出来，而具体的使用属于经验的东西，经验是无法完全列举的，因而要通过对语言的具体使用的考察给出这种游戏规则的明确边界也同样是不可能的。要给语言、句子等概念划出明确的边界是不可能的。同样给经验划界也存在边界不清的问题。在康德看来，凡是由先验形式构成的经验对象都具有客观有效性，而感性和知性既然是人之为人所共同具有的认识能力，那么我们显然能分辨纯粹主观的印象和客观的经验对象，同时也能分辨经验对象和先验的规则。但维特根斯坦举了这样的例子：质感并非直接的视觉经验，但经常有“将一个图形看作金属丝框架”之类的表述，将个人性的体验带到了观看的普遍方式中去。因此什么是具有共通性的知识，是关于世界的表述，而什么纯粹只是个人的感性印象，并没有明确的界限(RPP1,21-22)。此外，由于语言是我们实践的一个重要组成部分，它本身就是我们生活的产物，因此我们的一些常识就成为了规则，这些规则和经验命题之间并没有清晰的界限。关于语言、命题、经验的界限问题就像“大约”的概念和沙堆问题一样，问到底多少粒沙子成为沙堆，“大约 x 米长，那么它的最短、最长的长度是多少”都是无意义的(PG,pp. 236-240)。我们不能清晰地对我们使用的概念(包括语言、句子、经验、游戏、规则等概念在内)划定界限，不是因为我们不知道它们的真正定义，而是因为它们没有真正的定义。人们关于概念的用法形成的朴素的观念与现实并不相符。我们期待一个平滑的、合乎常规的轮廓，却看到一个支离破碎的轮廓(RPP1,554)。因为概念游走于各个不同的语言游戏中，参与着各种不同形式的实践，并在其中发生着不同的作用。生活的无穷复杂注定了我们不可能划定任何概念的界限，这是概念的本性。在生活之流中，我们的一切概念都是有弹性的，我们不能用一个僵硬的概念来适应这个环境。概念既然不能清晰地划定界限，更不可能通过给出一个关键性概念的外延而划定整个经验世界的界限。

语言的任意性和非系统性看似与伦理问题没有什么关联，但是接下来我们将会看到：正是语言的这种特征使得审美中反省的思维方式对于伦理是至关重要的。

第四节　语言实践与道德的根基

否定语法规则来自先验的认识能力，得出规则的任意性和语言的非系统性，并指出语言作为生活形式的一部分是实践的产物，同时又参与和构造了整个实践，这对于道德会产生什么影响，又如何使维特根斯坦回避康德在将道德落实到现实的经验世界时所遇到的困难？要回答这个问题，首先要注意：虽然在康德和维特根斯坦看来，真正的伦理价值是现实世界之上的，但是康德认为现实的经验世界是由我们的认知能力提供先验形式构成的，而道德是由实践理性提供先验概念的，因此各自形成了两个不同的世界。如果道德要对我们的生活真正产生影响，那么实践理性的先验概念对经验世界产生影响必须是可能的，而且必须可以找到一种途径，有效地沟通两个世界。因此，才有了判断力批判。而审美的判断力批判只是给出了实践理性的先验概念规定经验世界中对象形式的可能性，但是并没有证明经验世界中对象的实存受实践理性的先验概念规定的可能性，也没有真正解决道德的动力问题，而要使得道德对现实生活产生影响，不仅仅是要意识到先验法则，更要使它成为行为的动力，唯其如此才真正沟通了两个世界。为此他只能借助至善和上帝实存等假设，然而康德这样做恰恰放弃了审美判断中实实在在的反思，不去思考如何可能拓展这种思维发挥作用的领域，而去借助在逻辑上并不具有充分的根据的假设。而一旦关于至善、灵魂不朽和上帝存在的证明失败，那么沟通道德世界和经验世界，让实践理性的先验概念影响我们的现实生活的努力也就宣告失败。而维特根斯坦否认先验概念，无论是在认识领域还是在实践领域都是如此。因此，不存在道德领域和认知领域的分裂和沟通的问题。伦理的视角和经验性认识的视角差异就在于前者是在世界之上，将世界作为整体来看待；而后者是在世界之内，并不意识到世界的界限。世界的界限就是语言的界限，语法规则规定了语言游戏，也就是我们的生活形式的界限，因此，对规则的意识也就是对我们自身所处的世界的意识。而语言游戏既然是一种生活形式，那么语法规则也就是我们实践的规则，所以对世界的界限的意识也就是对实践规则的意识。要从经验世界走向道德世界，其中关键的问题不是像康德那样将本不属于经验世界的东西引入经验世界，而是以何种态度和视角看待生活。虽然我们在正确地使用语言时并不搬出现成的规则来与具体的语言相对照,但是必须意识到:机器人的某种移动与有意识地作相同的移动是不同的,这种差异并不是心理状态的差异,而是对规则的一种也许并不明确的意识。要想转变立场,从整体上认识世界,就需要使得这种实践中不明确的意识上升为明确的意识。也就是说,我们对待生活和语言游戏的态度要从无意识的参与语言游戏转变为对生活进行反思。哲学思考就将我们从日常的对象性思维中解放出来,通过对语言的描述对语法规则进行反思。在他看来,他的哲学中最重要的方法就是以一种不同于思想在现实中发生的方式去构造思想的历史发展过程。也就是说不是运用思想去描述对象,而是对思想的运用本身加以反思。如果我们都能这样做,那么我们就是从一个全新的角度看这个问题(CV, p. 37)。那么,这种反思究竟如何进行呢?

维特根斯坦认为首先就是要用话语现象的分析替代各种假设和理论。观察的基本原则是:不会通过观察干扰所观察的对象。"不要寻找现象背后的东西;现象自身就是理论。"(RPP1,690、889,PO,p. 177)实践是第一性的。语言游戏作为一种生活形式只能在实践中获得自身的合法性。因此我们只能用语言描述世界是如何的,却无法进一步追问它何以如此。规则本身不存在进一步的根据。关于直接被给予的东西不能再提出任何假设。因此语言游戏是描述的极点,而不是理论的基础,不要试图在此基础上对语词进行解释或引出什么理论。唯其如此,我们才不会用各种假设的理论替代对语言真正的反思。我们有这样一种错觉,认为我们所研究的最微妙、最本质之处在于对普遍本质的把握(Z,444)。但事实上并不存在与概念相对应的普遍本质,概念之所以能发挥作用,从来就不依赖于它的精确性。那些最普遍的概念恰恰也有最模糊的意义。它们其实与无数的特殊事例联系在一起,但这并没有使它们更加坚实,反而使它们更加脆弱。也就是说我们试图用某些普遍性的概念,诸如过程、状态、事物、事实等来解释某些具体的现象,结果却发现这个解释较之被解释的东西更为空洞。因此必须耽留在日常思考的事情上,而不要被误导并想像我们必须描述至精至极的东西(PI, p. 46),由于使用符号时存在着规则,因此仿佛规则是先于符号的具体使用而存在的,因此试图发明符号神话学,或心理学神话学,以代替我们所知道的简单的话语。殊不知概念的意义来自它的使用。概念的形成是以生活之流为基础的,而生活本身复杂多样,而且是一个正在进行中的,或者说正在被构造的过程,因此概念必然是有弹性的,也就是说它的用法也是复杂多样的,并不对应于相同的情况。词没有严格的意义并不是缺陷,相反只有这样才能在复杂多变的生活中产生作用。因此,没有不以我们的意志为转移的力量赋予它意义，以至于人们可以对它进行科学研究，发现它真正的意义。语言也不是始终以单一的方式起作用，不是始终服务于同样的目的，即传达思想，因为关于房屋、疼痛、善恶，或其他东西的思想是迥然不同的。因此，没有完全固定的规则。试图将语言体系描述为一个具有明确而规整的边界的东西，这就像踏上了光滑的冰面，没有摩擦，在某种意义上条件是理想的，但我们正因此而无法前行。我们要前行就需要摩擦，因此必须回到粗造的地面(PI，p. 46)。[①] 因为，词具有人们在实践过程中赋予它的意义。我们不能规定符号体系的用法，建立在假设基础上的理论并不能真正显示语言游戏的规则，也不能让我们看到世界的界限。只有面对语言自身，考察它实际的使用状况，追问语词在语言之家中实际上是如何使用的，并将它从形而上学的用法带回到日常的用法，以消除任何关于语言和世界的假设，消除晶体般纯粹的先入之见，才可能真正窥见世界的界限。因此，只有在日常话语和使用中包含着真正的符号学。而要整理符号系统就必须描述这个体系，也只有通过对语言不同用法的描述和揭示，我们才可能抵御描画一个确定的规则的诱惑，回归到语言真实的用法。哲学要解开我们思想中的难点，虽然它的成果必定是单纯的，但哲学探索必然是与这些难点同样复杂的活动(PR，2，Z，452)。如果将语言实际的使用比作绕弯子穿小巷，那么关于普遍的游戏或元逻辑之类的假设就可以看成是笔直宽阔的大路，然而生活本身的复杂性注定我们的语法规则并不是一个可以明确被概括出来的系统而规整的东西。因此，笔直的大路被永久地关闭了，我们只能面对诸多特殊的游戏，逐一地考察我们如何使用语言(PI，p. 127)。

传统哲学试图建构一个完整的体系，解决全部的问题，而个别的问题也在系统中得以解决。而维特根斯坦指出这是不可能的，我们只能从个别入手，在对日常语言的反思中不断产生新问题，发现各种不同的使用方法，并不断改变整个规则系统的格局(BB，pp. 44-45)。从个别入手就意味着我们不仅要分析

① 有学者指出：在维特根斯坦的思想进程中，有两种相反的声音在诱导着他：一种是踏上光滑的冰面的声音，另一种是回到粗糙的地面的声音。前者试图提供一种关于语言的概观，后者则回到日常的语言。然而，维特根斯坦似乎无法安于其中的任何一端。对语言进行反思，考察其实际的用法就是试图为之提供一种概观，但是他意识到一个边界规整的语言体系是不存在的，因此完整的概观也就是不可能的；另一方面，语法规则存在于语言实际的使用中，因此必须回到语言实际的用法，也就是要回到粗糙的地面，然而在语言实际的使用当中，在粗糙的地面上，我们往往是没有反思的。因此，维特根斯坦的目的不是将读者引向任何哲学观点，无论是理想化的、无冲突的语言理论，还是日常语言的实用主义理论，而只是帮助我们以面对现象进行反思的态度看待日常语言(见 David G. Stern. The Availability of Wittgenstein's Philosophy. The Cambridge Companion to Wittgenstein, p. 444)。

语言的外部形式,更要将语言置于实际的使用环境中加以考察。因为我们语言的外表形式使一切看起来都很相似,因此我们完全没有意识到各种各样的日常语言游戏惊人的多样性。然而同样是主谓形式,事实上包含着极其不同的逻辑形式,现实以不同的方式被投射到以主谓形式加以表达的语句中,比如实体和属性可以用主谓句表达,此时实体是性质的物质承担者;形状和颜色也用主谓句表达,但形状并非颜色的物质承担者。因此,对语言的考察不应该停留于外部形式,传统的词性和分类是无关紧要和随意的。规则和语词的用法与生活一样具有多样性。必须对每一种使用作专门的描写,因为它们都有其自身的规律。符号的使用都存在家族相似性,因此无需寻找一致的东西和标准的用法,只能在具体情况下研究特定的用法,理解一个词在一种情况下的使用并不能省却对这个词在另一种情况下使用时的语法研究。鉴于语言的复杂性,我们不应该将可比较性而应该把不可比较性看作是不言而喻的(CV,p. 74)。从我们所知的东西出发,进而检验我们料想我们所知的东西的有效性,在这一点上维特根斯坦完全赞成康德的做法(LWL,pp. 73-74)。他从哲学的原始资料开始,也就是从一些写出的和说出的句子开始,从现象入手,如实地加以描述,而不作任何假设。然而与康德不同的是:康德仍然试图为经过描述而意识到的认识规则给出它何以如此的根据,从而证明其合法性,换言之,他试图通过指出它们是认识能力的先天形式而证明它们可以有资格成为经验的规则。而对维特根斯坦而言,既然实践是第一性的,语言游戏先在于对它所作的任何描述,因此它根本无需对规则进行合法性的证明。现在的困难不在于找到答案,而在于承认某事物为答案,而它看起来又像是答案的入门阶段。我们错误地等待解释,而事实上没有必要再进一步加以解释(Z,314)。哲学通过反思让我们意识到语法规则,并由于看到了语言游戏的边界而产生惊奇的感受,那就足够了。我们应该满足于让它如此,将它作为事实接受下来。如果说康德试图从现象上升到现象的先验根据,那么维特根斯坦则认为"我真正要去的地方就是我现在站立的地方"。一旦我们试图对现象本身加以解释,试图对世界进行处理,那么处在多样性中的世界就被扔在一边,像是扔进了一个堆放杂物的房间(CV,pp. 7、9)。背离了世界本身,也就谈不上认识世界的边界。也正是这个原因,他批评拉姆塞(Ramsey)是市民阶层的思想家,他的思想目标仅在于把一个特定社团的事务安排就绪,而不思考人们如何合理组织整个国家。也就是说,他只认识到某些局部的规则却试图将其运用于全体,真正面对现象的描述,真正的哲学思考使他不安,他将这种思考当作无价值的东西扔到一边,而执著于他的理论(CV,p. 17)。因此维特根斯坦认为哲学中最为重要的是“清晰的表象”，这个概念对我们来说具有根本的重要性。它指向我们的描述的形式，我们看待事物的方式。事实上描述语言的用法就是对语言进行反思，通过描述，我们“看到了联系”，发现了联系链的重要性，也就是说对语言所遵循的规则有所意识，由此产生了理解。这种理解不同于对经验现实的认识，它是一种对规则的意识。

而哲学中这种面对每个个别对象自身的态度和反省思维恰恰就是审美的主要特征。这在康德和维特根斯坦关于审美问题的论述中均有提及。在审美判断中由于我们不是根据认识的规则，按照某个确定的知性概念来看待对象，我们面对单个对象自身，在对象的形式中发现一种合规律性。此外，由于审美判断不是以认识为目标，因此并不指向对象，于是我们的注意力就被引向了判断的规定根据。这就是一种反思的态度。而这种态度对于道德也是至关重要的。道德的实现依赖于对作为本体的自我的自觉，虽然康德和维特根斯坦对本体自我的确立有着不同的看法，但是对先于经验的法则的自觉却是两人都十分关注的问题。康德依赖的是实践理性的先验道德法则，通过它意识到超越经验法则控制的自由意志，从而确立起我之作为本体的意识。审美判断借助反思的判断力将审美对象的无目的的合目的性追溯到实践理性的理念，从而产生了对实践理性先验概念的自觉，因此审美具有一定的道德价值。但是由于审美判断力批判未能真正沟通两个分离的世界，也无法解决道德法则如何成为行为的动力的问题，因此康德放弃在审美反思的基础上寻求实现道德的努力，而是假设至善和上帝的存在。而事实上康德所做的是先将经验世界和道德世界分离，并且借助先验概念将它们封闭起来，然后又借助上帝实存等假设将它们联结，而这些颇具形而上学色彩的假设并不能被证明为有效的。而维特根斯坦则像叔本华一样否认了康德的先验道德法则，他区分了作为表象、对象的“我”和作为本体和意志的“我”，前者只是经验世界中的对象之一，不可能将世界作为整体来看待，而后者则与世界同一。因此，要具有关于作为本体的自我的自觉首先就要具有对规则或世界界限的意识。审美当中的反省思维恰恰有助于我们实现这一目标。对维特根斯坦而言，既然没有先于我们的实践的先验的道德法则，更谈不上将这种外在于经验世界的法则引入世界的问题，因此要使我们的生活具有道德价值，要做的只是改变我们的生活态度。也就是说，要从经验世界中的个体转变为本体，要从本体的视角看待我们的世界，将世界作为整体来把握，为此就必须要意识到世界的界限。世界是我的世界，是被纳入到我的实践和生活之中的世界，如果它是自在的世界，而没有纳入到我的实践之中，那么对于我而言它就是没有意义的。经验世界的法则就存在于经验世界之中，是我们实践的产物，并随着我们的实践的进程逐渐地发生着变化。而我们的语言游戏就是我们的生活形式，语言游戏的规则规定了语言游戏的边界，同时也规定了我们的生活形式的边界。因此要将世界作为整体来把握，从而上升到意志自身的立场，就必须意识到语言游戏的规则。虽然维特根斯坦像叔本华一样认为只有个体的立场转向本体或者说自在之物的立场，才能使生命具有道德价值，但与叔本华不同，他认为本体的立场并不是先验和绝对普遍的。不懂中文的人将中国话当作发音不清的咯咯声，懂得中文的人却认出这是一种语言。人性也同样如此(CV，p.1)。也就是说，没有人之为人的普遍的人性，任何性格、行为都是在特定的环境中形成的，人随着经验的变化而变化(CV，p.84)。即使人们超越个体的立场而进入道德的立场，他也离不开特定的环境，超越是对特定的经验世界的超越，没有经验世界，就谈不上什么超越。因此，不可能脱离我们的现实来谈论道德。因此，我们无需像康德那样借助审美来沟通经验世界与道德世界，我们只有一个世界，只不过在这个世界上采取不同的态度。审美在维特根斯坦的哲学中是一种对待生活的基本态度和方法，它让我们从语言的无意识的使用，从一种对象化的态度转变为一种反思的态度，并使得我们意识到游戏的边界。如果说在康德的体系中我们需要回答这样的问题，即：审美作为沟通实践理性和认知理性的桥梁是否有效、是否充分，那么在维特根斯坦那里，这样的问题是不存在的，我们只需要问：审美作为一种生活态度，是否真正能对于我们从整体上把握世界有所帮助。

显然审美的态度在某种程度上确实帮助我们认识语言游戏的边界，从而从整体上把握世界。首先通过对语言的具体使用情况的描述，通过对语言的诸种用法的比较和分析，我们意识到语言游戏之间的差别和各个语言游戏的规则。虽然由于生活自身的复杂多样，语言游戏又是一种生活形式，因此它同样是复杂的，我们不可能给出一个边界清晰的语言系统，不可能给出世界的明确的边界。但事实上给出世界的明确的边界对于我们从个体的立场转向世界自身的立场并不是必须的。既然我们意识到某些游戏的边界，我们也就必然意识到所有的语言游戏都是存在边界的，意识到这一点本身就意味着我们超出了个体的立场，试图从整体上把握世界。虽然这种把握更多地只是一种对世界之作为一个整体的朦胧的意识，只是知道存在着边界，但这足以使我们从无意识地使用语言，被语言规定的状态转向自觉地意识到这种规定，而只有这样才可能超越这种规定性。现在的问题是：既然语言游戏是无限复杂和多样的，因此我们不可能给出所有游戏的规则，也就不可能给出整个世界的边界，那么我们何以确定有一个作为整体的世界？我们为什么不能将世界看作是与语言游戏一样，并非是一个整体，而是诸多的世界？在此，唯我论也许可以给我们提供一些启示。说"我疼"，其中的"我"缺少身份认证的标准，也就是说不能作为经验对象从空间和外部性质加以区分，因此并不是与"你""他"等相对应的人称之一，而且说"我知道我疼"是没有意义的，因为它的反面是不可能的，这就意味着"我"不是作为对象世界的客体与感觉发生偶然的经验联系，相反"我"是感觉的界限。同样"世界是我的世界"，这里的"我"也不是用以区分经验世界中不同个体的人称代词，而是经验的界限，是不可言说的。不可言说的唯我论之所以不会导致自我中心主义，就是因为"我"并不是指经验个体，而是经验的界限，就是生活。当然这里的生活并不是从生理学上理解的生活，而是意识生活，意识是经验的真正本质，是世界的表现，是世界本身（AWL，p. 24，PI，pp. 121-123，PO，p. 255）。也就是说，凡是能被我意识的东西，也就是我的生活和世界界限之内的。与传统的唯我论不同，他并不认为只有我这个个体才是具有心灵的，相反我们的语言告诉我们：我对他人的态度是对他的心灵的态度，我们直接判定他人是有心灵的，因为我们不是从他的外表，并根据与我自身的类比推断出他人内心难过，相反我们直接判定某人难过，也就是说我们认为他人的行为是他人内心的表现。作为个体我与他人具有同等的地位，"我"只有通过其他人称的区别才能在语言游戏中确立起自己的地位，因此作为个体的我并不高于任何其他个体。而作为世界的界限，"我"完全可以用其他表达式代替，而不是指经验个体。当然这个"我"也不能等同于康德和叔本华体系中的本体，因为在他们的体系中，意志主体同时也是认识主体，而认识主体的先验形式使得世界有着明确的界限。而在维特根斯坦看来，语言游戏是一种生活形式，是我们实践的方式，我们的实践是在进行中的过程，是我们的经验生活。因此它的边界不是预先就可以明确给定的，而且也不是固定不变的，"我"作为世界的界限虽然不是经验个体，但也离不开当下的经验，他虽然不是具体的经验，但却可以理解为当下经验的界限。如果说"我"是世界的界限，那么虽然语言游戏是多种多样的，它们所对应的世界也是多种多样的，但是围绕"我"仍然能够将世界组织为一个经验整体。我的世界就是我的整个生活。思考语言就是思考我的世界，思考我的实践的范围。那么对这一边界的意识是否能帮助我们改变生活态度？维特根斯坦似乎给出了肯定的回答。我的世界就是我的整个生活，是当下经验的整体。当下的经验并不是所有可能的经验，因此我们现在的生活也并不是唯一可能的生活。通过突出我们日常语言形式容易加以忽视的种种区别，我们可以意识到语言的秩序是为了某种特定目的的秩序，而不是唯一的秩序(PI，p. 51)。既然其他的秩序是可能的，那么我们的生活形式完全可能变成其他形态。同时通过对语法规则的反思，我们也意识到无论我们的语言游戏发生何种变化，其中总是存在着规则，这也就意味着我们的实践总是存在着界限，而这个界限就像已然被我们超越的界限一样，同样可以得到拓展。这就意味着不仅我当下的经验世界可以被超越，而且一切可能的经验世界都可以被超越。那么既然要超越一切可能的经验世界，我们必然有一个关于世界应该是如何的构想，正是基于这个构想，我们才有必要超越一切可能的经验世界。这就是我们的生活模式，也就是生活应该如何的理想。在此，维特根斯坦也像康德一样引入了上帝和信仰的问题。他认为生活可以教人相信上帝，经验也能做到这一点。但是关于上帝存在的经验不是感觉经验，而是各种痛苦的体验。“经验，思想——生活能把这个概念强加于我们”。我们不可能通过证明达到对上帝的信仰，但是一旦生活教会我们去信仰，我们就试图用理智去分析和论证这种信仰。因为既然生活中的各种痛苦教会我们信仰，就说明这种信仰是我们灵魂的一种需要，它作为一种肯定性的力量将我们置于和现实世界不同的另一个世界之中。信仰作为行为规则规定了我们将以不同于现实世界的方式行事，而另一方面某种特定的行为方式又确认了信仰。此时，我们就上升到道德的立场(CV，pp. 31-33、86)。宗教为我们提供了一种生活模式，但并不是所有的人都可以意识到这种模式，它仍然需要我们的反思。对生活本身不加反思，无意识地生活着的人们不会对生活产生问题。问题产生于实际生活与我们形成的生活模式之间的不一致。正确生活的人不会对问题感到苦恼，而是感到欢快，因为问题仿佛是在他的生活周围的一个明亮的光环。所谓正确地生活就是指不是在生活之中，而是在生活之上，也就是在本体的立场上看待生活。在日常生活中我们并未明确意识到我们现实生活的边界，也没有意识到作为灵魂的需要潜藏在我们内心的生活模式。而当问题产生时，理想的生活模式和现实生活的边界都进入了我们的意识，我们不再是盲目地生活，而是在本体的立场上对现实生活有了整体的把握(CV，p. 27)。既然语言游戏是一种生活形式，因此对语法规则的意识也就是对生活形式的意识。对语言的反思显然能让我们把握我们的世界的界限，从而走向信仰的世界。需要特别指出的是，由于维特根斯坦没有像康德那样设定道德的先验法则，因此关于理想的生活模式并没有统一和不变的形式。虽然在他看来上帝和信仰是超越任何可能的经验世界的，但是在信仰的不同层次上，对于宗教中的各种描述和概念的理解并不一致，有不同信仰的人会有不同的思维方式，以不同的方式看待日常事件，对上帝的理解也随着体系的变化而改变。上帝的概念只有在每一种具体的宗教实践中才能确定，而不同的宗教实践恰恰说明我们并没有超越时空普遍有效的上帝概念。根本的原因就在于信仰既然是由于现实生活的痛苦而产生的对现实的超越，是从世界中的对象转变为世界自身的立场，而世界就是我的世界，是我当下的实践的领域。即使是在世界自身的立场上，从整体上把握世界，我们的视野也仍然受到我们当下的实践的制约。超越是对现实的超越，现实的环境依然在我们的信仰中打上了烙印。

从上述分析可以看到：审美的态度对于我们从世界中的个体的立场转向世界自身的立场是必要的，因为只有通过反思我们才对世界，也就是对我们的实践的范围产生明确的意识，而意识到这种边界，才可能试图去超越这一边界。现在的问题是：对世界的边界的意识和反思只是我们转向道德的，或者说世界自身的立场的一个重要的条件，但它自身并不必然导致立场的转变。对于由现实生活和理想的生活模式之间的距离所产生的问题，必须要改变我们的生活，使之符合生活模式才可能消除。也就是说，必须要落实到我们的行为方式的改变。而从对我的世界的界限的意识到行为方式的改变，其间还存在着距离。那么如何才能跨越这种距离呢？维特根斯坦似乎无意于回答这样的问题。在《关于伦理学的讲演》中，维特根斯坦告诉他的听众，他的目标不是确定伦理学的目标和方法，而是帮助澄清对这个主题的看法，希望听者最后自己看到所要走的道路以及达到的目标（LE，p. 37）。也就是说，伦理学的目标不是为了帮助我们更好地行为，而只是提供一种视角，帮助我们自己去找到我们应该走的道路。同样他的哲学也不是为人们提供一种行为指南，而是对生活中严肃的问题的准备。[①] 从对我的实践的规则的反思到获得信仰，这之间的距离并不是哲学能够跨越的。在关于基督教的拯救问题的讨论中，维特根斯坦提出这样的看法：基督教信仰是人处于极端痛苦之中时的避难所，它仅仅针对那些需要无限帮助的人，也就是那些经历了无限痛苦的人（CV，p. 46）。也就是说，这种拯救是对生活的痛苦有所体验的人，只有个体产生了这种体验，才可能获得这种拯救。我们可以告知他人某一事实，可以教会他人一种方法，却不能教会别人一种体验。当然我们可以通过营造某种环境来帮助他人产生某种体验，但是我们的作用仅限于构成一种外部环境，至于最后是否产生某种体验则依赖于个体。因此，能否走向信仰的世界只能依赖于每一个个体。如果哲学对语言游戏的反思并不能最终使我们走向道德的立场，那么单纯强调

① 法尔克：《维特根斯坦与诗歌》，见《多维视野中的维特根斯坦》，第 306 页。

反思是否是不充分的？维特根斯坦的回答是：当你不能解开一个线团时，你所能做的最明智的事情是去认识它，最体面的事情是去承认它（CV，p. 74）。转向道德的立场既然依赖于个体的体验，我们就必须承认哲学不可能直接将我们引向道德。但是，对语言游戏的反思并不因此而成为无意义的。因为任何的拯救只给有准备的人，只有那些对世界的界限有所意识的人才可能知道对于个体而言生活的痛苦是必然的，而不是偶然的遭遇，才可能产生转变立场的需要，而要对世界的界限有所意识，通过对语言游戏的反思是一个最有效的途径。正是在这里，我们发现上帝在康德和维特根斯坦的体系中存在的差别。在康德那里，上帝为道德法则成为行为的真正动机提供了根据，是沟通认知理性和实践理性不可或缺的，而上帝存在的证明一旦被揭示为不充分的，那么整个批判哲学的目标就无法实现。维特根斯坦虽然也将道德的立场归结为上帝和信仰，但上帝的存在并不是我们从个体的立场走向世界自身的立场的前提。我们无需通过上帝存在的证明为我们提供道德的动力。而要引导我们改变立场，审美化的道德反思始终是有效的。

另一个问题是：反思是哲学的特征，然而我们在对语言的日常使用中往往并不对语言游戏加以反思，那么这是否意味着维特根斯坦所提供的向道德的转变的审美态度只对哲学家有效，而对一般人却没有任何意义？是否只有通过哲学研究，我们才可能走向道德的立场？这样的结论似乎很难让人接受。我们显然不可能要求所有人学习哲学，而且人们也从来不认为学习哲学与转向道德的立场存在直接的关联，就像叔本华所说的：没有人因为学习哲学而成为善的。但是这里我们要特别注意维特根斯坦对哲学的定位。在他看来，最深层次的关于人的问题需要的是实践的解决方式，而不是理论的回答。① 因此产生于强烈的伦理要求的哲学不是一种学科，而是一种活动，是对语言进行分析的活动。它的目的不是为了让我们获得新的知识，而是通过对语言的澄清，让我们清楚地意识到语法规则。虽然哲学并不直接帮助我们改善世界，也不帮助我们在世界上更好地行为，但它确实能帮助我们如其所是地以恰当的看法看待事物，思考生活和世界的界限。受过哲学训练的人显然对规则有着更敏锐的意识。在维特根斯坦本人看来，哲学是他的生活方式和生活态度。他不停地将拷问语言的反思态度用于行为和生活，力求对自己和别人的生活

---

① Hans Sluga. "Whose House is That"—Wittgenstein on the Self. The Cambridge Companion to Wittgenstein, p. 343.

进行诚实的思考。[①] 他的一生就是令人敬畏的不断尝试的斗争。[②] 在第一次世界大战期间，他反复对自己说着托尔斯泰的一句话："一个人从肉体上说是软弱无力的，但是经由精神他成为自由的。"[③]也就是说作为个体，我们受到环境的制约，然而当我们通过对自己和世界的反思，站在世界自身的立场上，与世界同一，此时就不再是受限制的个体，而是世界自身，是自由的。他试图生活于善和美之中，直至生命自行终止。[④] 而要生活于善和美之中，就意味着我们要超越个体的立场，不是无意识地生活，而要对生活和世界的整体进行把握，这就意味着过一种有反思的生活。虽然不可能要求每个人都成为哲学家，或者说每个人都去学习哲学，但是既然哲学是一种活动，是一种生活态度，那么我们完全可以设想即使是普通人也可以在生活中引入这样一种态度。维特根斯坦在生活和著作中显示了一种新的精神态度，他的生活是一种新的生活方式，正因为如此他未能广泛地被理解。[⑤] 但在维特根斯坦看来，这只能说明人们现在还没有习惯对生活的反思的态度，然而"如果某个人只不过超越了他的时代，时代总有一天会追上他"(CV，p. 8)，未来的人们将哲学的反省作为一种生活态度，以一种审美的态度面对生活，并非是不可期待的。

① Malcolm，N. Ludwig Wittgenstein：A Memoir，pp. 93-94.

② Newton Garver. Philosophy as Grammar. The Cambridge Companion to Wittgenstein，p. 167.

③ [奥]维特根斯坦著，韩林合译：《战时笔记：1914—1917 年》，商务印书馆 2005 年版，第 12 页、第 13 页、25 页。

④ 《战时笔记：1914—1917 年》，第 21 页。

⑤ Paul Engelmann. A Memoir. Portraits of Wittgenstein. Vol. 2，p. 53.

第十一章　当代哲学与日常生活中的审美态度

同样关注审美问题，同样赋予了审美浓厚的道德色彩，康德与维特根斯坦之间的差别也是显而易见的。康德认为经验性的认识与道德分别建立于纯粹理性的先验范畴和实践理性的先验概念之上，分属于不同的领域。先验概念保证了道德世界和经验世界都有着明确而固定的边界，这是传统哲学的思路。但是实践理性的道德法则必须要在经验世界产生影响，否则道德就不可能落实到我们的经验世界。为此要在两个世界之间搭建起桥梁，判断力批判就是在这种背景下提出的。审美判断力批判正是这个桥梁的一个重要组成部分。然而搭建经验世界与道德世界之间桥梁的努力最终并未成功。

然而，康德的审美判断力批判却对后来的哲学产生了重要的影响。他指出审美判断面对的是感性经验的对象，但是由于我们不是以认识为目的，而同时又要求主观的普遍有效性，因此这种非对象性的思维方式将我们的注意力引向了主观的认识能力，使得我们对给予审美判断主观的普遍有效性的理性概念产生自觉的意识，由此来沟通经验世界和道德世界。而道德恰恰需要对实践理性的道德法则具有自觉的意识，因此，审美判断对于培养道德自觉有一定的帮助。从康德开始，包括启蒙主义的思想家席勒，后来的现代哲学家尼采，以及当代哲学中现象学和存在主义、法国的结构主义和后结构主义，或是西方马克思主义都将注意力投向了审美问题。“审美主义论述已成为现代性问题中的一个坚核”，包括福柯在内，“福柯思想若无一种审美现代主义的诉求，是不会成为偶像的”。[①] 就当代哲学而言，它虽然不再像康德那样假定纯粹理性的先验范畴和实践理性的先验概念，因此不需要审美判断力作为沟通经验世界和道德世界的桥梁，但是审美判断中的面对个别对象加以反思的态度却得到了当代哲学家的重视。笔者试图将维特根斯坦对日常生活的审美化的反思态度放到整个当代哲学的背景中加以考察，从而揭示当代哲学基本的

① 刘小枫：《现代性社会理论绪论》，上海三联书店，1998年版，第299—300页。

思想倾向。

当代哲学对审美问题的普遍关注有其思想根源。我们不妨简单概述几位哲学家关于审美问题的论述，并将维特根斯坦的思想与之进行比较，从中应该可以窥见当代哲学的共同特征。笔者选取的样本分别是尼采、海德格尔、伽达默尔、福柯和马尔库塞关于审美问题的论述，这并不能代表全部的当代哲学，但是涉及了当代哲学的几个重要流派，并且对当代思想界产生了重要的影响，因此对这些思想的分析基本可以显现当代哲学的基本特征。

近代认识论哲学中强调的是主客的二元对立，这也是康德哲学的典型特征。在康德那里主体先天的认识能力为经验对象提供规则，同时主体的实践理性也订立了道德法则。然而自尼采以来，尤其是在当代哲学中，主客二分的思想普遍遭到了质疑，哲学家们不再承认理性提供的先验道德法则，也不可能像康德那样在道德法则的基础上证明上帝的存在。如果传统意义上的上帝缺位，那么究竟生命的价值如何可能实现？当代哲学对艺术的普遍关注，也许能够回答这个问题。审美性的特质在于：人的心性乃至生活样式在感性自在中找到足够的生存理由和自我满足。由于它面对的是感性的对象，因此审美属于此岸世界的东西，当传统哲学用理性来证明上帝的道路失败之后，我们追求彼岸世界的希望遭到了质疑，于是审美性乃是为了个体生命在失去彼岸支撑后得到此岸的支撑。[①] 那么究竟为什么审美能使得我们在此岸世界获得支撑，究竟是审美活动的何种特征让那么多的当代哲学家对它发生了兴趣呢？

作为当代哲学的先驱，尼采否定了康德式的先验道德法则，并进而在此基础上宣称“上帝死了”。没有了道德法则和上帝，那么我们究竟在何处获得价值？尼采倾向于在艺术中寻求答案。在《悲剧的诞生》中他指出：艺术中存在着日神精神和酒神精神，日神精神是梦的艺术，在遵循个体化原则的平静适度中以中庸的外观给人慰藉；酒神则是醉的艺术，是将个体升华为生命意志，使人在太一境界中感受形而上的喜悦。由于受到叔本华意志主义哲学的影响，他借西勒诺斯神话指出：个体的生命注定是一种苦难，只有从个体上升到意志自身，或者说宇宙自身，才可能进入到极乐的境界。而与叔本华的悲观主义不同，尼采并不认为艺术只是人们暂时摆脱生命意志的冲动而躲避片刻的地方，相反，“艺术是生命的最高使命和生命本来的形而上的活动”，意志正是通过创

① 刘小枫：《现代性社会理论绪论》，第301—302页。

造力，通过艺术来直观自身。[①] 如果我们将日神精神理解为对经验世界秩序的把握，那么酒神精神就是一种原始的创造力，也就相当于叔本华所说的意志。酒神的创造力不断冲破现实的秩序，将隐而不现的神秘力量带入艺术之中，通过日神形象创立新的世界。而日神艺术意味着“照亮”，将无常的生活秩序以一种可把握的形象展示出来，从而使得原本难以把握的酒神精神产生实感，同时又以外观的适度掩盖着本质上的过度。[②] 如果说我们在日常生活中并不意识到世界的秩序本身，那么在艺术中通过日神精神，我们对整个世界的秩序有所把握，并窥见了使得这种秩序得以可能的根源，即酒神精神，或者说意志。“个体化是灾祸的始因，艺术是可喜的希望”，因为正是艺术使我们对日常生活中并无意识的个体化的秩序有所意识，从而破除了“个体化的魅惑”，“预感到统一将得以重建”。[③] 尤其当尼采在后期哲学中宣称上帝的死亡后，他更需要一种“尘世慰藉的艺术”，[④]从日常的无反思的状态中超脱，以艺术的态度面对生活，从而使得自己与宇宙同一。

海德格尔对艺术的重视基于和尼采同样的原因。在他看来，对象化的世界观将作为主体的人从生活世界中分离出来，人在世界中不再处于一种在场状态，原本与人处在统一体中的世界成为与主体分离的对象。这种以二元对立的思维方式为特征的西方传统形而上学必然误将存在者当作存在本身。这里首先要对存在和存在者加以区分。存在是无法定义的，因为传统逻辑的定义方法植根于古希腊存在论传统之中，也就是说是建立在二元对立的基础上的，因此只适用于存在者而并不适用于存在本身。存在者则是现成的存在，即各种对象。存在在存在者中显现自身。[⑤] 如果说存在者是现成和定型的东西，那么存在本身却是无形无相的，它在“世界世界化”的过程中显现自身，然而它却是一切存在者的根源。问题在于：如果存在是较之存在者更为本原的东西，那么我们必须在存在而不是存在者当中寻找真理和价值的依据，然而存在本身又超越于对象化的认知模式，因而是不可言说的，那么要获得真理和价值又是如何可能的呢？海德格尔指出：审美和艺术是有效的途径之一。他指出：日常生活中的对象性思维让我们忘却了存在本身，存在者一方面自我遮

---

① [德]尼采著，周国平译：《悲剧的诞生》，见《悲剧的诞生——尼采美学文选》，三联书店 1986 年版，第 2 页、第 13 页。

② [德]《悲剧的诞生》，见《悲剧的诞生——尼采美学文选》，周国平译，第 2—9 页、第 13—16 页。

③ [德]《悲剧的诞生》，见《悲剧的诞生——尼采美学文选》，周国平译，第 42 页。

④ [德]尼采著，周国平译：《自我批判的尝试》，见《悲剧的诞生——尼采美学文选》，第 279 页。

⑤ [德]海德格尔著，陈嘉映、王庆节译：《存在与时间》，三联书店 2006 年版，第 6 页、第 8—9 页。

蔽，拒绝被认识；另一方面又由其表象的存在方式部分地归属于“澄明”，也就是说部分地显现了存在本身。但是人们往往误将这种部分当成整体，于是出现了双重的遮蔽。因此，从现存事物和惯常事物那里是从来看不到真理的。[①]也就是说，在日常生活中我们的对象性的思维更多地关注对象外在的属性，而缺少对更为本原的存在本身的意识。然而艺术创作是真理进入作品的生产过程，而一旦作品产生，真理就被固定于形态中。[②] 艺术改变我们与世界和大地的关联，抑制我们的一般流行的行为和评价，认识和观看，以便逗留于在作品中发生的真理那里。在艺术中，真理自行设置入作品，也就是说，艺术将存在者引入存在这一“无蔽”的境界，体现其真理。[③] 艺术是作为存在根基的大地与存在的保存者、显现者——世界在原始性的亲密中争斗的结果，而作品使得这种“争斗”得以实现并保存下来。[④] 这里所谓的大地是一切涌现者的返身庇护之所，也就是说是存在者得以定型和存在的根基，而世界乃是存在者显现其存在的方式，它并不是脱离人的已然定型的客体，而是在人类的实践过程中通过“世界世界化”的过程而实现的。[⑤] 在海德格尔那里，真理并不是通过对象化的方式被把握的，而是来自于对语言与艺术的思。因为艺术以其特定的形式向我们揭示了存在者得以可能的根据，使得我们不再局限于从现存的存在者的视角看待世界，而是看到更为本原的存在。

伽达默尔的解释学同样告诉人们：真理并不是固定和不变的东西，而是存在于解释过程中的东西。这就意味着我们不可能一劳永逸地发现真理和价值。而艺术给出了通向真理的途径。他认为艺术中的体验不同于日常生活中的经验。以时间为例，我们在实际生活中经历的是“为某物的时间”，这是一种空的时间结构，需要人去填充。填充方式有两种极端的例子，即极端无聊而感受时间杂乱无章的重复，另一个极端是极端繁忙，在期待时间而得不到时间时方才感受时间的存在，其悲剧性在于他的繁忙使他永远无法使用他所感受到的时间。这就是工业文明社会的弊病。这种弊病产生于人们将时间用作必须排遣掉的和已经排遣掉的东西，而不是作为时间自身来经历，因此恰恰丧失了真正的时间。而对时间的另一种经验是实现了的时间或特有的时间。节日的

① Heidegger, M. Poetry, Language, Thought. trans. by Albert Hofstadter. New York: Harper & Row Publisher. Inc., 1975, pp. 39、51-52.

② Poetry, Language, Thought, pp. 63-64.

③ Poetry, Language, Thought, pp. 71、77.

④ Poetry, Language, Thought, pp. 48-50.

⑤ Poetry, Language, Thought, pp. 42、44-45.

时间和作为节日的艺术的时间正是这样的时间。在此,“时间是节日般地进行的”。节日或艺术“通过它自己的庆典而放弃时间,使时间停住和延搁,就是庆祝”。正因为时间在节日中被意识到,在生活中才可能安排时间。[①] 换言之在日常生活中,我们使用时间,而对时间自身并没有自觉,然而艺术却教会我们亲历其中,在艺术品上作一种特殊的逗留,此时我们并没有使用时间,但是它并不因为未被填充而对这种在艺术中的逗留感到无聊,只有在这种情况下,时间才不是被使用,而是被当作时间自身而被感知的东西。因此艺术作品中存在的事实往往改变着我们的期待,每一次艺术经验都在反抗我们日常的思维方式。艺术作品强迫我们承认“在那里没有你站立的位置,你必须改变你的生活”。[②] 这个例子说明审美对象不是我们在日常生活中所使用的对象,正因为如此,我们与对象并不是处于二元对立的关系中,因而对象并不是封闭和僵死的,而是正在与我们对话的东西,通过这种对话,我们看到了更为本原的真理。

马尔库塞是西方马克思主义的代表人物。马克思主义历来强调实践的作用,认为真理和价值都是实践的产物。然而经验现实必然处于一定的社会关系中,受到生产力和生产关系的规定,并表现出一定社会阶级的利益,因而无法获得具有超越性的真理和价值。然而马尔库塞指出:艺术凭借审美形式使自己成为和一定的社会关系相对立的自律领域。艺术超越出某一个特殊的经济范畴、阶级观念,紧紧依持于人类的个体本身。欢乐与忧伤、喜悦与绝望、爱欲与死神之间的不可抗拒的纠缠是永远无法消溶在阶级斗争的问题之中的。[③] 艺术形式保证了艺术的自律,消除社会禁忌,消除对爱欲和死神的社会操纵。“审美形式、自律和真理三者之间是相互联系的。它们各自都是社会——历史现象,而又都超越社会——历史竞技场。当社会——历史限制艺术自律时,也并不会使得艺术中所表现的超历史的真理失败。”[④]只有在艺术领域对象才摆脱现实规律的制约,摆脱他律。正是艺术中的自律使我们认识到现实社会中个体的不自由,并意识到除了现实社会的规则,我们还可以以另一种方式存在。

与以上几位哲学家不同,福柯关注的更多的是生存美学(aesthetics of existence),而不是艺术作品。在他看来,审美绝不仅仅存在于艺术领域,“使

① [德]伽达默尔著,张志扬等译:《美的现实性》,三联书店 1991 年版,第 68—70 页。

② [德]伽达默尔著,张志扬等译:《美的现实性》,第 56 页。

③ 转引自刘小枫:《诗化哲学》,华东师范大学出版社 2007 年版,第 339—342 页。

④ 刘小枫:《诗化哲学》,第 341 页。

我惊讶的是我们的社会中，艺术变成了只与对象有关，而与个体、生命无关的东西。它变得专业化，或者说只由艺术家来完成。但是难道每个人的生活不能变成一件艺术品吗？为什么灯或房屋可以是艺术对象，而我们的生活却不是？”[①]古希腊、古罗马的生活方式就是一种生存艺术，斯多葛学派就是其中的代表，这种生存艺术的核心是关怀自身，它通过自我技术将自己创造为艺术品。所谓的自我技术是指“允许个体以自己的方式，或通过他人的帮助，对自己的身体、心灵、思想、行为、生存方式施加影响，以改变自己，达到某种快乐、纯洁、智慧、美好、不朽的状态”。[②] 其中包括有益的对话、回忆、写信给朋友揭示自己、检查自我和意识等，将对外界和他人的观看转化为对自身的观看，由此实现对自己思想进程的监控和督导，因此，关怀自身也是一种在自身内心世界中进行反思的方式。[③] 根据福柯的考据，在古希腊，“关怀”原本还有“沉思”的意思。[④] 通过对自身的反思完成自身的实践活动，包括对自己进行“建构”(formation)、“纠正”(correction)和“解放”(liberation)。自我技术强调节制，通过“苦修”监督、考验并改变自己，从而实现美好的生活并最终使自己成为伦理主体。当然这种节制并不是遵循什么现成的法则，而是主体自身的选择，它使得我们既摆脱了无意识地为外在的规则所束缚，又避免了在没有规则约束的情况下陷入自我放纵的状态，创造充满审美快感的美好生活。[⑤] 生存美学中强调的“自我技术”与康德所说的自我约束不同。福柯认为所谓理性的道德法则无非是社会和话语对个体的规范，这种规范已经内化到个体之中，被看成是理所当然的，甚至是先天的。否认了这样一种先天的规范之后，日常生活中的审美态度显然就成了福柯哲学中价值的支柱。

在上述哲学家关于审美问题的描述中，我们看到审美的主要特征是使人摆脱日常生活的视角，以反思的态度面对个别对象自身。而面对这些个别的对象自身的后果或者是让我们看到更为本原的东西，无论这种本原是代表着原始生命力的酒神精神，还是存在本身，抑或是超出特定社会关系的人的内在情感，或者是让我们面对真正意义上的个体和生命。正是在审美过程中，无论这种审美的对象是艺术作品还是我们的生活本身，我们清楚地意识到我们日

① Foucault, M. The Foucault Reader. P. Rabinow (ed). New York: Pantheon Books, 1984, p. 350.

② Foucault, M. Ethics: Subjectivity and Truth. New York: New Press, 1977, p. 225.

③ [法]福柯著，杜小真译：《主体解释学》，见《福柯集》，上海远东出版社2003年版，第475页、第479—483页。

④ 高宣扬：《福柯的生存美学的基本意义》，《同济大学学报(社会科学版)》2005年第1期，第29页。

⑤ The Foucault Reader, p. 341.

常生活中被看作是自然而然的东西，事实上并不是必然的。正是由于缺乏对生活的反思，才会出现个体化魅惑，才会有对存在的遗忘，以及将现存的存在者当作存在本身，才会因为使用而忘却了对事物自身的体验，才会把特定的社会关系对人们日常生活的规定看作是自然而然的，才会将受到道德法则的约束的主体看成是自由的。尼采、海德格尔、伽达默尔、马尔库塞和福柯显然看到了缺乏反思的日常生活的诸多局限，而当他们发现审美引导我们反思，从而看到现实的经验世界的局限性，并在其中发现更为本原的东西的时候，审美理所当然就成为他们哲学中一个重要的组成部分。就对反省思维的强调和通过审美看到现实世界之上的东西而言，他们与康德，与维特根斯坦都是一致的。而且正是因为审美使得人们通过反思揭示了我们生活和实践中更为本原的东西，他们与康德、维特根斯坦一样赋予审美以伦理价值。

然而他们和维特根斯坦一样否定了康德所设定的稳固的世界格局和永恒的道德法则。在康德看来，经验对象是我们的认识能力的先验形式构造而成的，因而先天的感性形式和知性范畴也就规定了我们经验世界的界限。而道德法则则是由实践理性的先验概念提供的，因而也是衡定不变的。审美的作用就在于作为一种反思的判断力沟通道德和认识这两个不同的领域，从而显示道德理念对经验世界的影响是可能的。而对于受到尼采思想影响的当代哲学而言，并不存在先天的认识能力和道德法则。世界处于正在被建构的过程中，因此无法指出其边界。尼采的酒神精神是一种原始的生命力，它不断地创造着世界，现存世界的界限必然随时发生变化。海德格尔认为存在乃是本原，它通过“世界世界化”的过程显现自身，因此世界没有确定的存在方式，而是处于正在被世界化的过程之中，因此也就没有确定的界限。伽达默尔的解释学主张我们所谓的世界不是自在的世界，而是进入我们视野的世界，而我们的视野随着实践逐步发生改变，通过接触新的对象，发生视野融合而拓展了我们的地平线，因此世界从来没有确定的边界。[①] 对于包括马尔库塞在内的马克思主义者而言，社会是随着生产力的发展而发展的，从来就没有永恒不变的世界的形态。同样福柯通过他的知识考古学指出随着话语形态的改变，世界的形态也在发生变化。维特根斯坦也一样，他认为：语言游戏规定了我们看到的世界的形态，而语言游戏是生活形式的一部分，同样随着生活的变化逐步发生改变。

总之世界是在实践过程中逐步被创造成为世界的。这种对世界的态度说明近代哲学中主客二分的立场已经不再是哲学思考的前提，相反是在实践过

① [德]伽达默尔著，洪汉鼎译：《真理与方法》上卷，商务印书馆2010年版，第388—394页。

程中，才可能区分主体和客体，因此实践才是第一性的，主体和客体都是实践构造而成的。有学者指出：虽然不存在任何直接的影响，但维特根斯坦哲学的某些方面很容易使人想起当今存在主义思想的某些倾向。[①] 而如果主体同样是被构造而成的，那么他同样是随着实践的进程发生变化的，因此不可能由这样的主体提供永恒不变的道德法则。那么面对这样一个并不稳固的世界，我们究竟该怎么办？有什么能为我们提供在这样一个世界中如何生存和行动的指南？审美就是在这样的背景下受到哲学家们的普遍关注的。正如福柯所说“道德是对准则的服从，这种道德观念正在消失，或已经消失了。这种道德观念的消失，必然伴随着对生存美学的追求”。[②] 因为一方面审美不是以对象化的方式看待世界，使得我们摆脱了日常生活的立场，不仅仅看到现成的存在物和已经定型的世界，从而免受经验现实的束缚，不至在生活中随波逐流。审美活动中的反省思维，使得我们对自己的生活与实践保持清醒的意识，了解实践的规则和界限，为超越这样一种生活方式准备了条件。另一方面，审美虽然不是依据对经验对象的认识规则来评判对象，但是它毕竟不是完全任意的。无论是艺术作品还是审美化的生活，必然存在着某种规定性。正如维特根斯坦所说，只有经过训练进入某种游戏，我们才可能作出审美判断，(LW1,925)而无规则不成游戏，因此审美并非完全没有规则。同样，虽然主体不受所谓道德法则的约束，但是生存的艺术仍然要求个体生命学会节制。当然艺术中的规定性不是现实世界对我们的规定，而是我们超越现实的束缚，在自由状态发现的一种规定。以审美的态度面对生活可以使得处于并不稳定的世界中，失去了可靠的行为根据的个体重新发现了生活的价值和依靠，它让我们在自由中自行建立规则。由此我们不难理解为什么当代哲学普遍重视审美，并试图将其作为一种生活态度。

---

① Wolfe Mays. Recollections of Wittgenstein. Portraits of Wittgenstein, Vol. 3, p. 133.

② 转引自李晓林：《福柯的“生存美学”》，《文史哲》2003 年第 5 期，第 114 页。

结　论

由于康德和维特根斯坦在审美观上并不存在直接和明显的传承关系，而且审美问题也不是他们各自哲学中最核心的部分，[①]因此历来没有受到特别的关注。然而笔者发现在审美问题上恰恰体现了两位不同时代的哲学家共同的精神气质和价值取向，而审美在他们各自哲学中不同的地位也反映了思想的时代特色。审美作为一个引子将我们引向了更为本源性的道德问题。因此从审美问题入手对他们的整个思想加以考察和比较是一个不错的切入点。而通过比较我们有了如下的发现：

首先，康德的思想通过叔本华间接地对维特根斯坦产生影响，表现在审美问题上，他们都认为审美使我们超越经验世界。康德通过对笛卡尔以来的哲学传统的批判，扩展了唯理论和经验论哲学中的理性的内含，使之不再等同于认知理性，而且包含了实践理性。认知理性的先验感性形式和先验范畴规定了一切可能经验的对象，即现象，而实践理性的先验概念则超越一切可能的经验条件，因而不能以经验的方式被认识，它涉及的是本体或者自在之物。审美对象无目的的合目的性恰恰说明它不是作为经验对象通过认知理性的概念来把握的，而是指向超越一切可能经验的理性概念。通过对理性的重新界定康德解决了审美原则的二律背反，并且将审美活动从经验性的认识中区分出来。维特根斯坦则通过叔本华接受了康德关于现象和自在之物的区分，并且借助分析哲学将其演绎为可说与不可说的区分。在他看来，语言是世界的图像，对应于世界中的事实。而所谓的事实是对象的偶然性质，也就是对象偶然的组合，因而都是经验性的，而不是必然的。因此凡是可以用语言加以言说的东西都是经验世界中的事实，美学属于不可言说的东西，超出了一切可能经验的对象。

---

① 虽然判断力批判是康德的三大批判之一，但是它的作用仅仅是为了沟通经验世界与道德世界，因此它在整个批判哲学中的作用是附属于其他两个批判的，不能将它看作整个体系的核心。维特根斯坦关于审美甚至没有系统的、大篇幅的论述，当然更不可能是整个体系中的核心的部分。

然而仅仅指出审美超越经验世界并不是康德和维特根斯坦的目标，两人的美学都有着强烈的道德诉求。康德认为美是德性的象征，而维特根斯坦则主张伦理和美学是同一的。之所以他们的美学会具有如此明显的道德色彩，关键在于他们哲学研究的基本诉求。

我们在康德本人的表述中发现了一些线索。他曾一度以为对知识的渴求足以给人类带来荣光，“由此我鄙夷那一班一无所知的芸芸众生。是卢梭纠正了我。盲目的偏见消失了，我学会了尊重人性，而且假如我不是相信这种见解能够有助于所有其他人去确立人权的话，我便应把自己看得比普通劳工还不如”。[①] 此外，在给门德尔松的信中，他还提到“甚至人类真正的、持久的幸福也取决于形而上学”。[②] 那么形而上学究竟向人们揭示了什么？这里首先需要明确他所说的能给人类带来幸福的形而上学的具体含义。康德批评传统形而上学的独断论倾向，并且指出这是形而上学备受冷落和蔑视的根源，这种形而上学显然不能将人们引向幸福。但是，独断的形而上学所讨论的关于无条件者的问题产生于理性的本性，因而这些问题涉及人类的终极关怀，绝非无意义的。真正科学的形而上学必须是在消除独断论的影响的前提下讨论这些关于无条件者的命题。而消除独断论的影响正是理性的批判的任务，在这个意义上，对理性的批判是建立科学的形而上学的准备。但通过对理性自身能力的批判，不但暴露了由于忘却界限所产生的理性的幻象，而且展示了建立在理性基础上的一切学科的前景，在这种意义上，批判就不只是形而上学的预备学科，而且本身就是形而上学的一个组成部分。批判以及建立在批判基础上的形而上学又怎么为人们带来幸福呢？我们需要将看起来学究气十足的三个批判与康德的启蒙主义理想结合起来，这会让我们看到这些学说背后的现实诉求，同时也会让我们认识康德的哲学决非完全是书斋里的学问。

康德指出，人类历史的发展说明统治癖和拥有癖是人类受情欲控制时的固有的特点，这时一个人试图使另一个人成为他实现自己目的的工具。情欲归根结底是指向人的，而且只有通过人才能获得满足。这里存在着两种可能：第一是一些人无条件地服从另一些人，那么这些服从者显然是不幸的，因为他怎么能保证他的强有力的邻人对选择的判断与他自己的判断一致呢？第二是

---

① 转引自[德]卡西尔著，刘东译：《卢梭·康德·歌德》，三联书店 2002 年版，第 2 页。卡西尔详细论述了卢梭对康德的影响，并且指出这两个性格迥异的思想家共同关注的问题就是正义的问题。此外可以参考[英]康蒲·斯密著，韦卓民译：《康德〈纯粹理性批判〉解义》，华中师范大学出版社 2006 年版，第 39 页，以及[美]L·W·贝克：《我们从康德那里学到些什么？》，《哲学译丛》1982 年第 4 期，第 1—4 页。

② “康德 1766 年 4 月 8 日致莫色斯·门德尔松的书信”，见《彼岸星空：康德书信选》，第 26 页。

谁也不愿意服从谁，由此就导致经常不断的战争状态。人类要想获得幸福，就必须避免上述情况，其方法就是进行启蒙（enlightenment）。启蒙运动是人类脱离自己加给自己的不成熟状态。而不成熟状态就是不经别人的引导，就对运用自己的知性无能为力（Enlightenment，p. 85，Anthropology，p. 124）。由于懒惰和怯懦，绝大部分人不愿运用自己的理性，于是统治者就以保护人的身份自居，将大部分人置于他们的监护之下。他们为了将自己的目的强加给他人就必须使被保护者像牲口一样愚蠢，并且小心提防他们不要越出统治者为他们划定的界限。长此以往，人们就失去了使用理性的习惯。康德指出：这是对公众自由和权利的剥夺，公众在这样的社会中没有幸福可言。通过革命的确可以推翻个人专制以及贪婪心和权势欲的压迫，却不能实现思想方式的真正改革。新的偏见将会和旧的偏见一样，成为驾驭缺少思想的广大人群的圈套。所以公众要想获得真正和持久的幸福，就必须具有在一切事情上公开运用自己理性的自由（Enlightment，pp. 85-87）。为此，康德必须证明在与人类有关的一切事务中，每个有理性的人都可以凭借自己的能力找到解决问题的途径。首先，他在《纯粹理性批判》中指出，真理的客观有效性的标准不是外部对象，而是我们知性的范畴，对象不过是思维的产物，纯粹理性批判之所以能形成体系，是因为它所研究的不是事物的性质，而是判断事物性质的知性，而且只研究其先天知识的部分，因而对我们不致有所隐蔽。因此每一个具有理性的人只要正确地使用知性的范畴来统一直观的杂多，就能够认识真理。真理不再为少数人所垄断。这就是理性规范的第一条引导性格言："自己思考"，或者说永不被动的理性思维。被动的理性就是成见（prejudice），启蒙的目标就是将人们从迷信和成见中解放出来（Judgment，p. 519）。可见理性的自发性形成康德先验理念论最内在的核心。[①] 我的经验必然是我的经验，只有从我自身出发才有认识，审美和意志。自我意识是经验所以可能的根据，在这个意义上，个人主义并不包含什么贬义，只有完全的个人主义才会导致相对主义。启蒙教会每个人自己思考，这是否会造成每个人将自己的目的强加给他人而引起不断的战争？批判哲学接下去的任务就是指出：理性强调自发性、自己判断并不意味着没有标准，也不会因此而导致相对主义。理性规范的另两条格言就是："在每一个他人的地位上思考"和"始终都和自身一致地思考"；[②]

① ［德］文德尔班著，罗达仁译：《哲学史教程》下卷，第746页。

② 这两条格律和"自己思考"共同组成理性规范的三条格言，这在康德的著作中屡次被提及（Judgment，p. 519，Anthropology，pp. 95、124）。

如果说“自己思考”是知性的准则，那么后两条则分别是判断力和理性的准则。在审美判断中我们不关注对象的实存，所以注意力就被引向了我们自身的认识能力，它使我们对一个给予表象的情感不借对象的概念而能够普遍传达。这就说明审美判断先天地包含着反思，在判断中诸认识能力处于和谐一致的状态中，并对这种状态有所意识，而正是因为这种意识，才可以要求愉悦的普遍可传达性。在其中我们也发现理性引导人们自己思维并不意味着丧失标准。正是在这种意义上，鉴赏才比健全的知性更适合被称为共通感(Judgment，pp. 519-520)。经验论和唯理论者将目光限制在认识领域，然而康德却向人们指出：人类的洞见并不和知识同一宽度，[①]在审美和道德中，存在着对人类而言更为根本的东西。就拿审美活动来说，由于它是感性的，而感性历来被看作是错误的根源，所以在传统的唯理论哲学中地位并不高。但康德说，感官本身不作判断，因而也不产生谬误。而且感性不受知性的束缚，尤其是在艺术和审美中，由于在理性的角度使用知性能力，知性要将实际进行的却又处在模糊状态中的反思活动弄清楚，并加以解释，但因为理性的理念是不可直观的，因此知性在此必然陷入混乱。知性的抽象概念在此显得贫乏无力，相反感性形象除了可被认识而成为知识对象以外仍然有别的意义，它以象征的方式向我们启示着辉煌的道德世界。所以说过去的唯理论者以知性的规则来要求审美显然就是削足适履。在这种意义上，康德的美学体系是从根本上震撼世界的事件，因为审美使得认识能力从现象世界，即被给予的直观中解放出来，使我们能够由此进入智性的世界。大概就是因为这种原因康德强调民主自由的国家中确立审美典范的重要意义。只有借助这个审美典范，一个民族中有教养的部分与粗野的部分才能相互传达，相互协调。也就是说由于审美的共通性，无论是受过教育，有着良好的道德修养的人，还是粗野和未经教育的人，都由审美对象引向了道德世界，而此时，他们都是自由的而不是受到强制的，但在自由和自觉的前提下，共同的标准并非不可能的(Judgment，p. 549)。如果说在审美判断中，我们只是不自觉地受着理性的引导而并没有对理性原则的清楚意识，那么道德领域中的理性判断则建立于对理性原则清楚的意识的基础之上，理性在其中既意识到自己为自己定下的规则，又意识到这些规则对每个人的有效性。现在，启蒙为自己设定的目标就是教会每个人使用自己的理性进行判断，这不仅不会导致相对主义，而且只有在理性的基础之上求得的普遍性才是经过每一个个体认同的普遍性，以这种普遍性来要求

① [英]康蒲·斯密著，韦卓民译：《康德〈纯粹理性批判〉解义》，第37页。

每一个个体才可以称得上正义。虽然理性概念是不可直观的，但却以审美和道德的方式启示着每一个个体。康德说"我头上的星空和我心中的道德律"始终引发着景仰和敬畏，前者使人意识到时空的浩瀚与个体的渺小，后者则提升自己作为理智存在者的价值，从而展示了一种独立于感性世界的使命(Pracical Reason，pp. 360-361)。[①] 如果说康德哲学的基本目标是启蒙，是使每个个体能主动自觉地运用自己的理性，那么审美在其中的作用是显而易见的。在审美活动中，虽然个体面对的是感性的对象，但是对象无目的的合目的性形式却使得我们对主观认识能力的先验形式产生了自觉的意识。而由于道德需要的恰恰是对法则的自觉，是对发自内心的法则的遵从，因此经过审美活动熏陶的人更容易产生道德的自觉。

虽然维特根斯坦并没有成体系的美学思想，关于审美问题的表述在维特根斯坦的哲学中并不像审美判断力批判在康德的体系中那样有着明确的地位，然而恰恰是对审美判断中的反省思维的强调使得维特根斯坦的哲学显现了与康德哲学相似的精神气质。维特根斯坦的伦理学框架基本来自叔本华，叔本华认为价值并不存在于经验世界之中，如果存在至善，即绝对的价值，那么它只能是生命意志的自我否定，即作为自在之物的意志自身对个体生命意志的否定。维特根斯坦虽然没有明确区分现象和自在之物，但是基本上承袭了叔本华的伦理学框架，认为真正的价值不是存在于世界之中，而是存在于世界之上(TLP，6. 41)，伦理的善只有当我们不是站在世界之内，而是站在世界自身的立场上才可能获得。而所谓的世界自身，就相当于叔本华所说的意志，因为整个世界就是意志的表象。那么我们怎么才可能从经验世界中的个体的立场转变为世界自身的立场，从而获得真正的伦理价值呢？叔本华并没有给出回答。而维特根斯坦在后期哲学中却始终在思考着这个问题，虽然他并没有明确地加以表述，但是通过对《哲学研究》及其他后期著作中涉及的内容的考察，道德和审美的维度仍然显现出来。[②] 要想从个体的立场转变为世界自身的立场，虽然需要依赖个体对生命之痛苦的体验，因而最终只能依赖于每一个个体来完成，哲学是不能单独完成这种转变的，但是它至少可以为这种转变的实现进行一些准备。因为要完成这种转变，必须能够从整体上把握世界，也就是说要对世界的界限有所意识。无论在早期哲学中认为逻辑规定了世界的

① 另见[英]康蒲·斯密著，韦卓民译：《康德〈纯粹理性批判〉解义》，第 39 页。

② B. R. Trilghman. Wittgenstein, Ethics and Aesthetics: The View from Eternity. Preface, p. x-xi.

界限,还是后期哲学中将世界看作是我的生活和实践的界限,看作是语言游戏所规定的界限,对世界界限的意识需要的就是反省,也就是说只有当我们并非无意识地使用语言产生对象化的思维,而是对语言规则自身具有自觉的意识,此时我们才可能明确地意识到世界的界限。如果说我们在日常生活中盲目地使用语言,并不对其中的规则加以反思,那么哲学恰恰相反,是对语法规则的一种澄清。虽然传统的形而上学产生于对语言的误用,因此提出了许多无意义的问题,但是这些问题的提出正是因为它试图冲撞语言的界限。那么哲学如何通过反思给出语言的界限,从而进一步给出世界的界限呢?在早期哲学中他试图借助弗雷格和罗素的逻辑分析方法,构建了一个具有确定边界的世界,其中对象是世界的原子,它包含着与其他对象联结的可能性,因而给出所有对象也就给出了一切可能的基本事态,而事态中又包含着事态排列的一切可能方式,因而也就给出了所有可能的事态。因此,世界的逻辑空间,也就是一切可能世界的边界就可以确定了。而对象及其联结方式,还有事态的排列方式就是逻辑,它在语言中表现出来,因此发现了语言的逻辑也就给出了世界的边界,并为窥见世界之上的神秘之物提供了条件。然而这里存在着两个问题,首先,逻辑分析的技术似乎并不是每个人能够掌握的,而且它不是对我们在日常生活中实际使用的语言进行分析,它预设了一种理想的逻辑语言,这种语言并不是所有人都可以了解的,因此反思仅仅成为哲学家或逻辑学家的事,它并不能成为一种生活方式。而反思假如不能成为生活方式,那么作为一种单纯的思辨,它无益于我们从日常生活中的个体转变为道德所要求的本体的立场。其次,我们无法给出任何一个简单对象,这就使得前期哲学的基本构架无法建立,通过逻辑给出世界的边界也就成为不可能的。于是到了中后期哲学中,维特根斯坦提出语言的意义来自它的用法,来自它在语言游戏中的地位。语言游戏是我们生活形式的一部分,生活的复杂性决定了它没有确定的边界,无法用明确的规则加以限定,而且随着生活的变化,语言游戏也可能逐渐发生变化。在后期哲学中,维特根斯坦仍然认为语言规定了世界的界限,语言游戏既然是我们的生活形式,是我们的实践,说语言规定世界的界限也就意味着世界不是一个有着明确而稳固的边界的自在的世界,而是被纳入我们的实践的为我的世界,它的界限随着我们实践的进程逐步发生改变。面对这样一个并不稳固的世界,我们如何才能将世界作为一个整体来把握,从而从世界之中的个体上升到世界之上,与世界同一呢?语言与艺术的类比为我们提供了启示。我们发现审美对象被判定为美,其中的规则不能明确加以表述,但是当我们经过训练,进入审美活动中,又确实可以意识到其中的规则。而且因为审美判断不是以认识为目标,艺术作品并不在于传达其他事物,而只在于传达它自身。因此我们的注意力并不集中在它所传达的事物,而是关注艺术作品自身的形式,理解诗歌或音乐的主题就意味着我们认识到特定的要素和排列才表达了这种思想,不能被其他的句子所替代(PI,pp. 143-144)。因此在艺术作品中我们比在其他场合更清楚地意识到规则。规则意味着游戏的界限,我们只能遵循规则来玩某一种游戏。而对规则的意识,也就意味着我们从整体的视角来看待对象,因此艺术中的对象不是作为世界中的一个组成部分来看待,而是在永恒的形式下连同整个逻辑空间一起来观察。此时,我们虽然面对的是某物的一个形象,但从中却看到了整个可能的世界(NB,p. 83)。对审美活动关注自身以及对规则的反思的强调与康德的美学思想不谋而合,康德恰恰就是从审美对象无目的的合目的性引出审美判断的非对象性和反省思维的特征。不同的是:对于康德而言,理性的先天能力构造了一个规整的体系,审美判断力是这个体系中的一个组成部分,它所担当的功能在于沟通道德世界和经验世界。而对维特根斯坦而言,既然他否认了理性的先天形式,将世界作为我们实践的世界,因而是随着实践发生变化的,因此不可能将这样的世界构造成一个边界明确的规整的体系,审美不是体系中的某个组成部分,但是它启发我们以审美的态度,也就是一种面对个别对象自身反思其规则的态度面对日常语言,进而面对我们的日常生活。这种审美的态度首先表现在哲学中。哲学作为一种活动旨在澄清语言的用法。审美对哲学的启示在于:我们无需作任何假设,而只要面对个别对象自身,经过比较和分析意识到,并展现其中的规则。既然无需假设,那么我们所面对的语言就是我们所使用的日常语言自身,而语言又是一种生活形式,因而面对日常语言也就是面对我们的日常生活,这是每一个个体都直接经历着的东西,因此哲学中的反思不仅仅对哲学家和逻辑学家是可能的,它完全可以作为一种生活态度,进入我们每个人的生活。以审美的反思的态度对待生活,就使得我们超越个体的立场,站在世界之上,学会从整体上把握世界,这是我们转向道德的立场的必要准备。

康德发现在现象世界之上还存在着理智的世界。人同时作为现象和自在之物而存在,所以既受到现象界规律的支配,又能够自由而自觉地遵循道德法则。这一发现打破了传统哲学中认知理性一统天下的局面,为信仰(faith)赢得了一席之地(Pure Reason,p. 29),但正是由于现象和自在之物的对立使得道德世界和经验世界被分割开来。审美判断力虽然证明了理性概念规定经验世界的可能性,但它只是使我们在客观对象之外发现共通性,从而学会反观自己的内心,然而审美对象作为无目的的合目的性,其中的目的是无法加以表述的，因此审美毕竟只是不自觉地受到理性的引导，而没有对理性原则，尤其是道德法则的清楚的意识。康德哲学以启蒙作为目标，所谓启蒙是要让每一个有理性的个体出于自身的选择来决定自己的行动，并在自由选择的前提下重建世界的秩序。这就要求个体对理性的规定性具有明确的意识，而这一点只有道德才能实现，单纯审美是无法完成启蒙的任务的。而且单纯对道德法则的意识并不能保证使道德法则成为动机。为此康德在自己的哲学中引入了至善的概念以及灵魂不朽、上帝实存等命题。也就是说只有假设了上帝的存在，主动地遵循道德才可以得到解释，启蒙的理想才可能在批判哲学的体系中实现。虽然维特根斯坦赞扬康德哲学能面对现象自身进行描述而不作任何假设，然而我们看到理性的先验概念恰恰就是假设，而全知全能的、至善的上帝存在更是一种假设，在这些假设的基础上，康德建构了一个稳定的世界格局。他一方面借助批判哲学瓦解了传统的形而上学，而另一方面又建立起了新的形而上学。

而以维特根斯坦为代表的当代哲学普遍否定关于主体的先天的认识能力和道德法则。在后现代主义者看来，康德哲学提供了真理和解放这两大叙事，试图为我们知识的发展寻找合法性的根据。然而维特根斯坦语言游戏说却向我们指出：哲学自身也是一种叙事，它的规则并没有被合法化。[①] 与康德的时代不同，后现代社会表现为大叙事(grand Narrative)的崩溃。[②] 虽然社会并非没有规则，但给予话语以合法性的规则只能来自我们的语言实践和交流互动。[③] 当代哲学承袭了尼采的反形而上学思路，否定任何稳固的世界格局和规则，在他们看来，世界是在我们的实践过程中正在被建构的东西，而实践是第一性的，没有任何独立并先在于实践的东西。康德认为我们遵循道德法则是出于理性的选择，因而是主体自由选择的结果，然而在福柯看来，主体自身同样是被话语建构而成的，所谓的自律无非就是要求每个社会成员以社会所确认的规范进行自我约束和自我规训。主体或者人是某种话语的产物，“18世纪末以前，人并不存在……知识的创造者用自己的手制作了人，还不到200年”。[④] 因此所谓理性的道德法则也不是真正超越于现实的个体的自由选择的结果，它并不能真正使我们超脱经验世界。当代哲学为我们提供了一幅变

① Jean-François Lyotard. The Postmodern Condition: A Report on Knowledge, Minneapolis: Unversity of Minnesota Press, 1984, pp. 10, 31.

② The Postmodern Condition: A Report on Knowledge, p. 15.

③ The Postmodern Condition: A Report on Knowledge, p. 41.

④ Foucault, M. The Order of Things. London: Tavistock Publications, 1970, p. 308.

动不居的世界的图景，而面对这样一个世界，我们又没有确定的道德法则来引导我们的行为，避免我们随波逐流，那么我们究竟如何可能找到一种超越现实的价值的依据呢？正是在这种背景下，审美进入了人们的视野，它一方面没有确定和现成的规则，从而避免我们被束缚于某种假设之中而看不到真实的世界，同时它的非对象性的思维方式引导我们产生对自身的反思，从而超越经验世界的界限，找到更为本原的力量。虽然审美对于现状的反思作为一种批判"并不试图得出整个知识或整个可能的道德行为的普遍结构"，①但它确实为当下社会中的个体提供了一种处世态度，或者说是一种气质和品性，它回答了个体在面对世界时如何给出自己的思考和决定自己的行为，在这种意义上，这些当代哲学家的思想仍然在康德启蒙的传统中。维特根斯坦首先将这样一种反思的生活态度在自己的生活中加以实践，他一生都在反思自己的行为和思想，虽然经历了种种精神上的痛苦，但是正是这种反思的态度使他超越了个体的感受，为生命寻找到价值，并在临终之际对守护在他身边的比万夫人说"告诉他们我度过了美好的一生"。②

① The Foucault Reader, p. 46.

② Joan Bevan. Wittgenstein's Last Years. Portraits of Wittgenstein. Vol. 4, p. 137.

参考文献

1. 康德著作及缩写

Anthropology　Anthropology from a Pragmatic Point of View. Trans. Robert B. Louden. Cambridge: Cambridge University Press, 1974.

Enlightenment　Answer to the Question: What Is Enlightenment? Founations of the Metaphysics of Morals and What Is Enlightenment? Trans. Lewis White Beck. Indianapolis: Bobbs-Merrill, 1959

Judgment　Ctitique of Judgment. Trans. James Creed Meredith. Great Books of the Western World, 42: Kant, Chicago: Encyclopaedia Britannica, inc, 1952, 以及 Critique of Judgment, Trans. Werner S. Pluhar, Indianapolis: Hackett, 1987 以及康德. 判断力批判. 邓晓芒译，杨祖陶校. 北京：人民出版社，2002。

Practical Reason　Ctitique of Practical Reason. Trans. Lewis White Beck. Great Books of the Western World, 42: Kant. Chicago: Encyclopaedia Britannica, inc, 1952, 以及康德. 实践理性批判. 邓晓芒译，杨祖陶校. 北京：人民出版社，2003。

Prolegomena　Prolegomena to Any Future Metaphysics That Will Be Able to Present Itself as Science. Trans. Peter G. Lucas and Günter Zöller. New York: Oxford University Press, 1950. 以及康德. 任何一种能够作为科学出现的未来形而上学导论. 庞景仁译. 北京：商务印书馆，1978。

Pure Reason　Ctitique of Pure Reason. Trans. Norman Kemp Smith. 2d ed. London: Macmillan, 1933 以及康德. 纯粹理性批判. 邓晓芒译，杨祖陶校. 北京：人民出版社，2004。

2. 维特根斯坦著作及缩写

AWL　Wittgenstein's Lectures: Cambridge, 1932—1935. from the notes of Alice Ambrose and Margaret Macdonald. edited by Alice Ambrose. Oxford: Basil Blackwell, 1979.

BB　The Blue and Brown Books. Oxford: Basil Blackwell, 1958.

CV　Culture and Value. edited by G. H. Von Wright. translated by Peter Winch.

Oxford：Basil Blackwell，1980.

LC Lectures & Conversations on Aesthetics，Psychology and Religious Belief. edited by Cyril Barrett. Oxford：Basil Blackwell，1966.

LE A Lecture on Ethics. in PO，pp. 37－44.

LWL Wittgenstein's Lectures，Cambridge，1930－1932. from the notes of John King and Desmond Lee. Oxford：Basil Blackwell，1980.

LW1 Last Writings on the Philosophy of Psychology. vol. 1. edited by G. H. von Wright and Heikki Nyman. trans. Luckhardt C. G. and Maximilian A. E. Oxford：Basil Blackwell，1982.

LW2 Last Writings on the Philosophy of Psychology. vol. 2. edited by G. H. von Wright and Heikki Nyman. trans. Luckhardt C. G. and Maximilian A. E. Oxford：Basil Blackwell，1992.

NB Notebooks 1914－1916. Ed. By G. H. Von Wright & G. E. M. Anscombe. trans. by G. E. M. Anscombe. Oxford：Basil Blackwell，1961，以及维特根斯坦.战时笔记：1914－1917 年.韩林合译.北京：商务印书馆，2005.

NL Notes on logic. in NB，pp. 93－106.

OC On Certainty. ed. G. E. M. Anscombe & G. H. von Wright. Trans. G. E. M. Anscombe and D. Paul. Oxford：Blackwell，1969.

PG Philosophical Grammar. Edited by Rush Rhees. Translated by Anthony Kenny. Berkeley and Los Angeles：University of California Press，1974.

PI Philosophical Investigations. ed. G. E. M. Anscombe&R. Rhees. Trans. G. E. M. Anscombe，Macmillan，1964；以及维特根斯坦.哲学研究.李步楼译，陈维杭校.北京：商务印书馆，1996；维特根斯坦.哲学研究.陈嘉映译.上海：上海人民出版社，2001。

PO Philosophical Occasions，1912－1951. edited by James C. Klagge and Alfred Nordmann. Indianapolis：Hackett Publishing Company，1993.

PR Philosophical Remarks. edited by Rush Rhees. translated by Raymond Hargreaves and Roger White. Oxford：Basil Blackwell，1975.

RPP1 Remarks on the Philosophy of Psychology. edited by G. E. M. Anscombe and G. H. von Wright，translated by G. E. M. Anscombe，Oxford：Basil Blackwell，1980.

RPP2 Remarks on the Philosophy of Psychology. edited by G. H. von Wright and Heikki Nyman. translated by C. G. Luckhardt and M. A. E. Aue. Oxford：Basil Blackwell，1980.

TLP Tractatus Logic-Philosophicas. Tr. By C. K. Ogden. London：Routledge & Kegan Paul LTD. 1955 以及维特根斯坦.逻辑哲学论.陈启伟译.石家庄：河

北教育出版社,2003;维特根斯坦. 逻辑哲学论. 郭英译. 北京:商务印书馆,1962。

WVC Wittgenstein and The Vienna Circle, conversations recorded by F. Waismann. ed. by Brian McGuinness, Trans. Joachim Schulte and Brian McGuinness. Oxford: Basil Blackwell, 1979.

Z Zettel. edited by G. E. M. Anscombe and G. H. von. Wright. translated by G. E. M. Anscombe. Oxford: Basil Blackwell,1981.

3. 其他著作及论文

Ayer, A. J. Wittgenstein. London: Penguin Books,1985.

Allen, R. and Turvey M. (ed.). Wittgenstein, Theory and Arts. Rouledge. 2001.

Baker, G. P and Hacker, P. M. S. An Analytical Commentary on Wittgenstein's Philosophical Investigations. Vol. 1, Oxford: Basil Blackwell,1983.

Brenner, W. H. Wittgenstein's Philosophical Investigations. Albany: State University of New York Press,1999.

Collinson, D. Ethics and Aesthetics are One. British Journal of Aesthetics, 1985, 25.

Descartes, R. Meditations on First Philosophy. translated by John Cottingham. Cambridge: Cambridge University Press, 1993.

Eaglestone, R. One and the Same? —Ethics, Aesthetics, and Truth. Poetics Today 25: 4, Winter 2004.

Flowers Ⅲ, F. A. Portraits of Wittgenstein. Vol. 1-4. Bristol: Thoemmes Press,1999.

Foucault, M. Ethics: Subjectivity and Truth. New York: New Press, 1977.

Foucault, M. The Order of Things, London: Tavistock Publications Limited,1970.

The Foucault Reader. edited by P. Rabinow. New York:Pantheon Books,1984.

Frege, G. Collected Papers on Mathematics, Logic, and Philosophy. edited by Macguinness, B. Oxford: Basil Blackwell,1984.

Frege, G. The Frege Reader. edited by Beaney, M. Oxford: Basil Blackwell, 1997.

Guyer, P. (ed). The Cambridge Companion to Kant. Cambridge: Cambridge University Press, 1992.

Hacker, P. M. S. Insight and Illusion: Themes in the Philosophy of Wittgenstein. Revised Edition. Oxford: Oxford University Press, 1986.

Hacker, P. M. S. Wittgenstein: Connections and Controversies. Oxford: Oxford University Press, 2001.

Hagberg, G. L. Art as Language: Wittgenstein, Meaning, and Aesthetic Theory. New York: Cornell University, 1995.

Heidegger, M. Poetry, Language, Thought. Trans. by Albert Hofstadter. New

York: Harper & Row Publisher Inc., 1975.

Hughes, Fiona. On Aesthetic Judgement and our Relation to Nature: Kant's Concept of Purposiveness. Inquiry Vol. 49, December 2006.

Hume, D. The Sceptic. The Philosophical Works. volume3. Edited by Green and Grose. London, General Books LLC., 1882.

Hume, D. The Treatise of Human Nature. edited by L. A. Selby-Bigge, M. A. Oxford: Clarendon Press, 1934.

Klagge, J. C. and Nordmann, A. Ludwig Wittgenstein: Public and Private Occasions. New York: Rowman & Littlefield Publishers Inc., 2003.

Lear, Jonathan. Leaving the World Alone. Thc Journal of Philosophy, 1982(79).

Lewis, Peter B. (ed.). Wittgenstein, Aesthetics and Philosophy. Alder Shot, Hants: Ashgate Publishing Limited, 2004.

Lyotard, Jean-François: The Postmodern Condition: A Report on Knowledge. trans. Geoff Bennington and Brian Massurni. Minneapolis: University of Minnesota Press, 1984.

Malcolm, N. Ludwig Wittgenstein: A Memoir. Oxford: Oxford University Press, 1984.

Malcolm, N. Wittgenstein: A Religious Point of View? London: Routledge, 1993.

Maslow, A. A Study in Wittgenstein's Tractatus. Los Angeles: University of California Press, 1961.

Matthews, Patricia M. Kant's Sublime: A Form of Pure Aesthetic Reflective Judgment, The Journal of Aesthetics and Art Criticism, 1996, 54(2).

McGuinness B. and Wright, G. H. von. Ludwig Wittgenstein: Cambridge Letters Correspondence with Russell, Keynes, Moore, Ramsey and Sraffa. Oxford: Blackwell Publishers, 1995.

Moore, A. W. Beauty in the Transcendental Idealism of Kant and Wittgenstein. British Journal of Aesthetics, 1987(27).

Mounge, H. O. Philosophy, Solipsism and Thought. The Philosophical Quarterly. Vol. 47, January 1997.

Perloff, M. The Poetics of Description: Wittgenstein on the Aesthetic. Parallax, 1998. Vol. 4.

Redpath, T. Ludwig Wittgenstein: A Student's Memior. London: Gerald Duckworth & Co. Ltd., 1990.

Saussure, Ferdinand De. Course in General Linguistics. trans. Wade Baskin. New York: Philosophical Library Inc., 1960.

Schalkwyk, D. Fiction as "Grammatical" Investigation: A Wittgensteinian Account. The Journal of Aesthetics and Art Criticism, 1995, 53(3).

Schopenhauer, A. The World as Will and Representation. translated by E. F. J. Payne. New York: Dover Publication, Inc, 1966,以及叔东华.作为意志表象的世界.石冲白译.北京:商务印书馆,1995。

Shiner, Roger A. Hume and the Causal Theory of Taste. The Journal of Aesthetics and Art Criticism, 1996, 54(3).

Sluga, Hans & Stem, David G. (ed). The Cambridge Companion to Wittgenstein, Cambridge: Cambridge University Press, 1996.

Stengel, K. Ethics as Style: Wittgenstein 's Aesthetic Ethics and Ethical Aesthetics. Poetics Today, 2004, 25(4).

Stokhof, M. World and Life as One: Ethics and Ontology in Wittgenstein's Early Thought. Stanford: Stanford University Press, 2002.

Trilghman, B. R. Wittgenstein, Ethics and Aesthetics: the View from Eternity. Macmillan, 1991.

Westphal Kenneth R. Kant, Wittgenstein, and Transcendental Chaos. Philosophical Investigations, 2005, 28(4).

Williams, M. Wittgenstein, Mind, and Meaning: toward a Social Conception of Mind. London: Routledge, 1999.

Wilson, B. Wittgenstein ' s Philosophical Investigations: A Guide. Edinburgh: Edinburgh University Press, 1998.

Weiner, D. A. Genius and Talent: Schopenhauer's Influence on Wittgenstein's Early Philosophy. Rutherford: Fairleigh Dickinson University Press, 1992.

[美] H. E. 阿利森.康德的自由理论.陈虎平译.沈阳:辽宁教育出版社,2001.

[俄]T. И. 奥伊泽尔曼.康德哲学及其新论证对形而上学的彻底修正.戴风岐摘译.哲学译丛,1993.

[美]L. W. 贝克.我们从康德那里学到些什么?郑涌译.哲学译丛,1982(4).

[美]巴特利.维特根斯坦传.杜丽燕译.北京:东方出版社,2000.

[德]鲍姆加登.诗的哲学默想录.王旭晓译.美学,北京:文化艺术出版社,1987.

[英]鲍桑葵.美学史.张今译.北京:商务印书馆,1985.

[英]G. 贝克莱.人类知识原理.关文运译.北京:商务印书馆,1973.

[英]C. D. 布劳德.五种伦理学理论.田永胜译.北京:中国社会科学出版社,2002.

[德]卡西尔.卢梭·康德·歌德.刘东译.北京:生活·读书·新知三联书店,2002.

陈波.逻辑,哲学,维特根斯坦——访冯·赖特教授.哲学动态,1998(2).

陈嘉映.语言哲学.北京:北京大学出版社,2003.

[意]贝尼季托·克罗齐.作为表象的科学和一般语言学的美学的历史.王天清译.北京:中国社会科学出版社,1984.

[英]M·达米特.分析哲学的起源.王路译.上海:上海译文出版社,2005.

[法]吉尔·德勒兹.康德与柏格森解读.张宇凌,关德群译.北京:社会科学文献出版社,2002.

董志强.对维特根斯坦"家族相似"理论的批判.哲学研究,2003(II).

[法]福柯.福柯集.杜小真译.上海:上海远东出版社,2003.

[德]弗雷格.弗雷格哲学论著选辑.王路译.北京:商务印书馆,1994.

[日]饭田隆.维特根斯坦:语言的界限.包羽译.石家庄:河北教育出版社,2001.

高宣扬.福柯的生存美学的基本意义.同济大学学报(社会科学版),2005(1).

[德]伽达默尔.真理与方法(上卷).洪汉鼎译.上海:上海译文出版社,1999.

[德]伽达默尔.美的现实性.张志扬等译.北京:生活·读书·新知三联书店,1991.

韩东晖.划界与批判——《纯粹理性批判》与《逻辑哲学论》比论.浙江学刊,2004(5).

韩林合.《逻辑哲学论》研究.北京:商务印书馆,2000.

韩林合.维特根斯坦哲学之路.昆明:云南大学出版社,1996.

[德]海德格尔.存在与时间.陈嘉映,王庆节译.北京:生活·读书·新知三联书店,2006.

[德]奥特弗里德·赫费.康德:生平、著作与影响.郑伊倩译.北京:人民出版社,2007.

[德]黑格尔.哲学史讲演录(第四卷).贺麟,王太庆译.北京:商务印书馆,1978.

[英]J·希顿.维特根斯坦与心理分析.徐向东译.北京:北京大学出版社,2005.

黄颂杰.现代西方哲学辞典.上海:上海辞书出版社,2007.

[英]休谟.人类理解研究.关文运译.北京:商务印书馆,1957.

[英]休谟.论趣味的标准.吴兴华译.古典文艺理论译丛(5).北京:人民文学出版社,1963.

江怡.维特根斯坦传.石家庄:河北人民出版社,1998.

江怡.对语言哲学的批判:维特根斯坦与康德.哲学研究,1990(5).

[美]凯·埃·吉尔伯特,[德]赫·库恩.美学史.夏乾丰译.上海:上海译文出版社,1989.

[德]康德.单纯理性限度内的宗教.李秋零译.北京:中国人民大学出版社,2003.

[德]康德.伦理学的形而上学要素(序言).郑保华主编.康德文集.北京:改革出版社,1997.

[德]康德.论优美感和崇高感.何兆武译.北京:商务印书馆,2001.

[德]康德.逻辑学讲义.许景行译,杨一之校.北京:商务印书馆,1991.

[德]康德.论内感知.阎孟伟译.哲学译丛,1991(4).

[德]康德.彼岸星空:康德书信选.李秋零译.北京:经济日报出版社,2001.

李红.维特根斯坦与分析哲学——访彼得·哈克教授.哲学动态,2004(2).

李明.在美学的转捩点上——维特根斯坦美学思想研究.复旦大学博士学位论文,2006-04-15.

刘小枫.现代性中的审美精神——经典美学文选.上海:学林出版社,1997.

刘小枫.现代性社会理论绪论.上海:上海三联书店,1998.

刘小枫.诗化哲学.上海:华东师范大学出版社,2007.

[英]洛克.人类理解论.关文运译.北京:商务印书馆,1959.

[美]鲁道夫·马克瑞尔.论崇高、天才及其对康德审美观念的阐释,见安东尼·弗卢,等.西方哲学讲演录.北京:商务印书馆,2000.

[英]M.麦金.维特根斯坦与《哲学研究》.李国山译.桂林:广西师范大学出版社,2007.

莫伟民.主体的命运:福柯哲学思想研究.上海:上海三联书店,1996.

莫伟民.福柯与理性批判哲学.中国社会科学,1994(4).

[德]尼采.悲剧的诞生——尼采美学文选.周国平译.北京:生活·读书·新知三联书店,1986.

倪梁康.自识与反思——近现代西方哲学的基本问题.北京:商务印书馆,2002.

欧阳谦.20世纪西方人学思想导论.北京:中国人民大学出版社,2002.

[古希腊]柏拉图.伊安篇.柏拉图全集(第一卷).王晓朝译.北京:人民出版社,2002.

[英]B.罗素.逻辑与知识.苑莉均译.北京:商务印书馆,1996.

[英]B.罗素.我的哲学发展.温锡增译.北京:商务印书馆,1982.

[德]施太格缪勒.当代哲学主流.王炳文等译.北京:商务印书馆,1992.

[美]贾可·辛提卡.维特根斯坦.方旭东译.北京:中华书局,2002.

[美]H.D.斯鲁格.弗雷格.江怡译.北京:中国社会科学出版社,1989.

[英]K.斯密.康德.《纯粹理性批判》解义.韦卓民译.武汉:华中师范大学出版社,2000.

[德]叔本华.充足理由律的四重根.陈晓希译.北京:商务印书馆,1996.

[德]叔本华.叔本华散文选.绿原译.天津:百花文艺出版社,1997.

[荷]斯宾诺莎.斯宾诺莎书信集.洪汉鼎译.北京:商务印书馆,1993.

孙斌.美:关于幸福的言说——维特根斯坦早期哲学思想中的美学观.浙江学刊,2000(3).

苏德超.哲学的语言生活——论后期维特根斯坦哲学的核心问题.武汉大学博士学位论文,2004-04-01.

王路.走进分析哲学.北京:生活·读书·新知三联书店,1999.

王晓升.走出语言的迷宫——后期维特根斯坦哲学概述.北京:社会科学文献出版社.1999.

王晓升.唯我论产生的语言学根源剖析——后期维特根斯坦对唯我论的批判.哲学研究,1998(6).

[美]威瑟斯布恩,等.多维视野中的维特根斯坦.张志林、程志敏选编,郝亿春、李云飞等译.上海:华东师范大学出版社,2003.

[芬]冯·赖特.维特根斯坦与传统.陈波译.哲学译丛,2001(1).

[德]文德尔班.哲学史教程(下卷).罗达仁译.北京:商务印书馆,1987.

[加拿大]约翰·华特生.康德哲学讲解.韦卓民译.武汉:华中师范大学出版社,2000.

[德]W.沃森库尔.美作为道德的象征——论康德伦理学和美学的共同根源.艾四林译.哲学译丛,1993(2).

徐友渔,周国平,陈嘉映,尚杰.语言与哲学——当代英美与德法传统比较研究,北京:三联书店,1996.

徐亮等.文论的现代性与文学理性.杭州:浙江大学出版社,2005.

杨大春.文本的世界:从结构主义到后结构主义.北京:中国社会科学出版社,1998.

杨大春.语言、身体、他者——当代法国哲学的三大主题.北京:生活·读书·新知三联书店,2007.

杨大春.身体经验与自我关怀——米歇尔·福柯的生存哲学研究.浙江大学学报(人文社科版),2000,(4).

杨大春.别一种主体——论福柯晚期思想的旨意.浙江社会科学,2002(3).

俞吾金.从康德到马克思:千年之交的哲学沉思.桂林:广西师范大学出版社,2004.

赵敦华.西方哲学经典讲演录.桂林:广西师范大学出版社,2007.

张志伟.康德的道德世界观.北京:中国人民大学出版社,1995.

张桂权.划界问题:康德与前期维特根斯坦.自然辩证法研究,2005(12).

周贵莲,丁东红.国外康德哲学新论.北京:求实出版社,1990.

后　　记

核对完校样的最后一处注释，我的思绪久久不能平静。我的思想又一次被带回到完成我的学位论文时的状态。从 1999 年开始阅读康德的著作，到 2003 年对维特根斯坦哲学产生兴趣，直到 2009 年将阅读过程中的思考在我的博士学位论文中加以总结提炼，再到今天重新对论文加以修改准备出版成书，我算是对自己有了一个交代。虽然我做得并不理想，但我至少思考过，尝试过，并且今后还将继续思考下去。在此，我想向帮助和关心过我的人们致以真挚的谢意。感谢我的导师杨大春教授帮助我确定选题，修改提纲，并给我的论文提出了中肯的修改意见。感谢我的硕士导师徐亮教授，是徐老师引导我精读原著，使我对康德哲学产生了深厚的感情。此后，我的写作一直受到徐老师的鼓励和支持。感谢包利民教授在百忙之中仔细阅读我的博士论文，并给我提出了非常中肯的修改意见。感谢我的父母和先生对我的爱护，是他们给了我一个安宁的空间来思考问题。感谢我的同事李琳女士和徐旭初教授，他们在书稿写作的过程中给了我极大的鼓励和帮助。特别要感谢浙江大学出版社的陈丽霞女士在出版过程中不厌其烦地帮我修订版式，修改格式，并对某些内容的改进提供了有价值的参考意见。感谢我的同学、同事和学生对我的鼓励。谢谢所有帮助和关心我的人。

图书在版编目（CIP）数据

从形而上的道德理念到日常化的反思活动：审美视野中的康德与维特根斯坦哲学比较研究 / 徐燕杭著. —杭州：浙江大学出版社，2012.3
ISBN 978-7-308-09634-8

Ⅰ. ①从… Ⅱ. ①徐… Ⅲ. ①康德，I.（1724～1804）—比较哲学—维特根斯坦，L.（1889～1951）Ⅳ. ①B516.31②B561.59

中国版本图书馆 CIP 数据核字（2012）第 019410 号

从形而上的道德理念到日常化的反思活动

——审美视野中的康德与维特根斯坦哲学比较研究

徐燕杭　著

责任编辑　陈丽霞（clixia@163.com）
封面设计　十木米
出版发行　浙江大学出版社
（杭州市天目山路 148 号　邮政编码 310007）
（网址：http://www.zjupress.com）
排　　版　杭州好友排版工作室
印　　刷　富阳市育才印刷有限公司
开　　本　787mm×1092mm　1/16
印　　张　14
字　　数　244 千
版 印 次　2012 年 3 月第 1 版　2012 年 3 月第 1 次印刷
书　　号　ISBN 978-7-308-09634-8
定　　价　38.00 元

浙江大学出版社发行部邮购电话（0571）88925591